四万十川
水の女
ぬしが難儀にゃ仕様ない
永澤　正好　著
八千代出版

目次

四万十川　水の女―ぬしが難儀にゃ仕様ない―

▲本書関連地図〔（　）内は支流河川名〕

はじめに

かつて四万十川の水汲みに走った女たちがいた。

高知県西南部を一九六キロ蛇行して太平洋に流れ込む四万十川下流域に、手洗《たらい》川という支流がある。明治四十四（一九一一）年、その川に沿った大川筋村（現四万十市）手洗川集落に生まれた米子さん（一九一一―二〇一二年）は、十八歳で勝間《かつま》集落の田辺家に嫁ぎ、地元では「米《よね》おば」とよばれてきた。

その米子さんが問わず語りに、「おなごし（女性）には休みはちっともないねえ」とつぶやいた。早朝の水汲みから夕食後の夜なべまで、手を使い、肩に担い、工夫と苦労を重ねる日々の暮らし。おなごしがさまざまにいごか（動か、働か）なかったら暮らしは成り立っていかなかったのである。

ある時、「何べんもいにたい（帰りたい）と思うたけんど、子どもがむごいけん、ひてて（捨てて）いねんけん、子のはた（傍）で泣こうと、いなざったがよ（のよ）」と話した。数年後、「ぬしが（自分の）難儀にゃ（には）仕様ない（仕方ない）」と語った。そのことばには、日々の水汲みや山田の苦労、舅と姑に仕える嫁の避けられない現実を、わが子のために耐え抜く意地と底力が秘められていた。

柳田国男の言う「私の家は日本一小さな家だ」とは、兄嫁が一年ばかりで逃げ帰った「二夫婦の住めない小さな家」のこと（『故郷七十年』「昌文小学校のことなど」）。「この家の小ささという運命から、私の民俗学への志も発したといっていい」と記す。その後添いは、逃げ帰った実家からも追い返され、辻川の池で入水（宮脇修二郎『柳田國男　その原郷』）する。女性が一人では生きていけなかった時代の悲

劇である。(1)

柳田は「当時の嫁姑の争いは姑の勝ちだ」と記す。一つの家には一つの世（財布）しかなく、姑の言う通りにしなければことが回らなかった。嫁は遠慮しながら言われる通りに生きざるをえなかった。米子さんが逃げ帰らなかったのは、子どものために生きる強い決意とともに、婚家が豊かで広く、四六時中親と顔つき合わさずにすんだこともあったのだろう。

昭和六（一九三一）年、同じ村の島の宮集落に生まれ育った米子さんの母方のいとこの岡村三男さんも「嫁は姑には勝てれん（勝てない）」と話す。そして「人を当てにする気持ちがあったら嫁として勤まらざった」と言い、「昔の人は、ひとのんく（他家）の冷《ひ》や板を踏んで（辛い奉公をして）苦労しちょるけん、手洗川の十八、九の子が耐えぬけたわけよ」と語りつつも、「ちゃがまる（足腰立たんようになる）ほどやってたまるか（あんまりだ。驚きを禁じえない気持ち）」と驚き、自らも嫁の立場を体験してきたはずの姑の嫁いびりを、合点がいかんともいぶかる。(2)

赤坂憲雄さんは、『遠野物語』で活写されている山々に囲まれて土地を耕して生きた人びとの登場する人生を「日本昔話ではなく、切ると血が出るぐらいに生々しい話」（NHK出版『日本人は何を考えてきたのか―大正編』）と語る。四万十川と山々に囲まれた地域の、自然のただなかで手を使い体を労する暮らしの刻み込まれた幡多《はた》ことばのやわらかい旋律にも、その思いの深さにも心を向けていただきたい。

岡村三男さんは、かつて木炭を下田港まで運んだ「せんば」を一枚の絵にした。絵の真ん中には、曳き縄《な》（引綱）の袈裟《けさ》に身をもたす（もたせる）ようにして帰り船を引く女性の姿があった。「わしらずーっと見てきちょるが。子をかるうて（おぶって）船の中を走るようにして棹さして、まこと辛かっつろー（だろう）。今考えてみりゃ、二十歳になるかならんばー（ほど）のおなごのこ（女、婦人、女の子ども）が、たまるか（たいへんだ。驚いた気持ち）。昔の人は、苦労しちょる、難儀しちょる」と。左向いても右向いても仕事ばかりの米子ねー（姉さん）の人生を、「労働の塊ぜ。たまるか」と感嘆し、家族のために一生懸命になってやってきた姿を「苦労のどん底」と同情し、その難儀と勤勉と忍耐力に深く心を寄せ、「日本の女の代表ぢゃ」と言いきる。

柳田は昭和三十年代に、「その間の故郷は、今際限もなく変わってゆこうとしている」（傍点筆者）（『故郷七十年』）と記す。時代の予感ともいうべきことばである。その頃から始まる右肩上がりの経済成長、その後のバブル経済とその崩壊、経済のグローバル化と、変化は止まるところを知らない。まさにその時代から、町や村の景観も、山川の自然の姿も、そこでの暮らしも人生も大きく変わっていった。かつての女性の過酷な暮らしも、今となってはその痕跡をたどることさえ難しい。

米子さんも、「よとき（時世《じせい》）が変わった。昔しよったことで今しよることはなんちゃない。植えるもんから食べるもんからなんにも（すべて）、みなちごうてしもーた（違ってしまった）」と話す。

そこで、その難儀な暮らしを語る米子さんのことばの理解を、連れ合いの竹治翁の寸言と岡村三男さんの解説が助けてくれる。

三男さんは、昔のことを忘れることは一つひとつの積み重ねを蓄えていないことであり、人生を漠然と生きていることではないか、古いことを知っていないといけないのではないか、と問いかける。すべてを手と肩でやってきた生活、これで一段落、一休みというもののない人生。それはまるで滅び去った先住民の文化のようにさえ感じられることだろう。

そうした昭和前半期の四万十川下流域の女性の暮らしとことばの記録は、人ものも使い捨てにされるグローバル化経済と都市型消費文化への問いかけとも、女性が真に活躍する時代のための「女性自身の、数千年来の地位を学び知る」（柳田國男『妹の力』）きっかけともなればありがたい。

本文では米子さんの話した年齢を記しておく。老いゆく姿と、思いや事柄が少しずつ「時の流れ」に洗われていって、この列島の先祖たちが持ち伝えてきた、この世とあの世の近さや霊魂のありようをも垣間見せてくれるからである。

『竹治翁』が連れ合いのことばであり、『三男さん』が岡村三男さんに尋ねて得た当時の暮らしとことばの解説である。米子ねーのことばに触発されて三男さんの胸中を去来する思いも記す。その解説が長くなったり、三男さん自身のかつての暮らしや懐かしい思い出など、四万十川下流域の暮らしを知る手がかりやその時代背景となるものを記す場合には章末に注記した。

なお、高知県西部の四万十市、土佐清水市、宿毛市、大月町、三原村などは東京式アクセントの幡多ことば（幡多方言）で、高知市などの京阪式アクセントの土佐弁（高知方言）とは、その文化も歴史も異なる。高知県では土佐弁の地域が圧倒的に広い。その境界線は、高岡郡の梼原《ゆすはら》町と四万十町、幡多郡の旧佐賀町（現黒潮町）である。[3] 三男さんは、「高知弁はあぢな（変な、一風かわっている）。何やらおかしい」と言う。東の人も「幡多弁」をそう言っている。かつての幡多地域は、愛媛県西南部宇和地方や九州の豊後（大分県）との交流も深かったが、今では薄くなっている。三男さんも「豊後のことばも入ってきちょる言うが、わしらにはもうわからん」と言う。

幡多ことばは、「づつ（ずつ）」や「ぢゃ（じゃ）」のように「じ」と「ぢ」、「ず」と「づ」の発音を区別し、「が（の、よ）」や「ばー（ほど、だけ、くらい）」（以上は、かつての土佐全体の特徴。今でも年配者に残る）や「つー（という）」、「……まーる（さかんに……する）」、「ちょる」、「けん」などを多用している。「ぃ」で（に、へ）を表わすこともある。

その幡多ことばの現代語訳は時によって直訳と意訳を使い分けた。また、地域の暮らし・民俗のことばは思いがけない広がりを持つことにもお気づきいただけよう。なお、現在では差別的とされる表現についても、かつての社会の姿を記すためにそのまま使用した場合のあることをご理解いただきたい。

【注】

（1）香月泰男・画、香月婦美子・文『夫の右手　画家・香月泰男に寄り添って』求龍堂（一九九九年）

女性が一人では暮らしにくい時代をうかがわせる例として、シベリアに抑留され、帰国後その体験を絵に残した画家香月泰男の母親の例を挙げておく。

「主人の母は、離婚してから東京で再婚しましたが、また死に分かれしたかなにかで、次には津和野の旧家のお醤油屋さんに再再婚しておりました。（中略）主人が兵隊に行ってるころは、わたしが主人の母を訪ねていました。そして、母はわたしにいいました。

『わたしの目の黒いうちはよいが、死んだら来ないでいいですよ。わたしもこれほどの苦労に耐えるぐらいだったら、まだ香月のところで耐えていたらよかった』

主人の母は、嫁ぎ先で血の続かない孫みたいな子どもの守をしていました。」

（2）・三男さんの話す嫁いびり

昔は嫁いびりがうんとあった。飯を食やー（食えば）箸の持ち方、汁かけ飯なら「音さし（させ）て食う」と、何かにつけて非難を打った。逃げ帰ったら、有力者が連れてもんたり（戻ったり）した。

昭和の終わりごろかのう。「木の股では子ができん、どんな子でもえーけん」言うて、たまらん（たえられない）ように言うてもろーちょって（貰っていて）、姑けたがか一人息子をとられたように思うたがか、おかあ（姑）が夫婦二人の間に寝て、とうとう逃げだした子がおる言うぜ。どんげにして戻るぜ。

それでも女の人が短命というわけぢゃなかった。やっぱー（やはり）女の人が後家さんでおったのう。今考えたら六十そちこちぢゃっつろーのう。ほんまに年寄りに、今の百ぐらいの人に見えたのう。それが、ズロースはいちょらんけん、菩薩さまをのとろに（やたらに）見せてのう。たまに見るがぢゃない、会うたんびに見るけん、それをのとろという。学校の子らはスカートの下にズロースはいちょったが、戦時中ぢゃけん継もぶれ（継だらけ）ぢゃった。
○中村（四万十市街）の和菓子屋の先祖、泰作さんのとんち話が「泰作話」として伝えられている。その一つに「嫁と姑」がある。
泰作さんが足摺（足摺岬金剛福寺）に涅槃詣《ねはんまい》りに出かけた。途中、ある家の前で若い嫁が泣いていた。「姑がどだい（ひどく）いぢめるので、もうここへはおれん」とのこと。「今、わしは足摺の涅槃詣りに行くところじゃから、お前が実家にいねる（帰れる）よう頼んじゃる（頼んでやる）。その代り、今日から三日の間はこれが最後じゃ思うて、うんと姑を大事にしちゃれや（してやれよ）」と言い含めた。

今度は、姑が呼び止めて、「うちの嫁ほどへごな（粗末な）嫁はおらん。もうこそ実家にいなす（帰す）」とえらい剣幕。泰作さんは姑にも同じく言い含めた。

三日後その家に来ると、まず嫁が「この頃は、姑がどだい（たいへんに）よお（よう。よく）してくれるけん、里にいぬるのはやめにする」と。今度は姑が訪ねてきて「嫁がよおしてくれだしたので、もう里へいなすどころじゃない」とえびす顔。
泰作さんは「涅槃さんの願はよう効くいう話じゃが、めっそ（あまり）効かんのお」とニッコリ。

○福井県の吉崎御坊の「よめおどし」の謂れ（概略）

蓮如様が吉崎におられた時、十楽村に住む一家で主人と二人の子どもが相次いで亡くなり、嫁と姑とが残された。嫁は吉崎御坊へ参って蓮如様の話を聞いて信者となり、昼は田畑を耕し、姑の機嫌も取り、夜一里の道を吉崎御坊へ参っていた。姑はそれが気に入らず、家宝の鬼面を被って道中で脅して吉崎参りを止めさせようとした。嫁は驚愕のうちにも念仏申しつつ吉崎参りを果たして帰宅すると、鬼面が顔面に食いついて取れずに苦しむ姑に驚く。嫁の頼みを姑も聞き入れ、二人して念仏を唱えると、鬼面がこともなく外れた。ことの次第を蓮如様に報告し、以後二人して仲良く念仏して暮らした。鬼面も残され、『蓮如上人絵伝』に「嫁威之段」が描かれている。

参考資料　朝倉喜祐『吉崎御坊の歴史』株式会社シナノ（一九九五年）

（3）谷是『高知県　謎解き散歩』新人物文庫（二〇一二年）

第Ⅰ部　米子さん昔語り

第1章　難儀な日におうた

一　船乗りの難儀―八十八歳―

1　死ぬる日は今日ぢゃろーか

ある日、長年聞書きをしていた猪猟の名人田辺竹治翁（一九〇八―二〇〇八年）を訪ねた。翁は留守で、米子さんが「うちのおぢー（爺《じい》。老人）さんは黙って行くけん（から）、どこへ行たやらわからん。何を着いて（着て）行たがぢゃろー（のだろう）」と翁の衣類を畳みながら、ふと口をついた苦労話。

注：竹治翁は『〈田辺竹治翁聞書〉四万十川　Ⅰ山行き　Ⅱ川行き　Ⅲムラに生きる』（法政大学出版局）の話者。

①子どもをおぶって船乗り

子どもをおぶって船乗りせにゃいきませんろー（でしょう）。一番危険な仕事ぢゃけん、子を連れて出る時はし損《そこ》ないせられんけんね。普通は用心しちょったらかまんけんど（かまわないが）、なかなか（たいへんなことに）雨は降ったり風は吹いたりするけんね。

▲せんばの模型。積み荷は炭俵。黒炭なら三百俵積む。前後の船底がせり上がっている［四万十市教育委員会蔵］

『三男さん』「なかなか」には、「たいへんな。どうしようもない」という意味がつながるのう。

「せんば乗り」いうたら、なかなかずるー（容易で）ない。炭をいっぱいに積んだら、棚（喫水線）は二寸（六センチ）ばー（ぐらい）になっちょるけんのう。雨でも降ったら今のテントの代わりに、茅で編んだ苫《とま》を葺いちょる（葺いてある）し、なかなかずるーない。(1)

②肩病みになってだらしい、だらしい

それに、子どもをおぶって棹さしたりこい（など）するが（の）に、肩がつかえる（凝る）ことがわかったが。子を負うて下田（四万十川口の港）から勝間まで棹さしてみなさい。肩に相当つかえるぞね。あれから肩病《かたや》みになったが。肩がだらしい（だるい。疲れる）、だらしい。

『三男さん』上りは棹さして船の中を歩かんといかんけんねえ。棹尻を川底に突いて棹の先を肩に当てて、それにすがって舳《へさき》から艫《とも》（最後尾）まで歩いて行く。旦那が舳から船梁《ふなばり》（船の真ん中の桁）まで力入れて

ザーッと棹さして、そこからは惰力で艫まで歩いて行く。その間に、家内が反対側の船縁《ふなべり》を舳まで歩きよる。かわりばんこに棹さして何キロも船の中を歩く。左右どちら側を歩くかは、自分の得手のえーひら（側）を歩く。下りよってとろ（淀み）に入ったら櫓を押す。

▲三男さんの絵巻物。高瀬の激流でせんばを引き上げる。高瀬舟も見える。瀬の始まるところを瀬肩《せがた》という

筏なんからもそうよ。行きよってとろに入ったり、向かい風、思わん（思いがけない）東風《こち》が吹きだしたら棹さして相当歩くぜ。肩に当てた棹がびやる（しなう、たわむ）けんねえ。棹が弓なりにしわる（しなう、たわむ）ばー（ほど）力を入れて棹さしよる。それを、「しわっちょるねや（なあ）」という。

朝の二時、三時に起きて川口の下田港へ下って、あんまり風のない時は棹さして戻る。北風から西風が吹きわたしたら、黄昏時に川岸の「曳き縄《な》道」を、女の人が肩に掛けた袈裟《けさ》に身をもたれかかるようにして（引き綱を袈裟がけして）引っ張りよった。とてもぢゃないひやかった（寒かった）。雪も積んだ（積もった）。曳き縄道が歩き固められてずーっとついちょったのう。男は船が接岸せんように棹を操る。棹さすことのほうが重労働よ。「だらしい」は「だれた」ともいう。

おなごが草鞋を履いて着物の尻をからげて（はしょって）、裾を前でくびって（縛って）、それを腰紐のあいなかぃ（間に）はそう（挟ん）で紐で絡めちょった。

わが子のことを思うて、あればー元気が出るがぢゃのう。おなごはえらい（すごい）ぜ。「黄昏に家路を急ぎ船を引く」と、わしは歌を歌いながらせんば曳きの絵を描いたが。

③鍼《はり》もしてみたり血も取ってみたり

肩がつかえてごとごと（ゆっくり）、ごとごと這うようになって、器用なおんちゃんおばちゃん（小父さん小母さん）のとこへ行《い》て、「のせん（我慢できない）ぞ、のせんぞ。はよー（早く）何とかしてよ」言うて、鍼《はり》もしてみたり血も取ってみたり、うんとやったがね。そうしたら、いっときは軽うなる。ようも（よく）やったことよ。

『三男さん』昔は、吸い玉つー（という）もんで悪い血を取りよったのう。「肩ん（が）うんと疲れたけん、あく（悪い血）を出してもらわにゃいかん」言うてやりよった。うちの母親らも肩をカミソリでちょっと切ってね、吸い玉で出しよった。かまん（かまわない）もんよ。それですっきりするが。どこの家にも吸い玉があったぜ。ガラスのコップぐらいの大きさの、壺のような形の特殊な器があっとーえ。薬局らへ売りよった。ありゃ（あれは）よう吸いつかー（よく吸いつくよ）。マッチを擦って燃えよる軸を吸い玉に入れ、肩に当ててホッと蓋をすると、真空になってギュッと吸うもんぢゃけん、血がうんと出てきとーえ。

④金毘羅さん、港柱さん—信心なしには子を負うて行けん

船のあてがい方（操船）が悪うてはあか（水）をすくうてしもる（沈む）こともありますろ（あるでしょう）。子を連れて出る時は、し損ないせられんけん、このそら（上。高み）の勝間の金毘羅さんを頼む。手洗川の金毘羅さんを頼む。下《しも》へ行たら川口の港柱《みなとばしら》さんに頼む。信心なしには子を負うては行けんぜ。

ぬし（自分）らも三回も川へこけ（落ち）込んだけんど（けれど）、ちょっともし損ないせんづつ（しなかった）よ。お蔭よね。

四万十川の下は大島で二つに分かれちょったけん、水のこまい（水量の少ない）岸の方を通りよったけんど、潮まん（潮流）が悪いとそこは干上がって通れんけん、本通りへ回ったが（の）よ。あんまり沖へ出たらいかん。港柱さんのある沖の方へ出りゃおーら（外洋のうねりの余波）いうおーけな（大きな）波ぢゃろー。打ち上げられるけん、一生懸命櫓を漕いで港柱さん

▲三男さんの描くかつての三里。対岸右手に手洗川の金刀比羅宮。手前の山城の右下に岡村家がある

▲勝間の金毘羅さんの内部

▲四万十川口。太平洋の大波の運んだ砂利を重機で浚渫する。川口がふさがると大洪水になりやすい

をぎっちり（一心に）拝みよったがよ。おとろし（恐ろし）かったけんね。

あろ（あれ）ほど難儀して、ひやい時にせんばを乗っていて川へ落ちてもみたり。よう今まで生きちょったことよ。下田へ行て、潮水をつけてあかぎれは痛い。ひびは痛い。もう一通り（並大抵）のこっちゃ（ことでは）なかった。娘の時はきれいな手ぢゃったに、わやくちゃ（滅茶苦茶。「わやくた」ともいう）になりよっと。今りゃ骨と皮とばっかりになってしもーた。

『三男さん』「おーら」いうたら、太平洋から入った波が岸へ当たったり、岩に当たったりしてもんて（返って）来る波をいうた。海から直接入った波は、えらい（すごい）波ぢゃったけん川船には脅威ぢゃった。

⑤こあらい最中元気で、子どもらふとらかしてよかった

船は水使いにはじゅう（自由）がえーけんど、上でおしっこして下で汲んで飲むがですけん、汚いことぜ。行きしなに大小便して途中は子を負うてするがですけん、こらえしだい（こらえられるだけ）こ

らえて。

　船では艫の方で炭俵につかまってするがですろー。後ろから船が続いて来よるがですけん、どこででもはできん。せんといかんその時には、「川の神様もったいない」と思いました。

　こあらい（子育て。乳幼児の場合にいう）最中ら（は）、風邪も引かんづく（ず）に元気で子どもらふとらかし（大きくさせ）て、それがよかった。今になって、ちゃがまり（駄目になり）よるけんど、こあらい最中に元気にあったけん、そればー（だけ）がよかったことよ。おなごばっかり四人《よったり》。みな大きいぜ。みな元気であんばいにやりよる。

　こないだ（この間）二人ほどもんちょった（戻っていた）。一人が今が暇やけんいうて誘いあっておとどい（姉妹）で四、五日、見にもんちょった。妹のはしは小田原におるが。その子はさいさい（度々）もんて来ちょる。みな遠方におるけん間に合わんけんど、今は電話口で「おーい、わりゃ（お前）」言うたら、ぢき（すぐ）にもんて来れるようになったねえ。

▲はよを引っ掛ける三男さんの櫓の握りのつく（白い木釘）。長さはほぞの部分を入れて約15センチ

⑥濁り水のおーけな水に飛び込む

　いっさん（一度）はここで流れた。

　昔は、あっちの家（以前住んでいた母屋）の時ぢゃったけん、

▲腰当。せんばの中ほどにある。切込みを入れて帆柱を立てる

うちの前の谷（支流の勝間川）に洗濯に行《い》てうちの前へ干すことができた。たすき掛けて布団掛けやらこい（など）洗うて、あこへ洗濯物を干しに行たところが、おーけな水（大水。洪水）になっちょって、あこの小谷は干す川原がないが（のよ）。そんで向かい（四万十川対岸）の鵜ノ江の川原へ干しに行ちゃろー（行ってやろう）思うて、大川（四万十川）へうちの船を出した。濁り水の、なかなかおーけな水ぢゃったねえ。

ちいと櫓をひかえ（手元に引き寄せ、船を左に回さ）にゃ流されだしたよ思うて、ひかえよったらはよ（櫓を船に引っ掛ける綱）が切れて、ポッと後ろへ飛び込んだ。船は下《しも》へキリキリと舞《も》うたけんねぇ。ぢきに船に縋って、昔はそこで渡し（鵜ノ江・勝間間の渡し船）をしよった、渡し場のほとんどにき（傍）まで流れて行たが。

・もう死ぬる日は今日ぢゃろーか

「もう、死ぬる（死ぬ）日は今日ぢゃろーか」と思うた。そこで、「高い艫《とも》（船尾）へ食い付いちょったち（しがみ付いていても）、絶対によう上がらん。ここぢゃいかんよ。ずーっとせんぐって（少しずつたどって行き）腰当《こしあて》（船梁《ふなばり》。船の中ほどに渡して船の膨らみをつくる）のとこへまで行て、腰当へ足を上げてこねり（足を梃子にしてこねるように）上がらにゃいかん」と気が付いて、渡し場の前でこねくり上がった。長い着物、着ちょるがぢゃけん（着ているのだから）、たまるかえ（たいへんなことよ）。

『竹治翁』船の先端の舳も船尾の艫も上に反っちょった。舳の底板は水を切って行くが（の）に、また川原へ乗り上げてもかまんように厚い松の一枚板を使うちょった。

『三男さん』「高い艫」いうがは、船の艫を上げちょる（上へ反らしている）がよ。水を抵抗なく後ろへ流すためよ。艫が上がっちょらざったら船を進めるに重いぜ。

せんばを漕ぐいうたら、一間ばー（六尺二寸・一八六センチくらい）の杉の歩《あゆ》み板（船頭の足元の板）の上を踏んで歩きながら櫓を押したり引いたりしよる。体を預けてひかえよって棕櫚《しゅろ》のはよが切れたらどんぶり行く。後ろへすっ飛ぶけんねえ。よう腰かけつを打たざったものよ。たまるか（なんということか）。づつないことぢゃっつろー（辛いことだっただろう）。むごい（かわいそうな）ことよ。

・じがいでよーよ上がった

それから渡しのおんちゃん（渡し守の小父さん）に、「ここまで流れて来て、もう、『助けてやー』言うて呼ぼうか思う、思う（思いながら）、いなり（そのまま）ここまで流れて来て、よーよ（ようやく）かき（よじ）上がった」言うたら、

「まあ、われか（お前か）。こけ（落ち）込んだがか」。

「たかんで（なんと）、はよが切れてのう。どひたち（どうしようもなく）ここまで流れて来た。もうこそ、『助けてやー』言おうか思いよったけんど、まあ、じがいでよーよ上がった」言うて、船の真ん中

▲鵜ノ江の川岸。この上の山際近くが「川原のおか」

へ座っておった。

「じがいで」いうたら、一生懸命のことよ。そんな時はじがいで言わーね。腰掛け（腰当）へ足をこねこうぢょいて（差し込んでおいて）じがいでこねくり上がったことよ。

それからまた、漕いで鵜ノ江のひら（岸）へ着けて、洗濯物をずっと川原のおかの方まで干した。懲りもせんことよ、はよ繋いぢょいて、おーけな水で流れが速いけん、鵜ノ江のずーっと上《かみ》に船を引き上げちょいて乗り込んで、元のとこへもんて（戻って）来た。船はえっころ（ずいぶん）慣れちょったけん、おとろしいことはないが。

『三男さん』「こねこむ」は無理に棚に足を引っ掛けてということで、自分がすがっている縄をまたぐような無理なことをすることぢゃね。船の棚の高さが二尺五、六寸ばー（七十五～七十八センチほど）あるけん、おなごぢゃいいなり飛びついて上がることができんけん、足と手の力でこね上がったがよ。

「じがいで」は命懸けで。生きるか死ぬかの時よのう。たまるか（たいへんなことよ）、おなごでそれほどのことをして。ずるいこっちゃ（並大抵なことでは）ない。辛いことぢゃっつろー。

ぢゃけんど、昔の人はえらいぜ。そういうふうな人生を送っちょるけんねえ。ほんで、少々の苦労は苦労とも思わん。当たり前ぢゃ思うちょるけん、えらいもんぢゃのう。そうして、今の世の中をつくってくれちょる。年寄りには感謝せにゃいかん、ほんまに。ボール叩いたぢゃ、蹴ったぢゃという世界とは違うぜ。

「川原のおか」いうたら、山の麓の藪根のところ、川原と山の境よね。今の国道の下の方よね。「おか」は山手がわのこと。

⑦隣のお婆さんがたまらんよーに言う

あの時も、死ぬるがは今日ぢゃろーかと思うて。

うちの下隣のお婆さんに、「ほんで今日は、こうこうで渡し場の前で流れて行て、今日は死ぬる日ぢゃろーかと考えた」言うたら、「まあ、わりゃ（お前は）そういう気が付いちょったけん、命がひらえた（拾えた）がぢゃねや（なあ）。怖いこっちゃねや（危ないところだったなあ）」言うて、たまらんよう に（ひどく感じ入って）言うてくれた。

わしゃ、今日は死ぬる日ぢゃろーかと思うとーえ（思ったよ）。「そんな気が付いたけん、わりゃ生きれたがぞ」とほめてもろーて、「そうぢゃろーか」言うて。

そうそう、その時にまこと、お腹がふとかったり、子どもでも負うちょったりしたら、絶対こたわん（できない）ね。一人ぢゃこそや。こねくり上がってはよ括り付けちょいて、鵜ノ江のずっと高《たか》（上流）へ船を上げちょいて、それに乗り込うでもんて来た。あげんな（あのような）時もある。まあ怖いことも怖かった。船に慣れちょるけんこそよ。素人ぢゃったらしまい（たいへん）よ。おとろしい（恐ろしい）こと知らんけん。

まあ、いろいろあったけんど、こりゃ今まで生きたけんのう。八十八つー（という）もんぢゃ。死にかかりでも、死にかかりぢゃけん（だから）こそ、生きちょるがぢゃろー。

『三男さん』怖いこっちゃねや。「ねや」には、「そうぢゃないか」とか、「お前もそう思うちょらせんか（思ってはいないか）」という意味、気持ちが入っちょる。

「死にかかりぢゃ」いうたら、いつあちらへいくやらわからん、いつお爺が迎えに来るやらわからん、よわよわとした（弱々しい）体で生きちょるがぢゃね（翁の死後、三男さんに聞いた話）。

・これから米子さんの話に耳を傾ける

間もなく「おーい、来ちょるか」と竹治翁が戻って来る。米子さんは「やれやれ」と長椅子に横になった。これが米子さんの問わず語りに耳を傾けるきっかけとなった。

『竹治翁』船乗りもずるい（容易な）もんぢゃないぜ。おいっと（ひょいっと）飛び込んでみた（ごらん）。よう上がらん危険な仕事ぜ。

家内が川へ落ちて、よーも（よくも）一人で上がったもんぢゃ。若い時にさいさい（再々。たびたび）そんな目におうちょるけんど、死に運がなかったがぢゃね。生きるぶに（徳。運）があったがぢゃ。

2　ぢーちゃんは太い帆をいっぱいに広げて走る

・ココブと大カタシ

〔米子さんの信仰した初崎の港柱さんを訪ねたら、拝殿には力士の絵馬やだるまがたくさん奉納され、浜辺にはココブ（むべ）の木がたくさんの実を付けていた。その実をお土産に尋ねたことがある〕

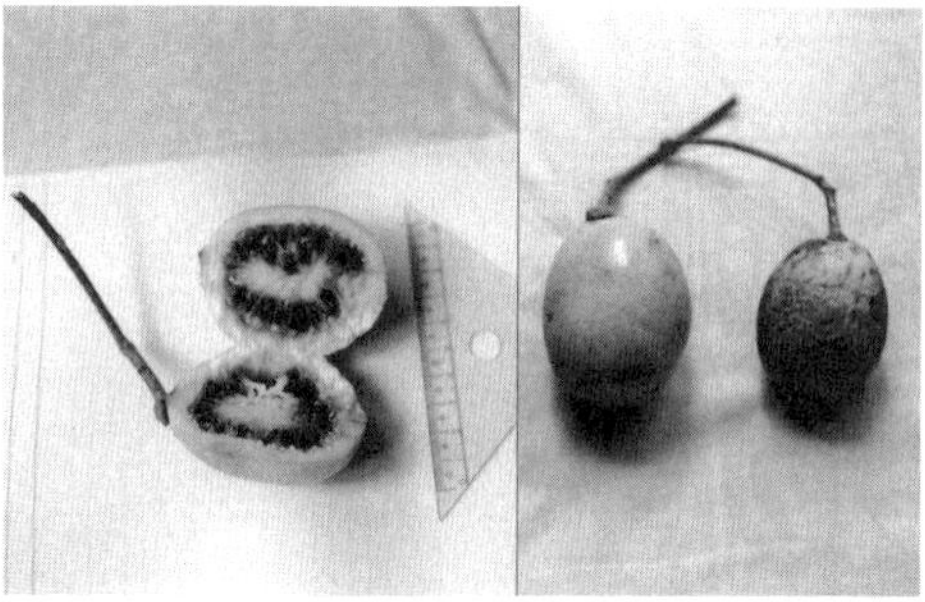

▲熟れたココブの実

▲カタシ油を搾る道具。蒸したカタシを棕櫚で包んで板で挟み、その板を叩き込むと下へ滴り落ちる［三原村教育委員会蔵］

▲現在の観光船せんば

港柱さんの浜へ（に）あったか。まあきれいな、カタシモモ（山茶花の実）みたいな。ここらの藪にはオオカタシ（椿の実）がうんとなりよった。それでえー油ができよった。今りゃ、あんなえー油はない。昔、ぢーちゃん（翁）はカタシ油をようけ採っちょる。(2)

こっち（勝間）ぢゃ、ココブは青いうちに猿が噛んぢゃ放り、噛んぢゃ放りしてしまう。もうちょっと待ったらおいしゅうなるがをわからんけん。猿は家《うち》ぃ来て柿を食い放題する。うちの兄ちゃん（婿さん）が朝ドンドン、ドンドン鉄砲を放してから出たら、「まっと（あまり）猿が来ん」言うね。

『三男さん』ココブは山アケビに似いて（似て）実が一つなる。山アケビは熟れて口張ったら（口がはじけそうになったら）おいしゅうなるが。ココブは口張らん。里アケビはバナナのように房になってこんまい（小さい）実が数つくぜ。

①十年通ういうたら、ずるいもんぢゃない

そりゃ、言うてのことはない（言ってもせんないこと）。船に炭（木炭）をいっぱい積んで、ぢーちゃんと下（下田港）に十年通うたね。ぬくうなったら、三月から八月のあい（間）は東風《こち》が吹くけん、ぢーちゃん一人で帆を掛けてもんて来れたがよ。ひよう（寒く）なったら、おぢーさん（老人。舅）がぢきに私に「船に乗れ」と言う。

川口の下田（港）まで行てもんて来るいうたら、そりゃずるい（容易な）もんぢゃない。ご飯を炊いて昼と晩の分を持って朝暗い（暗いうち）から出て、昼下がりに下田に着いて、荷を下ろして船をきれーに洗うて下田を出たら、晩までに中村（四万十市街）。ここでは赤鉄橋下の船着き場）に着いて、そこで泊まって翌日一日がかりで勝間へもんて来た。

『竹治翁』昔のせんばは、帆も太うて四丈（十二メートル）近うあっと。帆柱もよーよ（やっと）かたい（担い）で立てるばー（ほど）のもんぢゃった。

『三男さん』昔は三月のアブラゴチいうて、トロトロ、トロトロよどみのう（やむことなく）東風《こち》が吹く時期がせんば乗りに一番えーわけよ。昔の年寄りらーは日和を知っちょった。朝焼けの様子から、雲の行き方で「今日、朝焼けになったら、明日の朝も朝焼けで弱い東風が吹く。あさってらし（辺り）は雨も混じるけんど、十時には東風がえらい（強く吹く）けん、マチトトナイ（町での買い出し）に行こうかねや」と評議して、一緒に町に行て用をととのえ（買いものし）て来とーえ。何時までには小畑《こばたけ》（赤鉄橋近くの船着き場）ぃ（に）集まると約束しておいて帆を掛けて一緒にもんて来る。戻るに朝十時ごろから吹く東

▲船尾のカジキ。櫓の下方の二本の木の棒［四万十市教育委員会蔵］

▲広い艫板の右側の櫓ドコの凹みに立つ櫓ベソ（櫓杭《ぐい》）。櫓のいれこ（浅い穴）を載せて漕ぐ。昔の櫓ベソは樫の木、今は鉄製

風に乗ったら、帆で舞い上げる（押し上げる）けんいよいよ楽なもんぢゃった。[3]

②十二キロの黒炭を三百俵積んだ

川船で運搬する人は、七、八十人ばー（ほど）おっつろー（いただろう）。

船には普通八貫（三十キロ）俵で百二十俵から百三十俵積んだ。もっと積む人もおった。一俵十二キロばーの黒炭《くろずみ》になっては三百から三百五十ばー積んだ人もあった。

うちの船は風のあるときは一番速かったね。ぢーちゃんは一番太い帆をいっぱいに広げて走るけんおとろし（恐ろし）かった。おーけな東風にカジキを立てて（艫の二本のカジキの間に櫓を入れて舵取りしながら）帆を張る。ざまに（ものすごく）走るけんね。舵を取る力がのうて船を回したら船が傾いて水船《みずぶね》（水浸し）になってしまう。そんで、舵取る力のない腕の細い人は、こんまい帆を張っちょったが。

『三男さん』帆を上げる前には、櫓を漕ぐために載せちょる櫓べソから櫓を外して、二本のカジキのあい（間）に入れて舵取りする。それを「カジキを立てる」いう。カジキを立てる前に帆を張ったら、船がどこぃ向いて行くやらわからん。舵を取りながら帆を張っていかざったら船を引っ繰り返す恐れがある。

いっぱい帆を広げたいうたらそりゃ速いわえ。とてもぢゃない、氷の上を滑るように、水がタッタ、タッタ船底を音さし（させ）てねえ。パタ、パタ、パタ小波を立て、とばた（ふなべり）を叩いて走る音が気持ちえーもんぢゃ。今でもその音が聞こえるような。懐かしいのう。やっぱり思い出す。

▲赤鉄橋。大正４（1915）年の渡船事故を契機に、旧中村町の５倍の予算をかけて大正15（1926）年に完成

町（中村町）へ行くがはうれしかったのう。わしら、「明日おまちぃ行く」言うたら、夜が寝られんかったのう。下《しも》へ行《い》て（中村へ下って行って）、昔は川岸にあった松原ごしにちらちら赤い鉄橋が見えだしたらうれしかったねえ。おーけな他所《よそ》（大都会）へ行たような気がして胸躍った。「おまちへ来たぞー」と。赤鉄橋の下にその舟を着けた。わしら相当な山の中へおった気がした。田舎もんよ。

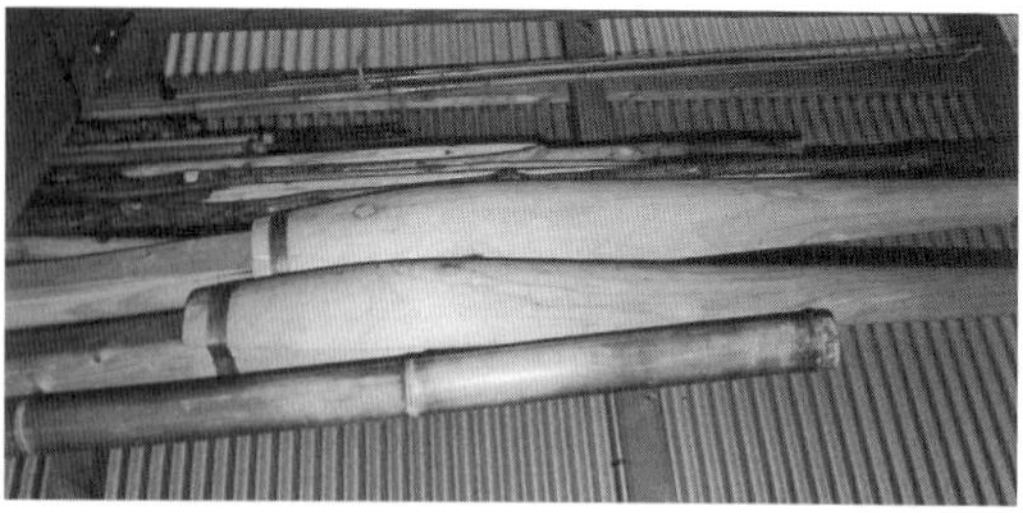

▲川舟の継ぎ櫓。櫓の重なりがフンドー（重り）となって漕ぎやすくなる

③渦で水船にならんように強い櫓にしちょった

けんど（しかしながら）、櫓で漕ぐときは遅かっと。ぢーちゃんは水船にならんように、渦に乗り入れてこねてまーる（渦を乗り切ろうとぐいぐい漕ぐ）が（ため）に、強い櫓にしちょったけん、二人で漕いでまーっても（懸命に漕いでも）、一人でのんやりさんやり（ゆったり）と楽に押しよる、弱くてしなる櫓（継ぎ櫓）を漕ぐ人の速さにかなわんかった。櫓はやわらこうてしなるもんがえーがぢゃけん。

『竹治翁』今の櫓は継ぎ櫓ぢゃが、しなって推力はあるが櫓をこねて行く舵取りができん。せんばはうんとこねんといかんけん、棹櫓《さあろ》で一丈四、五尺（四・五メートル近く）あった。棹櫓は真っ直ぐなイッチイ（イチイ）がえー。年月がたっても狂わんし、水中に落ちても浮く。樫もえーが、水中に落ちてしもうた（沈んだ）時に困る。

『三男さん』ここらの船はだいたい大櫓《おおろ》。チョコチョコ押すがぢゃなしに、ユルリ、ユルリと大きく押していく。センバは歩きながら、小舟は舟の端を足で踏ん張って、股をはたかって（広げて）大櫓で押していく。

昔のせんばの櫓は真っ直ぐな棹櫓《さあろ》で、継ぎ櫓は少ない。棹櫓は櫓を押すも引くも手の力でかやさ（櫓を反転させ）んといかん。継ぎ櫓は二本の材を継いでほんのわずか「へ」の字にかやっちょる（曲がっている）けん、水のかき（漕ぎ）かたが違う。押すに押しよい。発動機のはずみ車のように、ひとーり（自然と）かやる（反転する）けん、勢いが違う。シュー、シューとぬんで（伸びて。進んで）行く。それは、櫓を継いだところに二本の重りがあるけん、軽い力でコロリコロリと反転させられるが。材はいつも水に沈んぢょる樫がえー。

あの棹櫓だけは今の子らは漕ぐことがこたわん（できない）。あれは歩きながら大櫓で押してゆかんといかんけんね。昔の米子ねーら押すけんのう。やっぱり生活の中へ溶け込んぢょったけん、あの人らーは押さーえ（押すよ。押すことができる）。

「のんやりさんやり」いうたら、のたりのたりとゆったり押してゆくわけよ。昔の棹櫓は、櫓をこいて（削って）しなるようにしてもらう。けんど、肉をようけ付けてしならんようにす

▲イチイの大木。棹櫓にはせめて3メートルのまっすぐな節のない部分が必要。三男さんも、「あろほどの古木いうたら千年は言わんぢゃろ」と［四万十市深木］

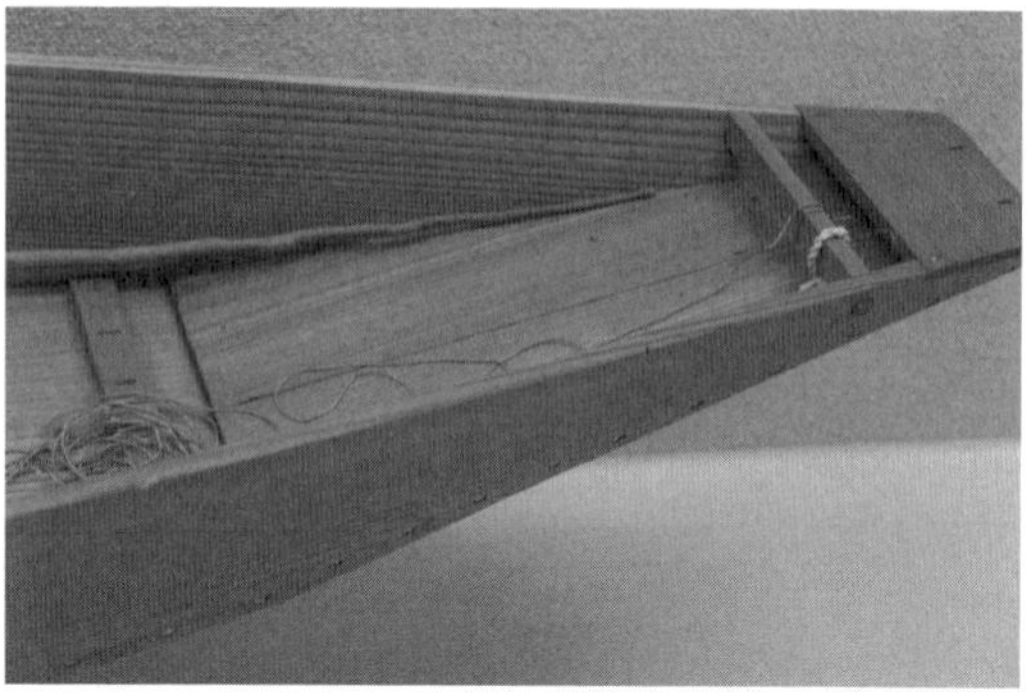

▲カンヌキ。舳板の先から2、3寸下がった一寸角の桟
［四万十市教育委員会蔵］

る人もある。

3　ひやい時はづつない

①曳き縄と曳き縄道

せんばに二人で乗って上げる時には、一人が川原の「曳《ひ》き縄《な》道」から曳き縄（引綱）で引っ張り、もう一人が棹で船を沖へ押し出して、川原へ乗り上げんようにしとーね（したよ）。「曳き縄道」のある川原伝いに、川をそっち（あっち）渡り、こっち渡りしてもんて（戻って）来る。

曳き縄の先はカンヌキ（舳先の一寸角の桟）の下の隙間に差し込んで軽く球《たま》にくびって（括って）、どちらから引いても、曳き縄が引くひら（側）へ滑っていけるようになっちょった。

『竹治翁』せんばの舳板《へいた》の先端は高うて厚うにして、その先端から二、三寸下がったところに、カンヌキという松や檜で作った一寸角の桟を付けちょった。

せんばに二人で乗ったら、一人が川原の曳き縄道から曳き縄で引っ張り、もう一人が棹で船を沖へ押し出して船が川原へ乗り上げんようにした。曳き縄の先はカンヌキの下の隙間に差し込んで、タマコという球にくびり（括り）カンヌキから抜けんように、また左右どちらから引いても引く方へ滑って行けるようにしちょった。

②あんまりひやいがに涙が出た

曳き縄は棕櫚《しゅろ》縄ではすり切れることがあったね。藁縄では、ひやい（寒い。冷たい）日には凍って割れた。ふとい風（大風）の日やおーけな雪（大雪）の日はほんまにひやかって、ここらでも雪が一メートルばー積むことがあったけんね。曳き縄も固うに凍ってつるつる滑り、針金をたくる（引っ張る）ようになった日もあったのう。

高瀬で曳き縄が凍ってしもーて、それを持つ手があんまりひやいがに（あまりにも冷たくて）、「もうよう引かん、もういやぞ、もう家には戻れんぞ」思うて涙が出たことがあった。えらいしこう（たいへん）ぢゃった。ひやい頃は一番づつなかった（辛かった）ね。(4)

『竹治翁』昔は、ふとい風（強風）やおーけな雪の日にはほんまにひやかっと。曳き縄も凍ってつるつる滑ったり、割れたこともあっと。

③下田に着いたらほんまにやれやれ

・船を空けてもんて来る嬉しさ

昔は、子を体に負うて仕事して難儀して。七月生まれの子には難儀したねぇ。たいがい冬ですろ。ひやいが（の）とおとろしい（恐ろしい。こわい）がとで、下田に荷が着くとほんまにやれやれと思うて、船を空けて（空荷にして）もんて来るばー嬉しいことはなかったねえ。船を空けると、もうおとろしいことがないけんねえ。

『三男さん』夏の子は背中が汗で濡れて蒸れるぜ。それでも負わにゃいかん。やっぱり、子は親の体の熱を感じにゃいかん。

七月生まれの子は冬でも一人立ちできんけん、まだ身にまとうちょかにゃ（背負っておかないと）ひやい目にあわすけんねえ。わしらずーっと見てきちょるが、子をかるーて（背負って）船の中を走るようにして棹さして、まこと辛かっつろー。今考えてみりゃ、二十歳になるかならんばーの女の子が、苦労しちょる、難儀しちょる。難儀いうたら貧乏しちょるがよ。

今ごろの女の子は車の徐行がこたわん（かなわない。できない）ね。横から来るに、ひとっつも（まったく）止まらんづく（ず）に、パーっと先に来る。あましたもん（御しがたい者。なかなか大胆な態度をいう）ぜ。

今の人はそろ（それ）ほどな苦労はせん。そうかと言って話は聞かん。本を読まん言うのう。日本は必ず行き詰まらーね。

昭和五十二年に減反政策が出た時に、わしは「アメリカ農業に日本の米が邪魔ながぢゃ（なのだ）。日本の農業は衰退する」言うた。ＴＰＰ言いだして、ああこれで農業は終わり思うた。じりじり、じりじり言うた通りになりよる。けんど農業がつぶれたら国もいかんようになるぜ。

今ぢゃ農業だけぢゃなしに、市町村が衰退しだした。市役所へ行て、「お前らの給料、誰が払うてくれるか。他人ごとぢゃないぞ。一番気になるものは、おれらのムラでも中村の町でも赤子の声がない」と言うた。

・水船になって炭が流れてしまうとやすからん

あか（水。船底のたまり水）のしゅんで（滲みて）くるような古船をごーたれ（あかが入ってなんともならん。うだつの上がらぬ人にもたとえる）船と言う。炭をいっぱい積むと腰当まで浸かって、下手しよったら船を沈めてしまう。渦で傾くと水船になって、炭が流れてしまうけん、やすからんかった（容易ならんことだった）。炭が流れて拾い集めて、問屋へ持って行て乾かしよる船もあったね。

『竹治翁』船は二年立つと水がしゅんでくる。そうなると船の上げたり下げたりが重うなっと。三年になると古船になった。古船はいたみもひどく結局は損ぢゃ。なるべくさら（新しいもの）に乗って人の目に立ちたいのは人間の常よ。

『三男さん』「ごーたれ」は「ごくたれ」ともいうて、「ごくどう（怠け者）」と同じ。使い道のない、仕事せん人間のこと。

・なかせらがほんまに親切

下田の浜には船に荷積《にづ》みするなかせ（仲士）小屋があって、なかせらがおーけな火（大きな焚火）に当たって船の着くのを待ちよったけん、親船に積むには世話なかった。そのまま親船に接舷すると、なかせらが炭をドンドン上げた。それを仲仕仕事というたね。親船がいないときは、一度倉庫に入れておいて、親船が入港するとせんばで運んだ。

荷積みのあい（間）はおーけな火にあたりながら子にお乳を飲ませてね、なかせらがほんまに親切にしてくれました。いつやったか、なかせがおらんことがあって、自分たちでにのーた（担った）こともあったね。毎日のように行たけん、下田が家みたいなもんよ。

『三男さん』船に荷積みをするに、あの頃はみな、なかせぢゃった。なかせらはとてもぢゃない（並大抵ではない。ことば遣いが荒いこと）、男も女も「われ（お前）が、おら（自分）が」と大声で相手にものを言いかけたが、けっしてわりー腹（悪い人）ではなかった。

せんばが何杯も着いたら、機帆船に幅五十センチ、厚さ一寸五分（四・五センチ）、長さ二間（三・七メートル）ばーの板を橋に掛けて、ドンドン、ドンドン担い上げた。板のビヤビヤしよるそのビヤビヤを逆手にとってうまいことにのーていく。天秤棒がしなっていくがを逆手にとって、波に乗ってピョンピョン足軽うに上がっていく。さすがぢゃ思うた。上ではそれを際《きわ》（端）から真ん中に向けて、きれーに（整然と）積む人が二、三人おった。俵を横にして艫から舳へ向いて、内へ向いて丸うに積んでいきよった。

ありゃ、廻船問屋が儲けたろーのう。山（山林）を買うて炭焼きに焼かして、節季に、正月に支払う。それで、炭焼きは借金もぶれ（まみれ）の生活で、全部てんや（飲食店、雑貨屋）へ付けで買いよった。昔の人はえらい（きつい）生活しよった。

木炭ばっかりぢゃない。束木《たばぎ》も積みよった。楊枝にするトーシンの木（黒文字）は、燈明の芯にするトーシン（燈心）を抜いた一尋《ひろ》（三男さんによると両手を広げた一・五メートル）の長さに切ったものを、小さいものなら十四、五本もゆわえ（束ね）て積みよった。

昔の人は全部手で計り、広げた両手のあい（間）を一尋とし、親指と人差し指のあいを五寸とした。

4　なんべんもおとろしい目におうた

①ショールで頭を包んだまま川へ落ち込うで

川へは三度もこけ（落ち）込んで、おとろしい目におうた。

いっさん（一度）おーけなお腹を抱えて、中村の鉄橋の下の瀬で、不破《ふば》の方から四万十川を横渡ししよって落ちた。川が濁っちょったけん深さを見誤って、棹をツンと突かした（川底を突いた）ところが棹が底に届かんづく（ず）に、そのままこけ込んでねぇ。その時は、おーけな（とても）ひやいひやい時ぢゃけんショールで頭を包んだまま落ち込んで、ゴーゴー、ゴボゴボと音を立てながら水中から上がってきて、ぢーちゃんに引っ張り上げられたがよ。

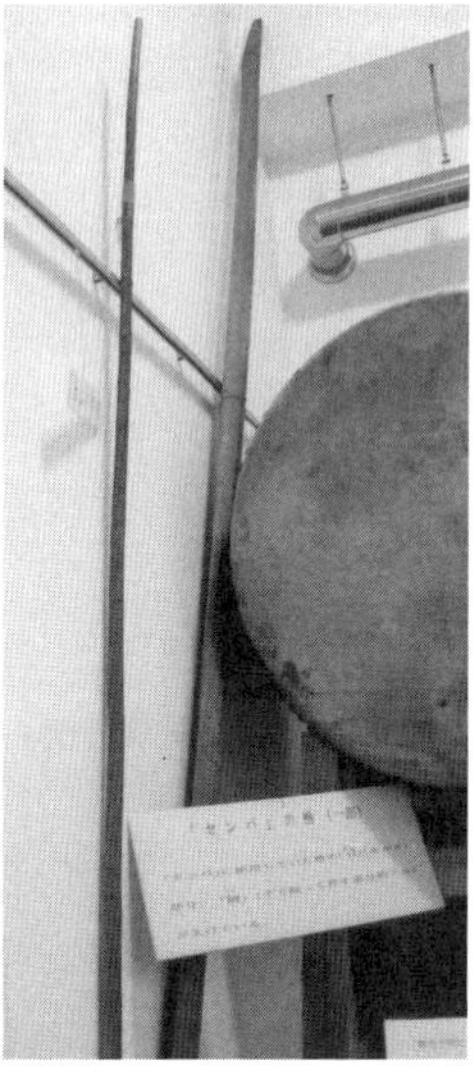
▲せんばの櫓は羽《はね》（手で握って押す腕〔2メートル〕を欠く）。左方の棹は三棹《みざお》とよばれ、長さは三尋（4.5メートル）［四万十市教育委員会蔵］

『三男さん』自分がドンブリさかし（逆様）になって落ちる。女はどんな（鈍い）けん、ありそうなこと。男は川が濁っちょったら、棹持つ手先の力を抜いてスルスル、スルッと棹を走らす。そうして、棹が底へ着いた瞬間に力を入れて押さえるわけよ。なかなかそのタイミングが難しいのう。

鍛冶屋が鎚で鉄を叩く時でも、物に当たった時は力を入れちょるけんど、あとはみな力を抜いちょるけんねえ。最初から終いまで力を入れよったら体ももたん。

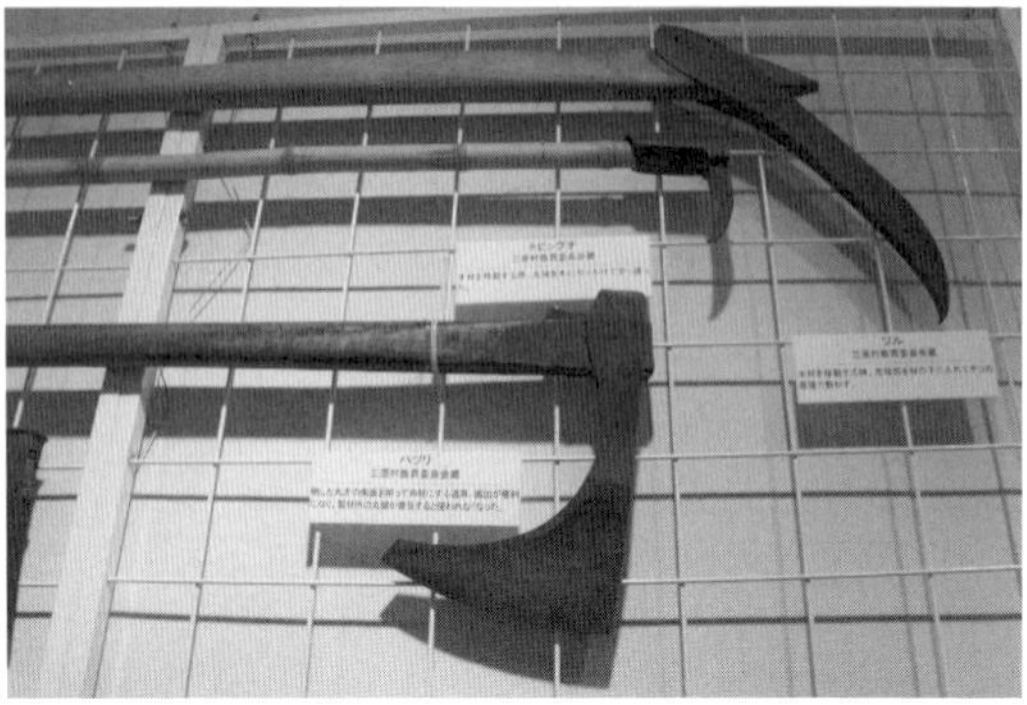
▲はつり（下方）には用途によって大小がある［三原村教育委員会蔵］

②女は着物、男は襦袢に褌

どんな時やち（でも）、ぢーちゃんはわたしの名前を言うかえ、いつでも「ホーイ、ホーイ」と呼ぶだけぢゃった。

女は着物ぢゃったが、男は襦袢に褌の姿ぢゃった。その上に冬にはソータ（綿入れの袖なし羽織）や半纏《はんてん》を着いて（着て）ズボンをはいて、雨が降ると蓑《みの》を着たが。足は地下足袋で濡れほうだいぢゃった。

『竹治翁』昔の人は男も着物ぢゃった。服というものは大正時代ぢゃ。大正時代にはズボンをはきよった。

『三男さん』昔は、仕事する人はたいてい草鞋《わらじ》ぢゃった。地下足袋つー（という）もんはなかなか買えざったけんのう。

杣《そま》する人（木こり）ら草鞋履いて木の上へ立って仕事唄歌いながら、おーけなはつり、（材を荒削りする斧）で足すれすれに削っていく。草鞋履いた足の横が墨（墨壺で引く線の代用）になっちょる。そこに合わしてターンとおーけな（大型の）はつりの刃が削っていく。足を切らせんかと目をふさぐぜ。見るにおとろしい。

③奥から来る高瀬舟は後ろ前に櫓と櫂と

船乗りのとぎ（仲間）があって、勝間川や三里《みさと》、上流の口屋内《くちやない》や川崎の船とよう一緒に行った。勝間川の船乗りとは仲良しで、「おぁーい」と声掛け合《お》うと。川崎から来るには、途中におーけな岩があって、その中を潜《くぐ》って来んといかんけん、後ろ前で漕ぐ高瀬舟に乗って来ちょった。

高瀬舟はせんばより太うはなかったが、はな（舳先）に櫂を付け、艫（船尾）にカイダツ立てて櫓を立てちょって岩のあい（間）をこねて乗って来よった。「こねる」いうたら、岩をよけて、かい潜る（すり抜ける）ことよ。まこと奥の川は真ん中に岩が据わりよった、いよいよえらい（激流の）川よ。命懸けよ。中村から江川崎まで帰るには二日がかりぢゃったね。

『三男さん』高瀬舟は伊達に舳板《へいた》が二つに割れちょるがぢゃ（のでは）ない。そのあいなか（間）に櫓と同じ長さの櫂が付いちょって、下って行く際にそれで漕いで思う方ぃ寄せて行くために、舳の角が二つになっちょる。キチキチ（雄のショウリョウバッタの二本角）を見て造ったようなものよ。

昔は、高瀬舟ばっかりぢゃった。それがせんばになったがは、ずっとこっちへ来て（後になって）から。三里の町が宝永の大津波（一七〇七年）で埋もれた後に、勝間辺りから下で乗るようになったが。

▲高瀬の沈下橋

▲親ノ瀬。川幅が広くなり昔に比べて緩やかになった

④親ノ瀬はまこと骨が折れた

勝間から下は川が深いし、おーけな石もないけん楽ぢゃったが、途中にはとろというゆるみ（淀み）と瀬がなんぼもあった。もんて来る時、高瀬へ来たらぢーちゃんが曳き綱引っ張って、うちが船が川原に着かんように棹さした。中でも親ノ瀬が一番たいへんぢゃった。下《しも》から上がって来ると、ゴーゴー音がしよった。瀬がうんと立っちょった（大きな落差のある激流だった）けん、そこを船が立ったようになって上がった。あこ（あそこ）でうんと骨が折れた。あれを上げたら、家《うち》にもんて来たようなもん。

『三男さん』高瀬にはいくつも瀬があったが（のよ）。中でも親ノ瀬はうんと落ち込んだ急な瀬ぢゃった。

ほんまに立っちょって、引き上げるに船首が四十度ばー立ち上がるようになった。鵜ノ江には荒瀬というどえらい（ものすごい）瀬、勝間にはセンバという瀬もあった。

たいてー（大抵）はおなごが引っ張るがぢゃけんど。えらい（すごい。きつい）ねえ、親ノ瀬ではおなごが棹さしたものよ。たいへんよ。「曳き縄道」から引く船が、真っ直ぐ上《かみ》へ向いて進むように棹さすがはなかなかずるー（容易で）ない。力を入れて横っ張りに川原を突かにゃいかん。油断したら船がザーッと川原へ乗り上げてしまうけん、腕先ではできん。体で棹をささーえ（棹さすよ）。櫓は腰で押す。

⑤曳き縄がプッツリ切れて一人で渦の中を流されて

親ノ瀬では助け合うて一艘づつ上げることもしよったね。

ある時、ここで船が立つようになって止まっちょるがを、ぢーちゃんがグイッと引いたら「曳き縄」がプッツリ切れて、船に乗ったまま一人で渦の中を流されておとろしかった。えー具合にぢーちゃんのおる川岸に流れ着いたけん、しばらくしてぢーちゃんが迎えに来てくれたけんど、ほんまにおとろしかった。あこは曳き縄が二度も三度も切れたところで、わたしが棹ささにゃ瀬を上がれんかったところぢゃったけん、今でも親ノ瀬のよこし（横）を車で通ると、「ここでまこと骨が折れたよ」思うて見て行くねえ。ほんまに昔は無理しました。

『三男さん』わしら鮎をとりに行くに、高瀬の対岸の橋の下流側の親ノ瀬が一番嫌ぢゃった。二メートルばーこけた（落ち込んだ）瀬で舟が立ったけん、これはきつかったぜ。一番辛いとこぢゃのう。立ちあがった舟を上げるには、川に入って親父は舳で引っ張り上げる、わしは艫を持って突き上げる。そうやって上げとー（三男さんの絵巻物。一三頁参照）。

せんば上げるにはサシアイ（重い物を二人でかつぐ時の担《にな》い棒）みたいな物の一方をカンヌキの隙間へ突っ込んで括りつけ、片方を肩でいなり（そのまま）担ぎ上げてそこの瀬を上げよった。船に乗っちょる相棒が岸に寄らんように棹で押し出さんといかん。横っ張りに岸を突いたね。中にはおーけなせんば船を一人で上げる人らがおったのう。なかなかずるーないぜ。

5　大時化の難儀

①船の上から笹をつらまえて死に物狂いぢゃった

大水にもんて（戻って）来た時は、ほんまにことーた（疲労困憊した）。時化《しけ》の中では荷を守るに骨が折れたけん、時化が来るがわかっちょっても下田へ下って荷役して船を空にした。空にすると一安心ぢゃった。

中村から勝間まで大時化の中をもんて来たこともある。昭和十四年の大水の時は、たかで（驚いたことに）うちの下の田が浸かっちょるばー（ほど）の大水で、死に物狂いぢゃった。船の上から二人で川端のしば（植物の葉）、笹をつらまえて（つかんで）せんぐって（せぐって。少しずつ船を上げて）、藪を持っちゃあさし上げて（藪のうらを握って引っ張りつけて）、男が棹さして岸をたどってもんて来た。

そんで（それで）、しばを引いて上がろうと急流の中を藪のある岸から藪のある岸へ横渡しを繰り返して、その度に下へ下へときゅうきゅう（どんどん）と流されてしもーた。二人で櫓を漕いでも本当に

▲左手前から勝間川が流れ込んで渦を巻いている。対岸が鵜ノ江

骨が折れた。

やっと対岸の鵜ノ江へたどり着いて、そこから勝間の小谷（勝間川）へ乗り込むいうたち（ても）、ぼったり（ちょうど）はめ（谷口に入れ）んといかんけん、鵜ノ江のはるか上まで行ったね。そこから、二人で一生懸命に漕いでも流されてたいへんぢゃった。ようやっと（やっと。辛うじて）戻ったら、おばあさん（姑）がそこで黙って釣りをしよった（参考・勝間川の流れ込む付近の地形写真は五九頁に掲載）。

『三男さん』わしら少々の洪水なら、着物と教科書を頭へ括りつけて泥水の中を泳いで島の宮へもんて来たぜ。米子ねーの言う大水は、わしが五歳の時にここらが水底になっちょった昭和十年の大水のことかもしれん。けんど、赤鉄橋の腹に迫るばーの大水ぢゃったいうたら、とてもせんばで行けるかえ（船を出せる状況ではない）。

大水で棹させる浅いとこがないけん、岸をたどり

▲大水。深木の沈下橋を越す濁流。逆巻く波を水が無理に押して行くのでしおく（扱く）とも、無理に削って行くのでこさぐ（擦るように削る）とも言い表わす。大洪水には対岸の川沿いの家々も浸水する

▲昭和10（1935）年の中村町洪水［四万十市教育委員会蔵］

よったがぢゃ。「さし上げてもんて来る」いうたら、沖は流れがえらい（すごい）けん、おかあ（女房）が下へ流されんように舳先で一生懸命藪を持って船を引っ張り付けちょる。そのあいに親父が片手で棹を引き上げて岸を棹で突いてずーっと船を五十センチ上げる。上がるには、藪の中をせせって（無理にすり抜けるように進んで）、そこで船が下がらんように藪を持っちょる。ほんまに一寸刻みで上がって行く。

棹で岸を突いても船が沖へ流されんように、おかあは一生懸命藪を持って船を引っ張り付けちょる。岸を突いて船の艫が岸に引っ付かんようにして、舳は決して岸から離れんようにしちょる。舳が岸を離れて激しい流れを受けたら、そげに入ってかやる（転覆する）[5]。

藪を力いっぱい引っ張ったら、藪をすごいて（しごいて）葉っぱをとってくるようになるわけよ。そうやってすごいて、少しづつ進めたわけよね。少しづつ進んでいくことを「一寸せぐり」と言うた。

親父がおかあに「持っちょれよー」言いよら（言っている）。ずーっと棹さしたら、おかあは柴や笹をせんぐり（順々に少しずつたぐり）よる、たどりよる。それを、「さし上げる」ともいうた。藪を引っ張ってすごいて前へ向いてすすめて、そうやって船を上らせよる。そうやってせんぐって、死に物狂いでせんばを引っ張り上げてもんて来たがぢゃね。せんぐることは、せせる（せぐって無理に行く）ともいうた。竹藪の中を行くに（のに）横になって入っていくのも「せぐる（無理に通る）」という。

大水に向う岸の目的地に渡るには、二百メートルなり三百メートルなり上《かみ》へ上がっちょって渡っとーね。そういう時に呑気に釣りするいうたら、もえぬき、はえぬき（その土地で生まれ育って婿を取った人）でないとできなーね。昔は親がえらかったけん、いたわりのことばもなかったもんよ。「もえぬき」はひて（捨て）たものがいつの間にか芽が出たような子どものことで、その家におらんでもかまん。「はえぬき」は大切に植え育てた子どものことで、どうしてもその家におらんといかん長女などのことよ。

②行き着き人道、行き当たりばったり

「行き着き人道」いうて、時化が来たりして川が荒れる時は、どこにでも行き着けて休んだり泊まったりしたらよかった。「行き当たりばったり」とも言うたね。山を相手にして風陰《かざかげ》のあるところ、そこは風が上空を通り抜けて、ぬくう（暖かく）なっちょった。川原の巻き上げ（盛り上がったところ）があって高いとこの下《しも》らー（など）もぬくもった。そうした風陰に泊まりよった。島の宮の対岸の渡しが着

▲手洗川の風陰《かざかげ》（川原の下流側）

▲手前が筏を留めた大谷のゆるみ。水が逆に舞うので「渦」という。対岸は島の宮のふなと（船着場）

きよったとこには船頭らの宿もあってね、飲うだり食うたりする食堂みたいなとこぢゃった。けんど、だいたい船頭は船に泊まるけんね。

『三男さん』渡しが着きよったとこはわしの昔の家で、母親が筏乗りの宿をしよった。あの下は広うてゆるみ（淀み）があるけん、筏乗りの宿に適しちょら。ゆるみは、水が渦になって舞いよるけん流れがない。そのゆるみへジャブ、ジャブ、ジャブと筏の漕ぐが（の）を見たら、おばあ（ばんばともいう。母親）がぢきに「泊まるがかえ（のか）」。「宿を貸してやんなはい（やってください）」。伊予のことばの混じる人らがおった。筏には必ず二人乗っちょった。

米のない時ぢゃけん、「米は持っちょるか」。「持っちょる」と。百姓の傍らやまし（木こり）もしよったがよのう。「おばあ」や「ばんば」は、親父がそう呼ぶのを子どももまねしたわけよ。

鮎や鯉の塩焼きつーものに野菜も炊いて味噌汁を出しよった。朝も早かったぜ。蓋と主《おも》（本体）へぎっちり（しっかり）飯を詰めた行李《こうり》の弁当を持って、朝の三時半になったら出よったのう。

せんば乗りの船頭は普段は宿に泊まらん。たまたま遅うなったりしたら、川原が出っ張って裏側が岸になっちょるかざかき（風を防ぐ垣根。風陰）のとこや葦の陰へ泊まりよったね。夕方四時半になったら、まだ日が高いけんど、男が帆柱を骨（棟木）にしてそれに苫《とま》を葺きよるあいに、女房がブリキの一斗カンの蓋と底を切ってがんど（空洞）にしたくど（かまど）で火を焚いて、はがま（飯炊き釜）を掛けてご飯を炊きよったのう。

▲港柱さん。ダルマや力士写真など数々の奉納物

③金比羅さんのお蔭で船をしもらすことも死んだりすることもなしに

信心はしました。毎朝船を出す時にはこの家のそら（上）の金比羅さんを拝み、川を通る度に手洗川のそらの金比羅さんと下田の港柱さんを拝んだ。金比羅さんとはぎっちり（しっかり。強い絆で）仲良しになっちょった。港柱さんは機帆船の出入りする水路にあって、波に洗われて洞《ほら》のようになったところに祭っちょった。信心のお蔭で船をしもらす（沈める）ことも死んだりすることもなしにすみました。

・港柱さんは波を太らせたりこばめたりする

港柱さんは下田から正木の人らが信仰したがぢゃろー。行《い》たことはないけんど、力のある神さんで、波を太らせたりこばめ（小さくし）たりする力を持っちょると昔の人が言いより（言ってい）ました。せんばは下田の大瀬《おーせ》を通っちょったが、干潮で大瀬を通れん時は、港柱さんの本通りを通った。そこは海の波のおーらが打ちよるけん、船に水が入らんように、水船にならんように航行せんといかん。

『三男さん』大瀬にゃ海から波が打ち寄せて、大きなうねりが入って来る。それが岸や岩らに当たってこもう（小さく）なる波を「おーら」といいよった。「おーら」は直角に乗り切らんといかん。横にでも受けたら船がかやる（転覆する）。洪水の時ぢゃろーか、海に流されて竜串まで流されてもんて来た人がおったぜ(6)。

親父らと下田へ行て海を見る。これがまたうれしい。わしらやっぱり田舎者よ。海を見たら果てしない。その向こうに何があるろーかと、何やらうれしかった。港柱さんの下へ舟を着けてお宮へ上がったら、力士の絵があったのう。

新しいもんを見たら希望も湧く。昔の人はわしらみたいに新しいものを見たらたまげて、行ってみたいという希望も湧くがぢゃろー。龍馬らも土佐という孤島ぃおった人間。開けたところへ向いて行ていろんな人の話も聞き、いろんな経験もする。そんで「やらんといかん」と、「日本を洗濯せんといかん」と思うたがぢゃろー。

あんまり自由にするがもようない。今の子は珍しいことは一切ないようになったがぢゃけん、夢も希望もない。インターネットにすがっては人間が馬鹿になってしまわんろーか。人間は多少不自由でないといかん。ちょっとやりすぎ思うて、この時代が変わる時も来るろー。

6　子を生み育てる

①腹の子を真ん中に戻す産婆の仕事

船乗るには難儀したぜ。どげんな（どのような）目にもおうた。親ノ瀬を上げるには力《りき》がいる。船が川原に着かんように力を入れて踏ん張って棹を突きよると、腹の中の子が片腹に寄ってしもーて、固うなってしまう。それで、船を下りてからさすってさすって柔らこうして、子を腹の真ん中に戻す産婆の仕事をせんといかざった。ほんまに高瀬では苦労したね。あげな（あんな）仕事せんととのわんかった時代に、よう今まで生きて来たもんよ。

『三男さん』当時の女の人は苦労しちょるぜ。親ノ瀬ではおなごが曳き縄を引けんけん、男の方が引いたものよ。旦那はがむしゃらに仕事する人ぢゃった。(7)

注・産婆の仕事・「取り上げ婆さんと産婆＝ずっと昔は、家の祖母や近所の巧者な人が取り上げた。そういう人を取り上げ婆さんといった。中には、逆子をひねって直す人も、仕事で下へ下がった子を揉み上げる人もいたという。」
（『高瀬町史』第一〇章人生儀礼〔著者担当部分〕高瀬町〔現三豊市〕二〇〇三年）
（幡多地域でも、分娩の世話をする経験者を「取り上げ婆」とよぶ）

②子ができるまで行け

船に乗りよるあい（間）に、三、四人の子ができた。子の世話も十分できん、わやな時候（無茶苦茶な時代）ぢゃった。休ませてもらいたかったが、親ら商売しよるし、言い出せん。

「子ができるまで行け」と親が言う。子ができるまで船に乗って骨が折れた。どこでできても「ぼろで包んでもんて（戻って）来い」という時代ぢゃった。三里の前で痛みだして、へんしも（急いで）行て来んとやすからん（容易ならない）ぞと慌てたこともありました。

『三男さん』今のお産は、医者へ連れて行て大騒動するけんど、昔はえらい（すごい）世の中ぢゃった。子はひり（産み）ころばして、それから自分でぼつぼつ湯を沸かして子どもの体を拭いたりなんだりせにゃならん。そうやって布団の中へ入れてもんて来る。えらいことはえらいぜ。おなごは強いぜ。今そんなことしよってみた（ごらん）。たまげる（びっくりする）ぜ。むごい（かわいそうな）ことはむごいことよ。

昔の人はたいしたもんよ。「えらい」いうたら、何を見ても動じんという意味よ。おなごも男も他人をあてにしちょらん。切羽詰まったところを切り抜けていく力があった。

後産《あとざん》は川へひてる（捨てる）。川へあますがよ。焼いてもあますいう。「あます」とは、粗末にせんということよ。

注・「あます」は古くなったり不要になったりした神仏のお札などを海や川に流す（土居重俊・浜田数義編『高知県方言辞典』高知市文化振興事業団、一九八五年）。

・「えらいことはえらいぜ」とは、地元の縁者の女性によると「常識では考えられないことだが、その場面に応じて適切に対応のできることへの賛辞を含んでいる」とのこと。

③子は潮風で何回も顔の皮がむけた

子が出てきても、二十八日目から子を負うて下（下田港）へ行った。今の犬猫ばーも大事にせざった。子は潮風にあたって何回も顔の皮がむけて、むごいしこう（かわいそうなもの）ぢゃったけんど、健康には育ちました。

『竹治翁』子どもができて、七日をヒアケ（出産の忌み明け）というた。ほんで（それで）一週間したら、ものごとをしてもかまわん（かまわない）ことになっちょっと。

家内は三十三日せにゃ体が元へもんちょらん（戻ってない）、三十三日したら体がしゃんと元へ戻ると言うたけんど、それまで休ませてもらうことはおそらくなかっつろー（なかっただろう）。えーとこ（裕福な家）のだいじゅう（大切に）にするとこはやってもろーつろーけんど（休ませてもらっただろうが）。

注・忌み明け・八日《ようか》忌みと本当の忌みとの二段の切りがあるという。多くの忌み明けは男子が二十日、女子が三十三日だが、男女とも三十三日や、男子が三十三日で女子が四十五日のところもある。

姑の時代は八日に床上げして起きたといい、嫁はどんなにえらくても二十日には床上げしてもう寝たらいかんという。大目に見て一月休みだったが、一月来ん間に仕事にかかった人もいる。繁忙期で人手が足りなかったら、八日前でも田植えした。（前掲『高瀬町史』「人生儀礼」）

『三男さん』昔はうんと血をいうた（女性の出血を問題にした）。できると（出産直後）から起き上がってなにかに（なにやかや）すると、女の血の病気や神経になったりする人があったけんのう。

漁師は「月のもの」をうんと嫌うちょる。うんと嫌がった。おなごの子は漁舟に乗せざった。若いおなごが地引網を積んぢょる（積み重ねている）が（の）でもまたいだら、おごられ（怒られ）てニザア（二尋〔三メートル〕の棹）で叩かれとーえ。[8] 今はおもしろもんに（面白半分に）女もおみこしを担ぎよる。

④巻き布団で巻いてこっとり負う

朝起きると子を負うてしょたい（台所仕事）して船に乗った。ずるい（容易な）もんぢゃなかった。子ども育てるには守《もり》がいる。おばあさんや妹が負うたりして、誰もおらんと自分が負うたがよ。下田へ行く時は、こまい（小さい）あいは巻き布団（子どもを背負う時などにくるむ布団）で巻いて、ぬくうに（暖かく）風邪引かんようにして負うて行た。できだて（できたばかり）は巻き布団がないとすけ（子どもを負う帯）掛けられんけんね。あれ巻いたのも二つばー、今の満一歳ばーのいっときぢゃったのう。巻き布団巻いとったら、こっとり（素早く、うまい具合に）負えるがよ。要領があるぜ。子を負うに他人を当てにしちょったち（ても）いかん。びっしり（いつも）「負わしてくれ」言うわけにいかんけん。

『三男さん』昔は、もりばんてん（子守半纏。ねんねこ）で包んでころばし（寝転ばし）ちょった。もりばんてんは背負うにもこじんまりとして、ざざくに（粗雑に）せんように負えるけんよ。

ここの大家《おおや》（村の財産家）のとこへ十四、五ばーの女の子が奉公に来ちょったん（が）のう。一人の子は背負うて、もう一人の子の手を引いて守しよったぜ。[9]

宮本という大《おお》だいじん（大金持ち）で大地主のとこぃも、手洗川から四、五人の女の子が奉公に来て、わかいし（若い衆。青年）らがさおいでまーり（さかんに騒ぎ）よった。学校からもんて来よるに、桑畑でバサバサ、バサバサ音がしよる。「ああ、姉さんらが桑摘みしよるのう」と思うた。

⑤おしめの大漁旗

たろばー（ことばにできないほど）骨折りましたのう。私は肩病みぢゃったけん、いつも子を背に負うちょかんといかんと、肩がだらしゅーて（だるくて、疲れて）いかん。

子はほうてまーる（さかんに這う）頃が一番世話がやける。肩から下ろして、ちーとんつ（少しずつ）ガラガラや鈴などの玩具を持たせておいて、ちらちら子を見ながら棹をさしたがよ。ちょっとふとる（成長する）と、菓子などを食べて座りよるようになる。おしめは川で洗うて大漁旗を立てたようにしてもんて来た。子連れの船はみな、おしめを干してもんて来たもんよ。ほんまに昔は苦労せんといかざった。用便も、下り船では櫓の後ろで炭俵をつかんですまし、もんて来る時は岸に着けて川原の藪ですましとーね。

『三男さん』「たろばー」いうたら「足るほど」。とてもことばにしきれんほど骨折っちょるということ。
「えらい目におうた」いうたら、これはひどい目に遭うことぢゃね。

⑥子のはたで泣きましょう

わたしは何べんもいに（里に帰り）たいと思うたけんど、いなざったが。その考えを話しちょこうか。

ここにおったち（ても）かなわんと思うた。枕に涙が溜まるばー毎晩泣きよった。けんど、子どもがむごい（かわいそうな）けん、ひてて（捨てて）いねんけん、子のはた（傍）で泣こうと、いなざったがよ。

　今の人は、好きな人ができたら子を殺しても一緒になるけんど、昔は子ばー（ほど）かわいいもんはなかったけん、子のはたで泣きましょうと思うたがよ。それより他、手はなかった。子をここへ置いちょるさき（居場所）はなかったけんね。連れていんだち（帰っても）、子を置くさきがない。今の人とはなにへんい（何事によらず）ちごーと（違った）。

『三男さん』「かなわん」とは、思いが通らん、自分が自由にならんという意味になってくる。そんで、辛抱することができんという意味ぢゃろー。けんど、子がおるけん辛抱できたがぢゃね。昔の人は、そればー子に対する愛着があったがぢゃね。昔は、子を憎んだ人のことも、子を殺した人のことも聞いたことがない。

　子どもの折から嫁さんが陰で泣きよるところを見たが（よ）。どうしてぢゃろーか、腹が痛いがぢゃろーか、旦那に怒られたがぢゃろーかと思うて見たことがある。やっぱり姑にやられたがぢゃろーね。なんでそこまでやらにゃいかんぞ。自分もそんな苦労して来て、嫁の辛さはわかっちょろーに、合点がいかん。まあ、それが姑の教育ぢゃったがかのう。その家の家法を守っていかにゃいかんけん。[10]

7　中村に泊まる

①船櫃、船たご、すら、おい

船に乗る時には、着物などを船櫃《ふなびつ》に入れ、布団と毛布はござに包んで、食料品は船たごという桶に入れて乗り込んで、すらいう湿気を防ぐ敷物の上に置いて、雨が降ったら苫茅製のおい（苫茅《とまがや》で編んだ覆い）を被せちょった。

水はきれいで、すいすいしちょった（澄んで清らかだった）けん、そのまますくって飲んだ。中村の鉄橋から下は塩辛いけん飲めざった（赤鉄橋までが汽水域）。水も汚なかったね。

『竹治翁』食器と食料品を入れる船たご（桶）と一メートル角の衣類を入れる船櫃とをにのーて（背負って）乗り込んど。船櫃には財布らを入れる引き出しも付いちょった。

▲船櫃、船たご、ひどこ（かまど）とお釜、ござ、苫茅製のおい、おいを被せる支柱材、水汲みなど。櫓ベソとカジキもよくわかる［四万十市教育委員会蔵］

②船に一夜建立の家を建てる

中村は、鉄橋の辺り、後《のち》の小畑《こばたけ》で泊まった。近くでは船大工の加用さん（中村三万石家老の末裔《えい》）が川舟を造りよった。

寝るときは、船の中に一夜建立の家をした。苫《とま》葺きのこんま

▲おひつを保温するふご。写真は熊野のワラビツ［熊野市歴史民俗資料館蔵］

▲桐のおひつ

い、こっぽりした（こじんまりとした）小屋をして（かけて）ひどこ（火床。かまど）しちょるとうんとぬくかった。冬はひやいけん、砂や灰で四角な座を作って、ブリキの一斗缶の上下を切ったガランド（空洞）とよぶひどこ（かまど）をこさえ（こしらえ）、炭の火をじゃんつかし（さかんに熾《おこ》し）て手をあぶるようにしちょった。その上に鍋をかけて米の飯を炊いとーね。当時は米一升が二十五銭ぢゃった。

わしら手洗川でいっさん（一度）昼飯を食うたら家へ戻れるけん、中村で宵、朝、昼食べるばー（だけ）ひどこでご飯炊いておひつに出して、冷《さ》めんように温めてぢゃんと（きちんと）しちょる。

「ぢゃんと」いうたら、雑なことをせんということよ。中にぬくうに毛布みたいなものが入っちょる桶に飯のおひつを据えちょる。冷めんように、風に当たらんようにしちょる。杉の木で作った蓋付きのまるこい、なにかに（なにやかや）入れるおひつを持っちょるけんね。

船には朝獲れだち（獲れたばかり）の魚を方々からうんと売りに来ちょった。入野の伊田《いだ》からおなごしらが一荷《いっか》にのーて

（前後ろに担って）来て売りよった。その魚を買うてもんて（戻って）来てムラで売ることもした。

終いの頃には、シートが来たけん、それを着せて家をして、中には敷布団と毛布を置いた。うんとひやい時は帆も被った。雨降りの時は、濡れた敷板を拭かんといかざったけん、うるさかった（雨などに濡れる嫌な気持ち）。今から考えりゃ、へんど（遍路・乞食）と同じようなもんぢゃねえ。

『三男さん』おひつを保温するふごのようなものがあった。まこと青い木綿のシートもあっとーえ。それを買わん人らは苫を葺きよった。風情は苫にあっとーえ。

舟にはあか（水）が溜まるけん、板を敷いちょった。雨降りにはその板をなんぼ拭いても同じようにやっぱー濡れるけんうるさい。いびしない（うっとうしい。汚い）わけよ。

③上げ荷はずるーない

川崎からの船もいっぱい泊まって、何日もかかって上げ（上流へ運ぶ）荷を仕入れよった。上げも下げも賃を取ったが、上げていぬる（帰る）荷がふとかった（大きかった）。上げ荷はずるー（容易で）ないけん、瀬にかかると手伝いをしあったね。

『竹治翁』せんばは、上げ荷の方が木炭の下げ荷より銭が取れたと。奥からの注文を聞いて、おまち（旧中村町）の商人に頼んで取り寄せ、仲間と一緒にもんで来た。瀬のえらいとこは瀬肩《せがた》（瀬の始まり）までせぐる（順繰りに引き上げる）。一艘を瀬肩《せがた》まで上げて、またもんで来て次の一艘を引き上げるという具合よ。

人に手伝うてもろーてせんぐらんといかん。

荷車《かしゃ》（馬に引かせる車）はオーバー着いて座っておれるけんど、船は風のビュービュー吹くひややい水の中を引いて戻らにゃいかん。腕力のない者は骨が折れと。

『三男さん』船の泊まるところを築地《ついじ》いうた。上がって行くとこに鍛冶屋があって、そこで玉鋼の見事な錨

▲現在の築地（百笑《どうめき》）の街並み

▲そこの鍛冶屋で作った三男さんの鋼の錨

を打ってもろーた。生鉄《なまてつ》でないけん、ほーたったて（放り投げても）えがまん（歪まない）し、引っ張ればクっ張るほど錨が川原の中へ潜り込んでいくけん、舟がよう止まったぜ。

上げ荷がふといとは、金儲けできたこと。上げ荷には、味噌、醤油、砂糖、米いろいろあった。昔は二里先から担ういうたらたいやく（大役。一苦労）ぢゃったけんねえ。

親ノ瀬は二メートルばー（ほど）下がっちょる（落ち込んでいる）けん、手伝うてもらわんとなかなか上がらん。女は自分の船の守をして、男同士が手伝うわけよ。それを「せぐる、せんぐる」いうた。鵜ノ江の荒瀬もガタンと落ち込んだ瀬で船が立つようになったけん、手伝いおうて上げた。一人ぢゃったら、サシアイ（重いものを二人で担《かつ》ぐ担《にな》い棒）みたいな棒でかたぎ（担ぎ）上げんといかん。口屋内《くちやない》のトイシノ瀬は、長いえらい（たいへんな）瀬ぜ。

昔から、何事によらず助けおうてきちょる。[11]

▲オーク（右。縄止めの木釘のある天秤棒）とサシアイ

④風陰で食べる善哉

冬はひやいけん、風陰《かざかげ》へ一緒に泊まった。一緒に帰る船同士で当番を決めて善哉《ぜんざい》を炊いて、ぬくいこっぽり（こぢんまり）したとこに船を着けてみんなで食べたね。

中村を朝八時か九時に出る時に、一斤六銭の砂糖と、一升十二銭の小豆で羽釜《はがま》に善哉を仕掛けたら、ぼっちり（ちょうど）それが炊けたところが手洗川ぢゃった。ぬくいこっぽりした風《かざ》陰《かげ》に船を着けて、みんなが茶碗持って寄って来て善哉食うが。おーけな羽釜ぢゃけん、よう飲んでしまわんばーあった。みんな体がひえちょるけん、善哉食うてぬくもって休んで、昼飯を食うてもんて来たね。

『竹治翁』せんばの仲間は、だいたい十杯（十艘）ぐらい一緒になるね。一緒に町へ泊まりよったけん、一緒に戻る船同士で、今日はわしが炊いたら次はお前がやるつー（という）ようにして、当番の船乗りがみなの分を炊いと。昼飯食べるとこは、手洗川の川原が高うてそいとの風陰（四四頁に写真）の、風の吹かんとこで食べることに決まっちょっと。

二　ムラの暮らし―八十九歳―

1　牛との暮らし

①こっといのえらい牛を飼うちょった

ぢーちゃんが戦争へ行《い》ちょる時のことよ。わしらおーけなこっとい（牡牛）のたかんで（非常に。実に）えらい（すごい）がを、子どもらと一緒に飼うたが。牛はかわいがったら、人を知っちょらえ。

おぢーさん（舅）が「飼い賃ばー（だけ）やるけん、牛買うて精出して飼えや」言うけん、精出して牛飼うて、皆がたまげるばー（驚くほど）肥やしちょったが。えらいしこう（とても見事）ぢゃったが。

若いおりゃ（時）はえらい（強い。へこたれない）けん、「大将を知っちょれよ」言うて、角もざまな（すごく大きい）がを朝も晩も引っ張り出して、体を拭いて掻《か》いちゃって、手拭いで顔の方も拭いちゃっ

▲鞍に飼い葉を括りつけて運ぶ牛

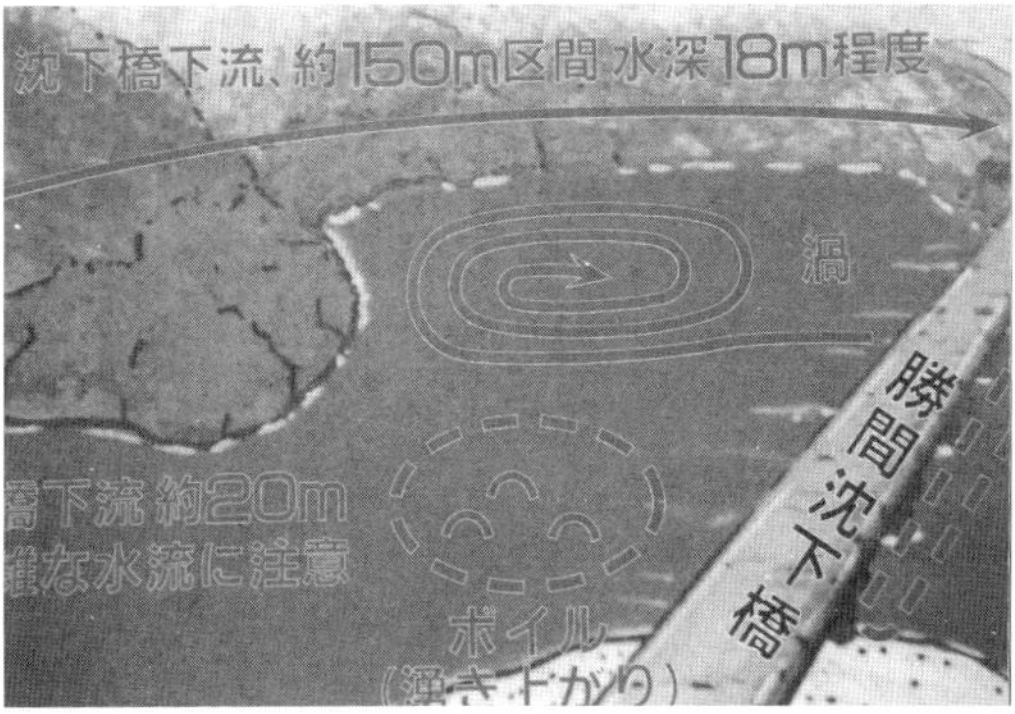

▲渦と湧き上がりの注意喚起の表示板（41頁に写真）

てきれーに肥やしたが。ゆるゆる（ふわふわ）しよるばー（ほど）肥やして、あぢな（一風変わった）木戸を下ろして、川の渦の口まで引っ張って行て洗うたが。えらいもんね、若い時は怖いことを知らん。今りゃ嫌ぞ、おとろしい。


『三男さん』「えらいしこう」とは大きなこと。ここでは見事に育てたこと。どうで（おそらく）値ように売れたがよ。「あぢな」とは、変な、変わった。ここでは、高いところにあって通りにくい木戸ということ。

わしらもえらい（すごい）こっといを宇和島の突き牛（闘牛）に売ったことがある。子ぢゃけんど、生まれた時から恰好が違う。形がちがわー（違うよ）。それを博労《ばくろう》（牛馬の仲買人）が値ように買うていく。

わしらの時は牛になっちょたが。牛のおらん家はなかったね。昔は馬ぢゃったが。佐田の今成の笹原さんつー（という）人が馬を持っちょった。ろばよりちょっと太い日本の馬よのう。あんな馬はもうおらん。乗ったら足が地に着くぐらいぜ。あれぃ甲冑着いて乗って「やーやー、われこそは」とやりよったものよ。[12]

②たいそやたいそや、あれほど肥やして

うちのおぢーさん（舅）らが来たら、たかんで（なんと）頭を振って、ひんねろうで（睨みつけて）えらい（ひどく）脅したつーが。

わたしら、「こりゃ、大将知っちょけ」言うて飼いよった。うんとかわいがって、うまいもんを食わしたけん、いよいよ（とても）よかったね。飼いよるもん（飼い主）は動物やち（でも）知っちょるぜ。

かわいがってゆるゆるするばー肥やしたけんど、おぢーさんが「供出に出さにゃいかん、いかん」言

うて安うに出したが。うちのがはぼたぼた（ぼてぼて）した肥えた黒牛の牡、勝間川のおんちゃんく（小父さんとこ）のがは牝の骨ごつ（骨ばかり）。一緒に舟に積んで出したが、おぢーさんが「うちのがは牡ぢゃけん安かったぞ」言うが。たいそや（期待外れになって「なんだつまらない」）。大儀な骨折りよ）たいそや、あれほど肥やして。

『竹治翁』牛は考えなしぢゃけん、舟へ乗せたら自分の体がへらずいた（傾いた）方へ行くけんのう。大概は人が付いちょって、そっちへ寄りそうになったら引っ張るけん、しもうた（沈んだ）ことはなかっと。うんと太い牛は引っ張って泳がせたり、舟へ頭をもたせて泳がせたりして川を渡した。

『三男さん』「ぼたぼた」は「ぼてぼて」肥えちょるわけよ。「ゆるゆる」も似たようなもん。「骨ごつ」はけつ（尻）の骨が高うなって、痩せて骨ばっかりよ。

「たいそや」とは、儲かると思うておったら、半値もせざってがっかりして肩の力が抜けたこと。そういう場面のことを、「最初のはずみは糞はずみ」という。

③牛の飼い葉と博労

牛の飼い葉は畔《あぜ》や田んぼの端を刈った。牛飼いは大変ぢゃった。田畑のはた（そば）を毎日二荷《にか》ばー刈らんと食わすばー（だけは）あるかえ（ないよ）。

博労《ばくろう》の牛を買うて、「肥やしたら値ように買うぜ」言うても、今出したらえー思うても、「まちーと（もう少し）肥やせ」言うて。博労ら肥やしたほど銭が取れるけん、何べん聞いても「まちーと肥やせ」。

みな嘘。値ようにはならん。こちらにはくれんが。いや、いやもう[13]。

『竹治翁』萌え出た草の新芽を刈って牛飼いの餌にした。学校（小学校）へ行きよる時分から毎日、田畑の端を刈らんといかんけんたいへんぢゃった。

『三男さん』牛に食わす草刈りはおなごと子どもよのう。一荷とは目方四、五貫（十七、八キロ）。草刈りのザル籠に前後に入れて運んだが。おなごぢゃ腰が立ちぬく（にく）かったのう。

④山田の代掻きにゃ牛を借って人を雇うてえちゃーわりい

山田の代掻き（田植え前に田を掻く仕事）にゃ、毎年よそから二、三頭借って来た。借ったとこ（借りた家）が昼と夜の飯を食わさんといかんけん、食《は》み（飼料）をご飯炊くお釜で煮いた。

▲太い五升釜

太い五升釜いっぱいに、麦を挽《ひ》いたコカス（小麦粕）に藁切って芋切って炊かにゃ足るかえ（足りはしないよ）。

人を雇うがは、えちゃーわりい（得手がわるい。楽ではない）ぜ。わしら飯もにのーて（担いで）、赤飯もにのーて、牛の食みもにのーて、山田へ行かんといかん。ずるいもんぢゃない。

『竹治翁』山田に行くにも牛馬を連れて行て、ヨイショ、ヨイショと土をこなしと（土の固まりを砕いて粉にした）。わしんとこは山田のおーけな切れい（広い一区画）があって、赤土でうんとねばい（粘る）とこやけん、それをこなす（水に溶けてどろどろにする）にことーた（骨折った）が。土がねばいと稲の根張りが悪うて太らんけん。牛を二、三頭借ってきて三、四頭一緒にしてどろどろになるまでカナコ（鉄の棒が櫛のようについた樫の板）で掻いとー。ずるーなかった（骨が折れた）。牛が先に立たんとやれんけん、牛は人間の先槍《さきやり》（人の先頭に立って働くもの）ぢゃったけん、死んでも食わざっと。

牛の墓地はだいたい決まっちよった。輿の台みたいな枠をこしらえて四本の棒を二本づつ組んで、四方に寄って部落中が担いで行ていけと（埋めた）。箱（棺桶）へは入れんづく（ず）に送っと。

『三男さん』「えちゃーわりい」いうたら、雇い人に食い飲みさせて金も払わんといかんけん、たいへんということぢゃね。弁当らをザル籠へ入れてオーク（前後に縄止めの木釘がある天秤棒）でにのーて行く。木をこって（伐って）結わえて束（束木）にしたものは、サスというとんぎった（尖った）棒を突き刺してにのーて行とーえ。

昔は、手伝い合いして、みんなの田植えがすんだら、「田植えあげ」いうて太鼓も叩き三味線も弾き、歌う者は歌うて、なかなか賑やかにやった。家々に三味や太鼓があったが[14]（のよ）。

⑤牛がたまげて跳んだらおとろしい

牛はたまげよい（驚きやすい）けんおとろしい（恐ろしい）。たまげたら跳ぶことがあるけん、おとろ

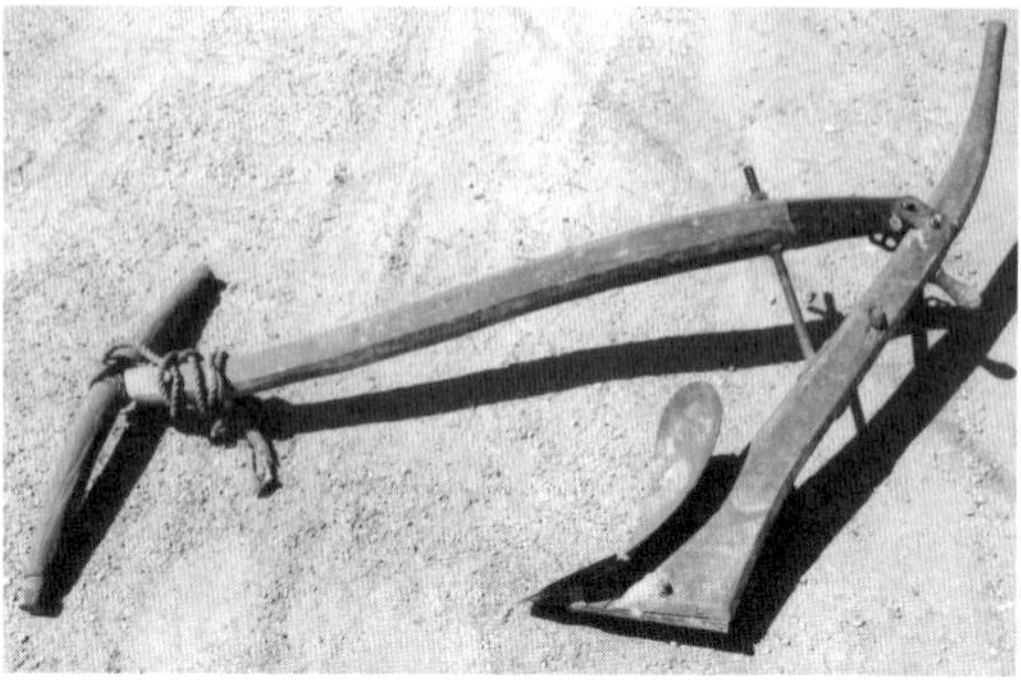

▲左側に鋤き返す牛鍬。左端の横木は牛に取り付ける横ガセ［高松市内民家蔵］

▲カナコ［熊野市歴史民俗資料館蔵］

しいぜ。

　ぢーちゃんがいっぺん牛をすっ跳ばしたがよ。牛がたまげて駆け跳ばして、鋤とカナコを引っかけてポンポン、ポンポンポン跳びだして、ぼっちり（ちょうど）子どもらが畔道を来よって、子どもらを殺したと思うたが。牛がさお（沢田）の方へ跳んで助かったがよ。鋤やカナコは途中で切れてひたっちょった

▲田畑の雑草を焼き払う現在の野焼き。昔の「野山焼き」はムラが茅を育てるために共同で焼いた

（外れて落ちていた）。鋤は切れるがぢゃけん、おとろしいぜ。牛鍬《うしぐわ》使いはおとろしい、おとろしい。

だれて（疲れて）だれて、いまだに生きて、死にかかってずるーない（骨が折れて、たいへんだ）。今の人というたら（比べたら）話になるかえ。

注・高知県の牛鍬は日本では珍しい、耕作土を右側に起こす「右反転」の牛鍬だった。

『三男さん』米子ねーみたいに百まで生きるいうたら、精神と体を鍛うちょるけんよ。へこたれんがぜ。それが長生きの秘訣ぢゃねえ。今の人みたいに呑気にやりよったら長生きはこたわん（できない）ぜ。世の中豊かになって、自動車で道を譲ったち（ても）徐行もせん、挨拶もせん。

2　焼け野の苦労

①草刈り場いう焼け野は茅野

昔は牛馬に草を刈って食わさんといかんけん、どこの村にも草刈り場いうて広い焼け野があった。茅以外はなんちゃ（なんにも）生やしちょらん焼け山（牛馬の飼料と堆肥をえるため毎春焼く山）がどこにもあった。そこでやおい（やわらかい）草を芽出しさし（させ）てそれを刈りに行った。

『三男さん』昔は焼け野という茅刈り場があっとーえ。今、三里《みさと》で砕石採りよるとこは全部茅刈り場ぢゃった。仲間に（共同で）焼け野を作って、茅以外のものは生やさざったけん茅野ともいうた。茅いうたら草屋根に使うた。草屋根が瓦になってからは、牛の飼料の草刈り場になっちょった。

昔は、えらいもの（今では考えられないこと）。家ごって（ごとに）牛を飼いよったけんねえ。牛は百姓の先槍ぢゃったけん、牛がおらざったら百姓はできるかえ（できはしない）。

②火道を切って焼く

わたしらも焼け野へ焼きに行《い》た。わりー（悪い）草を焼いてしもーたら、きれーなやおい草芽が立つ。草刈り場へ行く時は遠い、遠い。手洗川でも勝間でも一日がかりで刈りに行とー。なんぼはよー（早く）にもんたち（戻っても）、半日かかりよった。

焼くとこはやっぱし（「やはり」の女ことば）うんなし（同じ）とこ。焼く日があった。静かな朝はよー行て焼くがぢゃ。手洗川でも焼け野をやっぱし焼いた。風の吹かん日にはよー行て、火道《ひみち》（四、五メートルの防火道）切って焼いた。

『竹治翁』昔は、草葺屋根の茅や炭俵にするダス茅《がや》を育てる焼け山があって、草刈り場というた。「野山焼

▲岡村家の食み切り。大は飼い葉切り、小はお蚕さんに桑の葉を細く刻むため

き」いうて山を焼いて、萌え出た草の新芽を牛馬に食わせる餌にもしとー。茅野を焼いたらやおい草芽が立つけん、おなごし(婦女。女性の奉公人)が刈りに行っと。

焼く前に火道切りをする。木の根まで切って取り、掘って取った。風が立たん、朝の湿っちょるあい(間)に焼いたね。松の木の根に火が入ったらいかんけん、焼き終わった午後も気を付けちょった。「火入り」とは火が火道を越えたこと。そういう火事は何度もあった。

『三男さん』「わりー草」いうたら蕨のことよ。牛が食うたら「毒になる」いうた。死なんでもうんとこたう(弱る)。また、本人(牛)も食やー(食いは)せん。けんど、食《は》み切り(牛馬の飼料を細かく切る道具)で切って一緒になったらわからんけん牛が食う。そうなったらしまい(たいへん)ぜ。

食み切りの大けな方は飼い葉切り用。こんまい方は桑の葉を細うに切って、かやった(孵化した)お蚕さんにやりよったと。四万十川流域は養蚕が盛んぢゃったけん、お蚕さんをネズミに食われんように家ごって(ごとに)猫を飼って、猫だらけぢゃった。

③茅野焼く前にダス茅が開く

茅野焼く前に、ダス茅を刈った。開《あ》いた日に行かんと茅が刈れんけん、みんなが開く日を待ちよった。区長が日を決めて、「今日から茅刈りが開くぞ」と小使いが触れを回した。その日はおなごしら何をおいても刈りに行った。開かんうちに刈ったら違反になるが、罰則はないが。朝はよー行かんと遠いとこを刈らんといかん。人がえーとこを刈ったら、残ったとこで拾い刈りせんといかんけん、みんなはよー行かー（行くよ）。ちょっとでも近い方を刈らんといかんけんね。

手洗川の焼け野は遠い、遠い。十六、七ばーの時、さいさい（度々）焼け野の草刈りに連れて行てもろーた。たね（谷。谷ごとにある集落）の者らが五、六人寄って揃うて行った。こっちでも行たが、草刈りはほとんどおなご（女。女性の総称）ぢゃった。雨の降る時はおとこし（男衆。男。下男）も行たね。

夜明け前には家を出て、おなごしらがみな行くが。遠いとこの山はみな一緒に行った。勝間川の奥のそら（高いところ）ぃ行たら、ダス茅がどっさりあった。一番えーとこに陣取って茅を刈るが。長い茅をふといこと（たくさん）にのーて来たぜ。

その日のうちに刈ったら、どこを刈ってもよかった。こすい（抜け目のない）人になったら、方々のえーとこを刈っちゃ（ては）置き、刈っちゃ置きする。刈って置いたら人が取るわけにはいかん。それを後に結わえるが。

『三男さん』草刈りは女子どもの仕事ぢゃった。こすい人はえーとこ取りして刈って隠して置いて、人の後からどっさりにのーて帰って来る。それを「こすいやっちゃ（奴だ）」いうた。そういう人がおらーえ。「欲の袋にゃ底がない」いうこと。

まきいう熊ン谷《たね》（十《じゅう》ガ谷《たね》ともいう）の草刈り場ぃは足元が暗いうちに行かんといかん。「他人に朝露を踏まさんように行かんといかん」と親らに言われよった。後から行たら、他人に刈られて刈る草はない。いつ行くかは自分の勘で、もう十日たったけん茅がぬんぢょろー（伸びているだろう）と思うたり、昨日あれらがまき山へ行ちょったもんぢゃという他人の話から考えたりした。

他人に朝露を踏まさんように、こと（ことり）とも言わさんようにとー（疾く。早朝）から忍び足で行たがよ。露に濡れた草は鎌の切れ味もえー。他にもその手がおっとう。「ありゃ、われ（お前）も来ちょるか」と。日だけて（日が高くなって）来る人のことを、「また、ごくどうされ（怠け者）が来よる。もう来たち草はありゃせん」と。

貝の川の手洗川へ越すとこにも、まきという大きな草刈り場があった。

雨の降る日におとこしが行たがは、草に水がしゅうで（しみて）重うて女子どもぢゃようかるわん（背負えない）、にのーて（天秤棒で担いで）来れんけんよ。

④茅の出前

骨が折れて、骨が折れて、山の畝《うね》へつき坐って（坐り込んで）考えたことがあらー。しもうた、もっとえーとこへ行たら（嫁いだら）、ダス茅を刈らんとこもあるけんね。百姓屋のえらい（たいへんな）とこへ来て骨が折れるに、こんなとこぃ来て。後の話よ。

茅のわりー（悪い）とこはすぐって（袴・葉鞘《ようしょう》をこいて）捨てちょって、えーとこばっかりにして、草で結わえんといかん。一荷《いっか》十束、五把《わ》（束）づつ荷にした。太い荷を担う者、こまい荷を担う者、うんと段差があったね。よーけ持って行たら自分の出前（屋根の葺き替えする家に茅を届ける役目）がすんだ。(15)

えらい（たいへんな）目におうた。骨を折って来たぜ。

『三男さん』出前は力のあるなしを問わざったが。自分の力に合うものをかるーて（背負って）いたらよかった。それから、誰それんく（何某宅）に新しい家が建って瓦を葺くいうたら、みんながえつり（壁下地の木舞《こまい》）をかいた（編んだ）。壁泥を付ける前に竹と縄で壁を編まんといかん。竹を縄で編んでいく。それを「えつりをかく」いうた。

⑤荷は隣のお婆らに構えてもろーた

太い荷をしてもんて来た。一荷は十束。五束づつ荷にして前後ろにしてにのーた。けんど、刈るには刈っても荷がこたわん（荷づくりできない）。太い束をこしらえよったら、荷をすりゃほどけて、どひたち（どうしても）いかん。腕の立つ者が荷をしてやらんと途中でほどける。

きれいな小束でないといかん。小束をぢゃんと（しっかり）しちょかんと、荷がいたんで（崩れて）取って来れんことがあるけん、隣のお婆らに荷を構えてもろーた。小束をぢゃんと締めて、それを引っ付け（束ね）て太い束をこしらえて、足元へ置いてもろーて、にのーてもんて来た。

『三男さん』きれいな小束いうがは、うら（先）も元も同じまるけ（太さ）になるようにする。荷がいたむとは、竹の子みたいに先が小さいがはにのーて行きよったら、結わえたものがいつの間にかじわじわ、じわじわずぼん（緩ん）で、ずぼり落ちる（抜け落ちる）。ほんで（それで）、そのような束を「打ち違える」いうて、先と元を交互に右と左に持っていて均等にしたわけよ。

そういうことは、子どもの折から親が教えてきちょる。「それはそうぢゃない、こういうふうに打ち違えよ」言うて教えて、「真ん中へ二重に縄をやっちょって、足で踏んでずーっとしみい（締めよ）」と。こりゃー締まる。そうして縛ったものを、サス（両端を尖らした担い棒）を突っ込んで前後ろに担うわけよ。縛るには藁縄を持って行ちょる人もあったが、ほとんどクズバカズラ（葛蔓《くずかずら》）ぢゃねえ。木を山からこって（伐って）来るにも、一日はクズバカズラを引きに行かー（行くよ）。なんぶ束（何束）も縛るにいるけん、池の中へ放り込んでからびか（乾燥さ）さんようにする。からびちょるがは、使い物にならんけん。

隣のお婆は慣れたもんぢゃけん、骨折らんづく（ず）にゆわえるわけよ。ぶちょうほうな（不調法な。手際のよくない）人は、にのーて帰りよるに、やっぱーずぼらして（緩ませて）落としては、またくびって（括って）もんて来よらーえ。後には泣きそうになっちょる。それでも、親が言うたり他人が言うたりしてじぜん（自然）に身に付けちょる。

3　ひやい田芋を握るばー辛いもんはない

①芋こぎで田芋をこぐ

田芋（サトイモ）、田芋。昔はひやいに（寒い時季に）田芋をこいで（「又」の形にした木や竹で混ぜて）、田芋をよーけ（たくさん）食べたぜ。こぐいうたら、桶の中に水と芋とを入れて、竹を十文字に組んで、「又」の字を反対（逆様）にしたような物でこいだ。板の広いがを芋こぎにして掻き回して洗う人もあったがよ。きれーにひげも皮もなくなるがのう。

ご飯にお麦も入れたり、田芋も入れたり、なにもかにも（あれもこれも）入れて食べたがぢゃけん。芋もよけ（たくさん）作って、つぼ（芋を貯蔵する穴）を掘って入れた。川へ降りて行くとこの、道のはた（傍）の方につぼをこさえ（こしらえ）て、下へ降りて行たらぢきに川で洗えるとこへなんぼ（いくつ）もつぼをこさえておいた。

雪がぴらぴら（ひらひら）降りよるひやい時に、こうして腕をつぼに入れて、芋のひやいがを握るばー辛いもんはない。ひびだらけで田芋を出して手が痛いが（よ）。

雪が降ったち（ても）やっぱし（やはり）桶に入れて川端へ行て、芋こぎでこいで皮を剝《は》いだ。今りゃ機械でガチャガチャいうたら、ぢきにきれーに（綺麗に）なるが。わかいし（若い衆。ここでは家《うち》の若者）が、「お芋を食べたけりゃ、いつでも剝いでやるぜ」言うて、いっときできれーに剝げるが。

むかしゃ（昔は）、寒い中でやけくそにゴンゴン、ゴンゴンこいだ。いっときのあいにこげた。その芋をおーけな竹籠（深めの荷籠）に入れて川に漬けてかき回して、こいだ滓《かす》をみな流して「きれーになった。きれーになった」言うて、籠担いでもんて来た。夜にはカッカカッカ、チャンチャン、チャンチャン切って。芋切るにも早かったぜ。

『三男さん』芋つぼは藁で屋根を作って雨が入らんようにしちょった。学校からもんて来るがを待ちよっておかあにこがされとー。他の子がわいわい遊びよるけんおらも行きたいに、皮が剝げるまでやらされた。「はよーせんか。いつまでたったって遊びに行けんぞ」とおごられる。まあ、おごられて使われたお陰よね。百姓屋へ養子に来たちいやみはなかった（百姓仕事が嫌でなかった）けん。それと、世間を渡って行くにこーしゃ（工夫）ができる（世渡り上手になる）わけよ。昔は芋切るに早かったぜ。慣れたもんよ。誰つーことはない。昔の人はみな働きもんぜ。

▲だいがら（重りの石は木が枯れて軽くなったら付けた）［高知県立歴史民俗資料館蔵］

②キビ飯、芋飯

塩案配して、田芋から（や）キビ（トウモロコシ）を入れてご飯炊いたらおいしかったぜ。知っちょるかえ、キビもドンドン、ドンドンだいがら（唐臼《からうす》・踏み臼）で搗《つ》いてきれーに皮を剝がさんといかんけん、ずるーない（骨が折れる）。キビを入れたり田芋を入れたりこい（など）したらおいしいぜ。ぢーちゃんはキビのご飯をまっと（あまり）好かざった。

いろんな目におうて、今まで生きてきた。ほんまに、たろばー（ことばにできないほど）えらい（辛い）目におうて生きてきた。今りゃ、ちゃがまりこうで（弱り込んで）、動かんようになって。

『三男さん』だいがらで搗くことを「だいがらを踏む」いうた。わしらも米を搗かされた。だいがらを「踏み臼」という人もあった。だいがらで餅搗くこともあった。

注・「だいがら（台唐）」長柄のきねの先を足で踏んで米などをつく臼。唐《がら》は唐臼の略。（『日本方言大辞典』小学館）

・はらのーがえー

昔は、粗《あら》いご飯を炊いたけんね。キビ、芋、菜っ葉を入れたものを炊いたり、麦をよけ入れたり、田芋も入れたりした。そういう粗いご飯を食べた人ほど元気にあった。それを「はらのー（腹具合）がえー」言うた。

『三男さん』「粗いご飯」いうたら、米が見えんばー雑穀がよけ入っちょる。食えりゃせんけんど、腹が減ったら背に腹は代えられん。「はらのーがえー」言うたか。そうぢゃろーのう。腸にはよかろーのう。出るには出よいろ。問題は栄養のバランスよのう。栄養にはなりよらせんろー（なってないだろう）。ここらぢゃ、「腹持ちがえー（腹が減らない）」言うた。腹いっぱい食べたち（ても）腹が窮屈にない。

③手はべったりあかぎれ、ひび

雪がぴらぴら降りよるに芋つぼに手を入れたら、ひやいち（冷たいといったら）ひやいち。ぞんぞん（ぞくぞく）するばーひやいが。あんなひやいもんを、ひやい時に出さんといかんことがあるがよ。川の水せつく（いじる。触る）が（の）はまっと（もっと）ぬくいがよ。

そりゃ、手はみなあかぎれ、ひび。夜に鍋も食器も洗うて上がった時は手があらあらしよるが。えらい（ひどい）ひび、あかぎれがべったり。ぢわぢわ、ぢわぢわしておれん（痛いようなかゆいような感じでじっとしていられない）。あれは忘れんね。ワセリンか（とか）いうもんをつけたら、真っ赤うなって腫れていっとき痛みが取れるがぢゃけん（のだよ）。

朝りゃ、手を洗うてしょたい（台所仕事）せにゃならん。あれは難儀なかった。下田通いで棹さすと、潮で手を洗うけん、うんとしゅまー（染みる）。べったりあかぎれ。ひびはべったり。手の甲は十文字にパンパン、パンパンパン切れる。難儀な目におうた。

『竹治翁』わしは脂男で手が荒れざっと。

『三男さん』しょたい（台所仕事）で手が脂っけがなくなって、皮膚がかおいて（乾燥して）ガサガサにひび、あかぎれになっちょる。それを「あらあら」いうたがぢゃね。ここらぢゃ「わぢわぢ痛む」ともいう。「ぢわぢわ」もおんなし（同じ）。「やらやら、やりやり」ともいうぜ。

ひびが切れても、手袋はないしのう。昔のことなら（だから）、てっこう（手甲）だけ。手袋履ける（履く。身に付ける）ような贅沢なことはするかえ。

・わたしらコンニャクが手についた

コンニャク、ネギ、はす芋らは人によってうんと手につく（でき過ぎて持てあます）人とつかん（不作になる）人とある。コンニャクら手につく人が畑に入ったらおさまりつかん（始末に困る）ばーできる。

植えもせんに、その人の通ったとこへみなできだす。わたしらコンニャクが手についた。作ってみたら、そりゃたいかで（まったく）うんと違うぜ。

4　敗戦の玉音放送

わしは覚えちょるようにないねえ。

負けても普段通りの生活をした。やっぱし食べるばーは、作らにゃいかん。ふといこと（たくさん）の地（田畑）があるけん、作らにゃいかん。いつでも、できることはせにゃいかんと思うちょる。

『竹治翁』向こう（戦地）で聞いた。どんな目に遭うやらわからんと思うた。日本はアメリカの自由になると思いよった。

『三男さん』とにかく、わき目もふれん生活ぢゃったけんねえ。あれをしたら、これをする。これをしたら、あれをせんといかん。次から次へと仕事があった。全部自分の体でせんといかん。今みたいに機械でしたりなんだり（などということ）はできん。まこと辛かっつろー。

三　うちらの時—九十歳—

病院について（かかって）脳のお薬の安定剤を十年間ぎっちり（いつも。常に）飲《の》うできた。寝よったら体が浮かされるようになった。それでどうしても寝れんけん夜中にまた半分飲うだりしたら、体がほうたり（放り）上げられるようになった。

ひとつも（少しも）寝られんで血圧も二百ばーになった。息子らが市民病院へ連れて行てくれて、レントゲンも撮って一切薬は止めたぜ。そしたら、今りゃ何べんも目が覚めたち（ても）寝れるようにはない。ゴーゴー、ゴーゴー海の端へおるばー聞こえることもあった耳鳴りも、今りゃ前のようにならった。

ぢーちゃんはひとつも家のことをせん。今日も「藁敷いちょかんといかん」言うて西瓜畑へ行ちょる。気に入ったとこへは車（バイク）乗って行くけん怖い。「乗られん」言うたち、人の言うことを聞く人ぢゃない。そんで、「気遣いしまい（しないようにしよう）よ、気遣うたち無駄ぢゃけん。ぬし（本人）もたいて（大抵）おぢて（こわがって）乗りよるがぢゃろーけん」思いよる。

1　肩と手を使う暮らし

①荷物持ち、かき持ち、全部肩ぢゃけんのう

うちらの時（時代）いうたら、遠い山田へ上がって行かにゃいかん。虫にゃ食われるし、みな荷物持ち（背で担ぐ）、かき持ち（二人で担ぐ）、全部肩ぢゃけんのう。そんでうんと骨が折れたが(16)。

今、やっぱし脛《すね》（膝《ひざ》）へ来ちょるがよ。チクリチクリ痛《いと》うて、痛うて、昨日の晩（一昨日の夜から昨日の朝まで）はよう寝んかった。

一昨日《おととい》は病院へ行て長しゅう待ってちーと（ちょっと）冷えて、戻りしな（がけ）に「田んぼを見に行かんといかん」言うて、ずーっと田んぼの水を見てもんて来た。痛い足をかぼうて、痛うない方の足をつかし（ついて）下りるけん、それにことーた（こたえた。疲れた）ものよ。ことーて寝れんがぢゃけ

ん。

それがゆうべ（昨夜）はね、痛うないづくに（で）、ゆっくりよう寝れた。七時まで寝よった。けんど、起きたらあれもこれも思うて、土間とここを何回も上がり下りするろ。それが足へこたーたが。

『竹治翁』毎日肩を使う、頭を使う仕事の繰り返しよ。肩を使うてにのーて高いとこへ荷を担ぎ上げんといかんし、担い込まん（担いで帰らんと）といかん。

『三男さん』かき持ちは、サシアイという棒で前後ろ二人で重い物をかいて（担いで）行くが。一人で籠を前後ろへにのーていく天秤棒はオークぢゃ。

②今は機械がいろいろ働いて

今の人は「骨折れる、骨折れる」言うたち（ても）、みな機械ぢゃけん。そりゃお金はいるけんど、稲やち（でも）二、三日刈ったらぢきに終わる。

今はなにもかも機械をかまえてしもーて（いろいろとすべて用意して）。乾燥機もえーがを買うて。稲刈りがすんだらぢきに機械で籾を剝《は》いで黒米（玄米）にすってしまう。

黒米ができたら、ざまな（とても大きな）冷蔵庫にしまう。一つで足らんけん二つまで買うて据えて。米のいるときにはそれを出して機械に移しこう（込ん）で、ダンダン、ダンダン搗いて白米にしてもらう。それから、糯米らーを粉にする機械を買うちょる。

昔は、手洗川や鵜ノ江でやっぱし搗いてもろーた。中村へ行きしな（ついで。その際）に後川《うしろがわ》の精米所へ持って行て頼んだりもしよったけんど。「そんなことはいつまでもかなわん（できない）けん買おう」いうことになって、機械を買うたが。うちで搗くけん世話がないわえ。

今は、わかいし（若い者。わが子）らに植えてもろーて、刈ってもろーて、搗いてもろーて、ここまでうだい（抱きかかえ）て来てもらう。わしら、よーよ（やっと）炊きよるばーのこと。よう炊かんこともある。いつもかつも（いつもは）起きちょらんけん、今はお父さんと仲間（一緒）にやりよる。

うちのお父さんは、荷物かたぎ（重いものを担ぐ）には腕が立った。船もうんと腕が立ってえらかった（すごかった）。けんど、今はいかんいかん。家のことをなんちゃせんけん。わたしがいごかん（動かない）けん、ちーと（少し）家のことをせにゃいかんがぢゃけん（のだけれ）ど。

・麦こくざまな機械買うて骨が折れんように

はじめ麦はセンバで穂をこいぢょいて（落としておいて）干して、みんなでポンポン、ポンポン、カルサで叩くがぢゃった[17]。

その時に、うちには機械買うて、ざまな（大きな）のが来た。お米こくように機械の中にずーっと入れたらきれーに籾が落ちるが。あれも買うて、「なんぼ（どれだけ）作ったち（ても）骨が折れんようになったねえ」言うて、みんなが喜んでこいでくれた。あれもいらんようになって、勝間川の親戚の方にあげたこっちゃ（ことだ）。

今りゃ、機械のない（入らない）とこは作らんづく（ず）に山にした。木を植えるけん、世話ない。その方がえーわえ。むかしゃ（昔は）、肩へ上げにゃ（担がないと）いかん、手で差し上げてやらんと（肘の上の二の腕にサスやオークを引っ掛けておいてから、肩へ上げないと）いかん。みな骨折った。

▲センバ（千歯・千把。左：豆こき用、右：稲こき用）［熊野市歴史民俗資料館蔵］

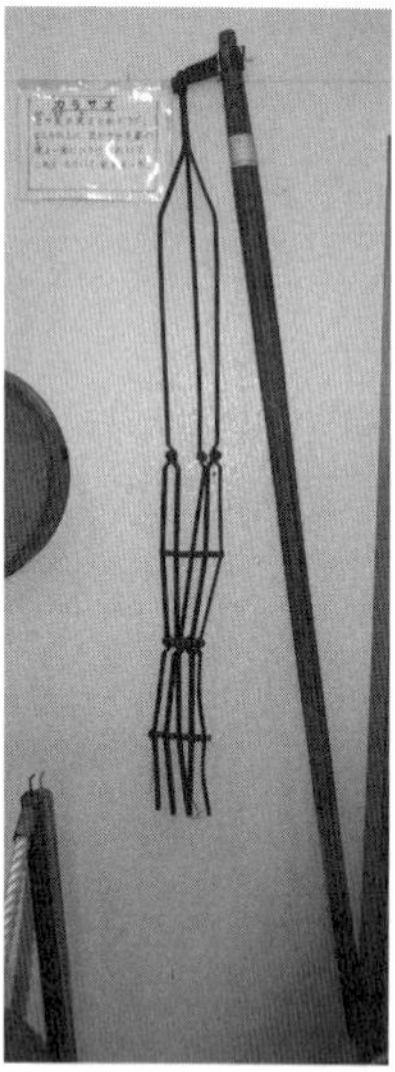
▲カルサ（カラサオ）［熊野市歴史民俗資料館蔵］

『三男さん』三十キロ、四十キロを背負わにゃいかんがぢゃけん、女には辛いのう。二の腕へ引っ掛けちょいてヨイッと肩へ担ぎ上げんといかんけん、なかなかずるー（容易なことでは）ない。腰を下ろしてにのーちょいて（担いでから）立ち上がることは、なかなか女にはこたわん（できない）。

③蚕も飼うた

蚕飼うに、いちばん高いとこへ桑地があるがよ。そこへ行《い》て、桑を採っておーけな（大きな）桑籠に詰めこうで、前後ろににのーてうちへもんて来て、二階の階段までずーっと担い上げたがよ。

「よーも（よくも）、うちら担《にな》い上げたもんよ」と話すがねえ。階段が急だったら上げられるかえ。階段がのべ（一直線）にあったけん、前籠を上へつかさんようにしちょいて、後ろ籠を下へ下げてずーっと蚕飼いよるとこまで担い上げたぜ。平気ぢゃった。まあ、骨が折れたけんど。たろばー（飽きるほど。十分に）難儀した。

夏は、前は裸足で回ったろー。なんというたち（ても）道が暑うて、足が痛いがぢゃけん。道の草の上を踏んでまーった（いつも草を踏んで歩いていた）こと、それがよかったかもしれんということよ。

『竹治翁』家内ら桑の葉をいっぱい入れた桑籠をにのーて、畑から二階まで肩を下ろさんづく（ず）に担い上げたと。若い時つーものはえらいもんよのう。

蚕は昔からやってきた。春蚕《はるこ》、夏蚕《なつこ》、秋蚕《あきこ》を飼《こ》うて（飼って）、わしんくらが一番飼《こ》うと。

春蚕が一番ふとかったけんど、火（暖房）を入れんといかん。一階には囲炉裏を切っちょいて、二階にはブリキガン（ブリキの一斗缶）に灰を入れてから炭の粉に火をつけたりしたが。

夏蚕は涼しい風を入れちゃらにゃいかん。そしたら百足《むかで》も雀蜂も来るけん気をつけちょらにゃいかん。

秋蚕の上がる（繭になる）時は米の熟れる時で、稲刈る時まで猪の守《もり》（番）もせんといかん。

繭買いが愛媛県から来た。一部落で何百貫にもなるがを夜昼出荷した。急がんと蛹が蝶になって出る。

蚕は終戦になる時分に止めと。最近まで飼うた人も、中国産に押されて止めと（詳細・田辺竹治翁聞書『四万十川　Ⅲムラに生きる』蚕の話）。

『三男さん』この地帯で蚕を飼いよったがは、米を作れんけん。水は四万十川でなんぼでもあるけんど、それを上げる手段がなかったわけよのう。今の竹藪らも一切ない。見渡す限りの桑畑。繭が四万十川の特産物になっちょった。昔、それを出すがに（ために）千石船が入って来て、上方へ持って行きよった。ほんぢゃけん、ここは栄えちょったが。

百姓するには裸足ぢゃった。水の中へも入ったりするけん、草履も草鞋も履かん。藁で作ったものは水の中へ入ったらぢきに切れっしまう。

④回り（当番）渡しした

昔は、渡し（渡し舟）は日々回り（一日ずつの当番）で渡したけんね。前日に家の形した杉板に「誰べえ、誰べえ」と名前を書いた回覧板を竹の棒にぶら下げて回して、皆が回りに漕いで渡したがよ。私らは下田通いのせんば乗りぢゃけん、渡しするばー（だけ）の回りはしよい（容易な。たやすい）けんね。

その後、渡し（渡しを専業に）しよったおばさんが悪うなってね、いま町の病院へ行っちょるが。あのおばちゃん、えらかった（雨風にも耐えて強かった）ぜ。あの人が受け持って渡してくれよったお陰で私ら回り渡しせんでもよかったがよ。長いこと渡しをやったけんね。二、三年後《あと》（前）に脳溢血やってしもーて、今は病院へ入って、えっころ（かなり）悪うになって、むごい（かわいそうな）ものよ。

『三男さん』三里でも深木と熊ン谷とで「回り渡し」があった。「渡し守」というたね。熊ン谷には丑小父《うしおじ》が雇われちょったけん、「回り渡し」する必要がなかった。

深木の「回り渡し」の当番のぢー（老人）が山へでも仕事に行ておらんものなら、学校帰りの子どもらがえらいもの（たいへんよ）。「おーい、来てやー」となんぼ（いくら）呼んでも来てくれん。その子の母親がおごって（腹を立てて）渡しに来るわけよ。

ここ三里でもやっぱり「回り」で役割を決めちょった。夏祭りの当番は「誰それと誰それ」と、島神社の夏祭りは「誰それと誰それ」、蓮台寺の正月の九日《ここのか》さんの出前は「誰それと誰それ」と全部決まっちょる。(18) 九日さんでは絵文字の千羽烏を配った。

▲九日さんで配った千羽烏。「不動ノ滝」とあるとのこと

⑤挽き臼（石臼）はなかなか重たい

石の臼はなかなか重たいぜ。挽き臼に手を付けて回すこともした。そうしたら楽なけんね。挽き臼の手（取っ手）は「てぎ（手木）ぢゃ」言いよった。

『竹治翁』昔の道具はうちに何でもありよった。昔のものはたかんで（なんと）何もかにも親戚が取っていてしもーて、もうない。

『三男さん』石臼には鉤《かぎ》になった手木がついちょった。年寄りの

▲周囲にほぜの花咲く鵜ノ江のお茶堂

婆さんがよう縁側で唄を歌いながら、はったい粉《こ》（麦こがし）とか大豆の粉とかそば粉とか挽きよった。大豆の粉ははったい粉へ混ぜたがぜ。大豆の粉が多いと味がよかった。

うちは漁師ぢゃけんお米は作っちょらざった。お米を貰うた時にゃ、近所の加用栄一さんとこに手でする籾すり機があって、それを使わせてもろーた。籾すりとも臼とも言わざった。何と言いよっつろーのう。[19] 舟大工の加用さんも一族よ。

⑥蕎麦はうんと作った

蕎麦《そば》はうんと作った。干して乾燥させちょいて、石臼でゴーゴー、ゴーゴー挽《ひ》かにゃいかなー（挽かないといけない）。それを練って、こねちょいて、タンタン切って、湯沸かしてゆがいてお汁にして食べた。お醤油の汁で出汁《だし》をしてお鍋一杯に沸かすがよ。ぬくうにしてうんと食べた。ひやい時にぬくもるけんね。

蕎麦はうんと作って食べたが。稗やほぜ、（彼岸花の球根）は食べたことあるかえ。

『竹治翁』ここらはほぜの根の餅を食うたと言う人がよーけおった。もと（根）を搗いて晒して澱粉を餅にしたが。わしらは平生から楽にしちょらん（よく働いて蓄えもある）けん、そんなもんを食べらった（食べなかった）。

昔の昼は、十時から十二時まであった。今ぢゃ、おやつ言うが、昔は「おこんま食おうか」と言いよった。大ぢーさん（曾祖父）は「こびるま」言うと。三時ごろおこんま食べちょかんと、腹が減って仕事がたいそ（億劫）になる。芋や季節の果物で一時しのぎにもしとー。

注・おこんま＝農家における昼食と夕食との間の食事。（『高知県方言辞典』）

『三男さん』蕎麦を練って粗切りに切る。それを「千切り込む」という。ご飯の前に、ご飯の足しにうんと食べた。蕎麦打ち棒はここらぢゃ見たことない。そういうことばもない。大練りに練ることを「こねまわす」という。

ご飯の前にもおこんま（おやつ）にも田芋をひげごし（ごと）蒸して皮剝いで醤油つけたりして食べた。それが何よりのご馳走ぢゃったのう。

昭和十七、八年ごろ、軍隊や徴用に取られておばあさん一人で百姓しよる家へ学校から手伝いに行たら、田芋を煮いて（煮て）出してくれた。皮を押したらぽこりっと芋が出てきて、醤油をつけて食うた。ほんまにうまかったん（が）のう。わしら漁師ぢゃけん、今に忘れられん。毛が生えた芋を三つづつ貰うて食うて、今によう忘れん。あればーうまいもんを食うたことはなかった。

注・北大路魯山人も少年の時味わったこの里芋の味を絶賛したという。三男少年の物を味わう舌が優れていたといえよう。腹の減った少年たちを待たせて「掘って、洗って、煮た」里芋は、魯山人の言う究極の料理だった。

江戸時代には、ほぜを食いよったいうのう。谷川の水でさおす（晒す。毒を抜く）に、煮いて籠に入れて滝壷で一日中さおしたいうのう。その名残が畑の隅らにべったりある。モグラ除けともいうて、畔へずーっとはやしちょら。近頃、花を曼珠沙華と言いだした。

⑦匂い米《まい》はかざがえー

匂い米は、米に混ぜて炊くがよ。めっそ（それほど）うまいこともないけんど、かざ（香り）がえー。うちの子が嫁いだ先の親が料理人で、「いよいよ（とても）えー」言うて、「混ぜて炊いてみよ、いよいようまい。香りもあるぞ」と送ってくれた。それをいいなり（そのまま播種して）作りよった。植える人らに植えさし（させ）て広げたが。

沸きだしたらブザブザかやって（沸いて泡が立って）匂いがして、さながらおいしそうな匂いがする。にき（傍）におる人には、どっこにもかざが行くけんね。それを「匂いがえー米」と言うたことよ。

『三男さん』ご飯が沸きだしたらプサプサ下から泡が沸き上がってくる。米の粒がかやること、引っくり返ることを「立つ」という。ご飯になったら立っちょるわけよ。

おかあ（母親）が宿屋しよって、奥から来る筏乗りが持って来る米を炊いたらうんと匂いがよかった。

⑧川海苔は採らん

わしのせんば乗りはひやい時ぢゃったけんど、川海苔（青海苔）は採らんね。朝晩船に乗ってまーりよる（しきりに乗っている）けんね、三崎《さんざき》の方（下流の汽水域）にいかんといかん（行かないといけない。行っている）けん、採ろうと思うたら採れたがよ。

『三男さん』鍋島の沖、竹島から下田口まで青海苔でべったりぢゃった。二メートルぐらいの長さになって。ものすごかった。引き潮になって筏がそれぃ座ったら（乗り上げたら）何ともならん。せんばも櫓を押せん。

それを採るいうたら、正月の餅を搗くに、匂いに入れるに一握り採ってくるばー（だけ）。当時は、下（下流域）の人らも採りよらざった。

それこそアオサもべったりあった。アオサは入江にできる。下田港へ入ったら、下田川いうて小さい川があって、それに沿うてアオサができる。対岸の初崎《はつざき》の上の正木《まさき》川らー（など）にもあった。

▲川海苔採りと川海苔干し

▲番茶と混ぜた岸豆茶

⑨岸豆茶はうんと香りがえー

岸豆ぢゃいうて二尺くらいのたき（長さ）になって生えるがを、「うんと香りがえーけん」いうて、引い（引き抜い）てきて洗うて、乾かして食《は》み切り（牛馬の飼料を切る道具）で短うに（一、二センチ）に切ってね、それからここらのお茶（番茶）を摘んで、一緒にして飲んだら、うんと香りがよかった。

うちらきれーに乾かして、おいしい、色もよしと思うて、東京からのお客さんがふといこと（たくさん）あったけん出したけんど、よう飲まざった。飲みそめん（飲みなれない）人はよう飲まんぜ。

このぢーさんはお茶がないち（なくても）、何ぢゃち（何でも）かまん人ぢゃ。湯沸かして湯ばっかし（ばかり）飲みよる。わしらあんなことこたわん（できない）。

『三男さん』ここらぢゃ「豆茶」という。今は種がないようになったのう。ここには豆茶とは違う、川原に生える「野良《のら》茶」もあった。合歓《ねむ》の木のような葉っぱでお茶にしたらうんと匂いがえー。畑に植えちょるところもあった。今は買いよる。

注・「岸豆茶」野生の草合歓の葉や茎を刻んで焙じた物。お茶の代用。（『日本方言大辞典』小学館）

2　おなごしには休みはない

①だいがら（唐臼・踏み臼）

だいがらを毎日踏んだ。米から麦からキビ（とうもろこし）から、毎日ドンドン、ドンドン踏んだ。今こそ楽なものよの。家へ機械買うちょって（買っておいて）、米をすっちょって（籾すりして玄米にしておいて）後は搗くばー（精米するだけ）。いつでも搗ける。

『三男さん』背中に子を負うて、子守唄を歌いながらだいがらを踏んで、米のできるが（精米）を待つわけよのう。昔は籾すり機もない。全部手ぢゃけん。あい（手すき。ひま）がありゃ（あれば）だいがらを踏まにゃ（踏まねば）。わしらも学校からもんたら（戻ったら）、母親に「だいがらを踏んぢょけ」言われるけん、道草食うて暗うなってもんて来たもんぢゃった（だいがら写真は七三頁）。

②百姓屋の人間はみな踏まにゃいかん

暑い時のひるあい（昼間）に二、三時間の昼休みがあるけん、四万十川へ洗濯ものを抱え出して、何もかにもその時に洗うがよ。おなごしには、休みはちっともないね。掃除をせにゃいかん。水汲まにゃいかん。米踏まにゃいかん。麦踏まにゃいかん。キビを踏まにゃいかん。百姓屋の人間はみな踏まにゃいかん。休みよれん（休んではいられない）ぜ。

『三男さん』米子ねーが、何べんも口癖のように「骨を折った」と言うたつーことは、晩ご飯炊くまで、一日中ずーっとそれに掛っちょらにゃいかざったわけよのう。そのあいなか（間）で暇をつくって畑仕事したりせにゃいかん。

考えてみたら、女の人は罪人扱いぢゃねえ。男は暇があったら陰へ行て酒くろうて太平楽を言うておりよる。女は陰でほんまに一生懸命家族のために犠牲になってやってきちょる。昼寝しよるあいもない。こあらい（子どもの養育。乳幼児にいう）しよったら乳やりよるあいに休んぢょるばーよね。

家族のためにどれほど骨を折ったことか。こあらい、子の世話をせにゃならん。家族の世話もしよらんといかん。朝に晩に食事の世話をしよらんといかん。あらいあげ（食器洗い。一般に「あらいやけ」という。「あらいあけ」は女ことばか）、洗濯。暇がありゃあ田んぼへ行かにゃいかん。山へ行かにゃいかん。山は炭焼きや木こりよね。原《はら》仕事に行かにゃいかん。原いうたら畑仕事や牛の草刈ったりいろいろよね。ほんまに労働の塊ぜ。今の人ぢゃったら、聞いたばーで嫁に来んのう。よーばい（夜這い）でもして自分のもんにせざったら嫁の来手はないが、いまの子はその甲斐性もない。

3　機織りは女の役目

①機の音のないとこはよけなかった

機《はた》織ったね。娘の時から稽古しよった。わしは嫁さんに行てから機を習うて織ったが。昔は手洗川も川登も、機の音のないとこはよけ（多く）なかったね。

機織りは春になってからぢゃのう。春になったら田んぼも畑もいっとき休むけんね。そのあいに機を

▲小型の機［中土佐町雑貨店蔵］

上げて（機に縦糸を一本一本繋いで織る用意をして）、自分の着るジバン（襦袢）をタンタン、タンタン織った。うちらめっそに（とても）よう織った。一日うつ（織る）人もある。一日やったら、一反ばーのことは機から下ろす（織り上げる）けんのう。

『三男さん』なんせわれわれが子どもの折、おなごしは機を織りよった。学校からの帰りにちょくちょく機織る音がしよった。また、ブーンブーンと糸縒《よ》って（縒りを掛けて）、四つの足の付いた綛《かせ》に巻きとりよった。「いこな、いこな（どうにかこうにか）」と歌うてな。「いこな、いこな」はあんまり慌てずにそろそろ仕事するという意味よ。そうした方が、丁寧にできるけんね。早い人はジバン（襦袢）ぐらいぢきに織っつろー（織り上げただろう）ね。隣家の母親は、織り上げたものを機から下ろすことを「取り上げる」と言いよったのう。

　暇があったら軒先で糸取りしよった。昔の家は軒が広かったけん、そこを仕事場にしちょった。鍋に湯を沸かして

▲糸車と手前の多くの綛［久保川の旧家蔵］

藺を煮いて（煮て）、ちょっとした藁の穂先で藺の糸を引っ掛けて、そこから糸を取っていきよったのう。藺から糸を巻きとる足踏み器械があっとーえ。

　それがすんだら、お婆さんら縁側で糸車をブーンブーン回しながら糸縒りしよった。四つの足のついた綛《かせ》へ巻き取りよった。それを、機へ掛けて機織りしよった。

　四万十川流域みな養蚕しよったけん、大量の生糸が紙や木炭や束木《たばぎ》、トーシン（芯は燈心、木部は楊枝にする黒文字）らと上方（都会。ここでは大阪方面）へいたがぢゃろー。

　春いっとき休んだがは、当時は今のように早期米はなかったけんね。中手米《なかてまえ》を作りよったけん、苗代しちょって苗を一月太らせたけん、五月にならんと田んぼは始まらん。晩稲《おくて》を作る人は六月過ぎになったね。

②織ること縫うことを覚えちょったら、じゅーがよかった

　えらい（上手な）人になったらタンタン、タンタン一日やってね。面白いもんぜ。まことあれが女の役目ぢゃったね。それから裁縫。縫うことね。織ること縫うことを覚えちょったら、じゅー（調子、具合、都合、勝手）がよかった。

『三男さん』お梅ばあのとこへ遊びに行ちょったら同級生の茂子が来ちょって、おばあが茂子に言いよった。「女の子は針仕事をせにゃいかんぞ。これが一番ぢゃけんねや。われも男の子について遊ぶよりは、着物を縫うたり、継ぎをしたり、ほころびを繕うたり、針仕事を覚えちょけよ」と言いよった。それが女が一番に身に付けた、嫁に行ても役に立った仕事ぢゃけん。(20)

③染めと縞割り

糸買《こ》うて来てね。ぬし（自分）が縞《しま》割り（反物の縦糸の配分）をしてね。棒縞（太い縦縞文様）なら棒縞、ころばー（これだけ）の縞ならころばーの縞ね。棒縞ぢゃったらしよい（たやすい。難しくない）が。飛び飛びに絣《かすり》を混ぜりゃ、絣を混ぜるような糸を使うて染めてこさえにゃ（こしらえないと）いかん。（あらかじめ柄を染め分けた糸で織る織絣で）染料は買うて来て、それを家で染めにゃいかん。

縞割りをこさえて、ここ（巻き取り）へ掛けちょいて（縦糸を配列して）、糸を巻いて機へ上げるようにしてね、上げたらしよい（容易だ）。それまでが骨が折れらー。

昔の人は器用にあったけん、どげんな（どんな）縞でも織るけんね。あの人はえー縞のジバン着いちょら（着ているよ）思うたら、その人の着いちょる縞をこさえて織ったり、自分がいろいろ考えて頭を使うて縞割りもうちでこさえて、絣が気に入ったら絣のがを買うてはめて（機へ上げて）こさえと。

『三男さん』えー生糸は製品として出して、どーで（どっちみち。どうせ）売れんような糸でジバンを作りよったがぢゃろー。

④木綿の強い糸でないとでがない

糸は木綿の糸よね。ここらは麻はしよらざったね。やっぱし百姓しよる者は木綿の強い糸でないとでがない（使用期間が短い。長持ちしない）けん、ぢき裂ける。色はどんなが（の）もあった。碁盤のが（格子縞のもの）をこさえて着る人もあった。縦縞の人もあるし、人によっていろいろよ。荷物せにゃ（担がないと）いかんけん、肩当てもしちょかんといかん。肩当ては裏へ付けるけん、白い物を付けた。

『三男さん』川登ら麻畑がものすごくあった。皮をはいで叩いて細い繊維になったものを束にして出しよった（出荷していた）。大八車で取りに来るがぢゃろー。

勝間はお諏訪さん（川登の敷地神社祭神の敷地民部）がタカキビで目を突いたけん、タカキビが実らんとこぜ。勝間はほとんど桑ぢゃった。この川たき（川に沿う土地）は、そばに水がありながら米が作れざった。

昔の人は着物を大切にしちょった。物を直接かたいだら（担ったら）着物が擦れたり、切れたりする。すべてオーク（天秤棒）で担うけん、日頃から仕事着へ袈裟のような肩当てを縫いつけちょった。別の継《つぎ》を被せ継にしちょった。ここらぢゃ（この近辺では）、一尺四方の座布団のような真綿の肩当てで、それに紐を付けて腰でくびって（縛って）止めるようになっちょった。端切れで作るがぢゃけん（作るのだから）、どんな色のもんもあった。

4　昔のもんはないようになった

①ぱんぱんとした羽織も機も

みんな生活の知恵で、あんなこと昔の人はようやった。今の人はこたうかえ（できっこない）。今りゃ裸で町へ行たら何もかにも着るもんはおいー（多い）もんぢゃけんねえ。まこと、みんな洋服になってしもーた。仕事したち、みな服ぢゃけんのう。

わしら娘の子の時分は、ぽんと（すべて）織ったがを着いた。織ってぱんぱんした羽織を着いて遊びに行った。あの時分はうんと織りよったねえ。昔の物は、じーっと（いつの間にか。次第に）ないようになった。

今りゃ、織ってまーるかえ（一生懸命に織ったりするものか。「まーる」は継続）。機らもないようになっつろー。ありゃー、太いもんぢゃけん。場取るもんぢゃけん。

機は嫁に来たらあったがよ。あるとこはあった。ないとこもあったぜ。ないとこは、そんげな（そのような）家ぢゃ。よう作らんけんぼろ着いてまーり（ぼろ着て暮らし）よったね。買やー（買えば）、なんぶ（いくら）でもあったけんど。

『三男さん』「ぱんぱんした」は、厚手であるか糊がきいてこわばるかしたしっかりした布地という意味よね。

②昔は何ぢゃち喜んで貰うてくれた

むかしゃ、（衣類を）うんと貰うてくれた。派手であろーが、地味であろーが。何ぢゃち（でも）喜んで貰うてくれた。今りゃ、貰うてくれる人はひとっつも（まったく）ないぜ。

うちら死んだち（でも）、うんと着る物があるが。紋付きもなんぶいろ（何種類）にも持っちょるが。いっさん（一度）か、二度着いたが。ほしい（もったいない）ことよ。

「いま買うち（買っても）なかなか品のえーものをお母ちゃんが持っちょる。なんにも（何でも。すべて）構えちょる（揃えている）けん、悪い病気で死んだがぢゃなし、近頃着いたがぢゃなし、焼かんづく（ず）に、着れる物は着いてくり（くれ）よ」と、言うちゃる（てある）。品のえー物を置いちゃる。紋付きをみな置いちゃる。焼くな言うちゃるけんどのう。

夏のもんぢゃち（でも）、スカートぢゃち、何ぢゃち持っちょる。冬の紋付きぢゃち、人が「貸せ」言うとき貸しもする。もう五、六年前に友だちに貸す（貸した）ばー（だけ）のこと。

「弟が死んだち着いて（着て）行く物がないけん、貸してくれんか」言うけん、「どこへ着いて行《い》たち（行っても）恥ずかしいことはない」言うて、おこし（腰巻）まで、ぢゃんと（きちんと）みな揃えて、「これ持って行たらなんにも（すべて）入っちょるけん」言うて貸した。

「おこしまで借られん。娘のがを借って行く」。

「かまん（遠慮するな）、かまん。なんにもこれを着いたらえー」言うて、無理に持って行かしちゃった。喜うで持って行った。ない者は借ってでも持って行かにゃ。

『三男さん』着るものは自分で織って作らにゃいかん。昔はそれが当たり前になっちょったけん、苦労とも思わざったがかのう。買うにはなかなか金がいるけんのう。買うにも買えん。おこしを借りるのをみっともないと思うたがは、そこまで品物を持ってなかったということよのう。

③道具休めの日に搗く餅

正月の十五日は「道具休み」いうがで（ので）、縁側の広いとこにみしろ（筵）敷いちょって、鋤も鎌も、牛に引かすカナコから百姓道具らをみなきれいに洗うて祭った。餅搗いて祭ったり、「飲《の》うでください」言うてお神酒も祭ったりして。今ぢゃ、十五日に餅搗く人はあるまい。

『竹治翁』内縁《うちえん》という広い縁に、編みたてのみしろ敷いて、鍬、鎌、手斧《ちょうな》、エガマら切れ物、それに牛鍬、カナコらの牛の道具らもみな集めと。米をよけ作ちょる人ら、また餅を搗いて、お鏡（鏡餅）を作って、お膳に盛って供えと。油入れる皿を持って来て、お光を上げてぢゃんとやった。床間へ祭るがと同じよ。

④カイツリ、カイツリ言うて行た

手洗川におる時、正月に「カイツリ、カイツリ、カイツリ」言うて行た。いつの宵ぢゃっつろー。昔は子どももわかいし（若い衆。青年）もどんな人も行たが。

いろいろ滑稽をかまえ（用意し、稽古し）て行た。滑稽な人ら、芸のできる人ら、組で芸をしたりこい（など）してずーっと回って行て、うんと褒美を貰《もろ》うて来つろー。手洗川も川登も勝間もお互い行き来するが。踊りを踊って行たり、顔を作って行たり。

顔を作るいうたら、きれーに化粧して、頬かぶりでもして行くようなもんぢゃろー。面白いけん、ぼれ（おどけ）て回っていたが（の）もあらー（あるよ）。あぢな（おかしな、面白い）ことを言うて、今の人にはわかるかのう。

わたしら、向こうの方から隣辺りまで、「カイツリ、カイツリ」言うて学校の遊戯を踊ったり歌うたり、滑稽なことを言うたりして回って行た。三人か四人《よったり》組んでね、評議して行たがぢゃ。着るものは普通のかまえ（普段着）よ。まだ学校の四、五年ばーの時ぢゃけん、めっそ（あまり）きれーにかまえたりするかえ。「おー、ようやってくれた。気が晴れたのう」言うて喜んでもろーた。子どもの時ぢゃけん、（褒美のお礼も言わず）黙って戻っつろーのう。手洗川みんなは回るかえ。嫌になったら戻るがよ。

正月の月に、正月すんで行たがぢゃ。小正月ともいうた。百姓の道具休みは十五日かのう。縁側へみしろ（筵）敷いて、鋤も鎌も何もかにも一切そこでお祭りしちょった。もう、おーけな昔（大昔）ぢゃけん詳しゅうには覚えちょらんね。学校で習うたお遊戯を踊ってまーって（盛んに踊って）。「まあ気が晴れた。気が晴れた。よう踊ってくれたねや（なあ）」言うて、賃にお餅を貰うたりお金をちーと（少し）貰うたりしたことは覚えちょる。たったそればーのこと。もうおーけな昔ぢゃけん、忘れっ（忘れて）しもーて詳しゅうには覚えちょらんね。

十八の年には嫁に来ちょる。もうここらぢゃカイツリしちょらん。ありゃ（あれは）、するとことせんとことあるけん。[21]

『竹治翁』小正月の年の晩（小正月の大晦日）、ひとのんく（他家）へ「カイツリ、カイツリ」言うて、福袋を持ってお祝いに行くがぢゃ。おたんちん（あほう）言うて笑わすようなカイツリの面をかぶっちょる人が多かっと。カイツリの芸のできる人は子どもも、わかいしも、年寄りも行て、踊ったり歌うたりした。カイツリのしぐさもその家に幸せをもたらすような芸をする。いわばお多福芸よ。恵比寿廻しと一緒よ。衣装を着いて、白粉つけて、笛太鼓でやっとー。化粧はきれいにする人もあったが。わしは面白いものを、滑稽なものをやったのう。

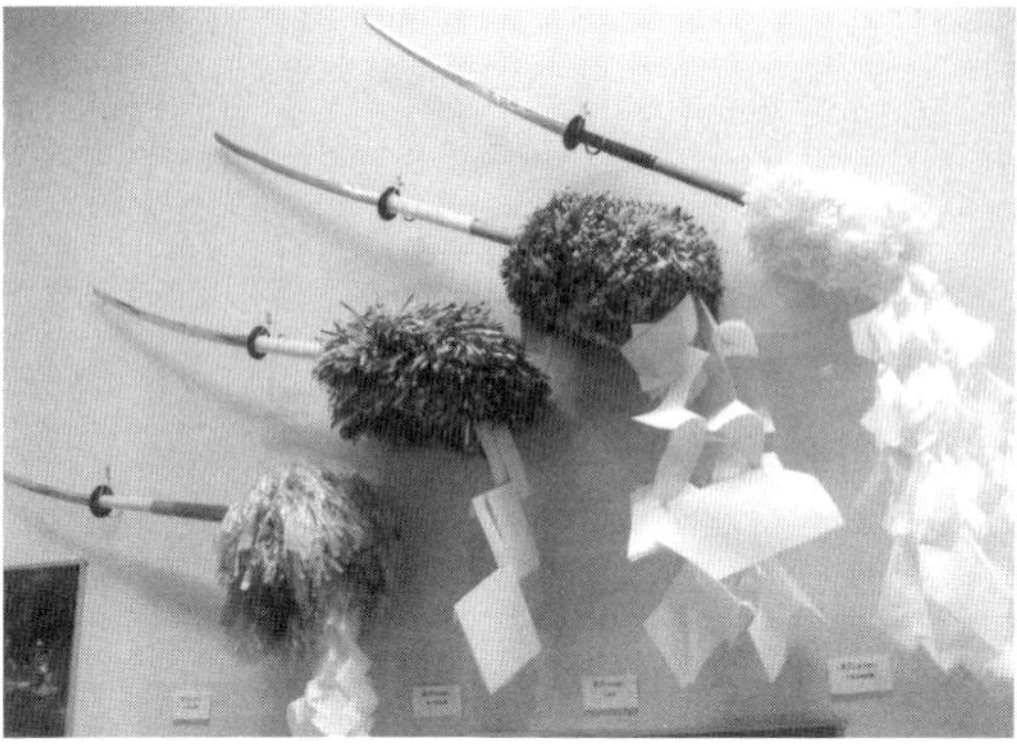

▲太刀踊りの太刀［三原村教育委員会蔵］

　ひとのんく（他家の人）を喜ばして、褒美に餅なり寿司なりうんと貰うと。お返しはにっこり笑うてもできる。いろいろ祈ってもできる。その日は、道具休めのお供えに餅も搗き寿司も作っちょったけんね。

　昭和の時代になって暫くしたら終わっと。言うたら、物貰いに行たがぢゃけん、へんど（遍路。乞食）みたいなものよ。

注・エビスマワシ＝淡路島では三原郡市村の人々が夷子《えびす》の人形と三番叟を持って笛鼓で夷子の来歴と祝言を述べて物乞いすることを夷子廻しといった（民俗學四ノ三）。（『改訂綜合日本民俗語彙』）

『三男さん』カイツリは島の宮では、もうしちょらざった。入田《にゅうた》（少し下流の集落）では小正月に「カイツリ、カイツリ、カイツリコ」言うて踊って行きよった。「滑稽をかまえて」いうたら、ヒョットコ、オカメらの出し（出し物）をして、ひょうげ（おどけ）て漫才みたいな滑稽をするわけよ。

おかあがちょっこり（ちょっと）言いよったけん、ここでも昔はいろいろしよったものよ。はや（すでに）太刀踊りがすたった。わしら、「よいなんもみどー、トントントントン、よいなんもみどー、トントントントン、やあ」言うて踊りだす。「よいなん」とは用意ドンで、始める合図。「もみどー」とは調子を整え踊ることかのう。ガン、ガン、カーンと太鼓と鉦を叩いて島神社で九番までずーっと踊ったもんぢゃった。[22]

▲島神社境内

⑤一荷商人もあった

食べる物から飲む物から何でも、天秤棒で前後ろにに のーて売りに来る一荷商人《いっかあきんど》もあった。今の人は車ぢゃけん、よけ（たくさん）持って来よらーの（来ているよ）。何でもどっさり持っちょる。川登の魚屋ら何でも持ってびっしり（絶えず）来る。「来《く》な」言うたち来らー。よう売れる物を知っちょるけんのう。今りゃ、じゅー（具合。勝手）がよすぎる。家の子ら毎日町へ行くけん、言うたら何でも買うて来よる。

『三男さん』「じゅーがえー」いうたら、わが身が自由に動けること。何の差し障りもなく、何の気兼ねもなく動けることよね。

「一荷商人」とは担う商人ということよ。「練《ね》り商人」というやつよ。ことり、ことりと一軒一軒歩いて、「何それ持っちょりますが、いりませんか」と、ずーっと行くわけよ。いちいち買いに行くよりも、練り商人を待つ方が楽なけんのう。そういう人がおらんようになったのう。[23]

5　お母さんは面白いお婆

①山田へとぎに行く

お母さんはいよいよ骨折った。山田も一反ばー（ほど）あっつろー（あっただろう）。広い焼け野のずっと下の、あぢな（奥の。不便な）とこにあっとーえ。

お父さんがおらんようになってからは、お母さんが「とぎ（伽《とぎ》。連れ）に行てくり（くれ）」言うて、とぎに行たことよ。焼け野の下の方ぢゃけん、しよい（楽な）けんど。

稲を束ねていなり（そのまま）たくっちょる（置いてある）が（の）へ雨が降りかかるけん、おい（覆い）に行かんといかん。子ども二、三人連れて提灯をつけて、手洗川の人家《ひとや》の奥のはた（傍）から上がって行た。油引いたりこい（など）した紙の合羽のようなが（もの）で覆いして濡れんようにしに、とぎに行たことなど思い出すがねえ。

『三男さん』油紙というて、傘へ塗るタイワンギリの油で塗った紙を売りよった。それを合羽の代わりにしたら、ガバガバ、ガザガザ音がしてのう。

②信心家よ

お母さんは信心家よ。寺山《てらやま》さん（四国八十八カ所の三十九番札所延光寺）へ、気に向いたらいつでも行

▲三十九番札所延光寺山門

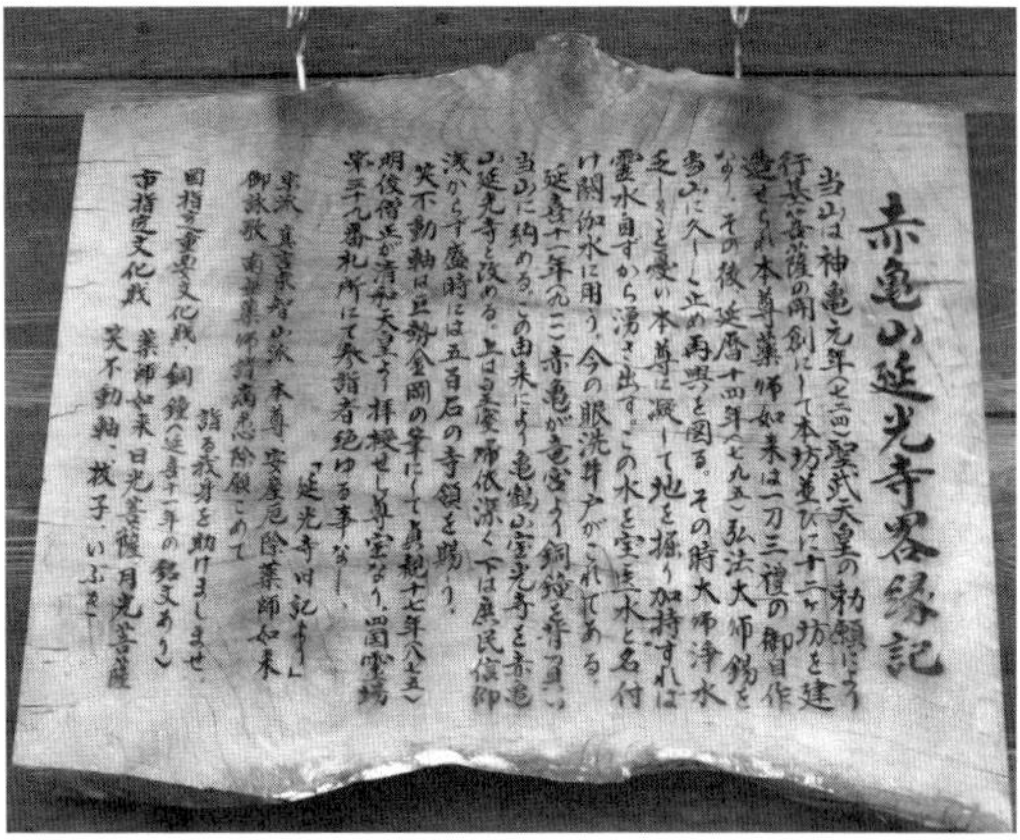

▲赤亀山延光寺略縁起

く。寺山は平田の手前で、今はトンネルが手洗川へ抜けたが、昔は山を越さんといかざったが。いよいよ遠かったぜ。

『三男さん』寺山へは婆さんらが行きよったけんど、もう行かんねえ。

そのお母さんはタケノというて、わしの母親の姉ぢゃ。おなごぢゃけんどなかなか弁の立つ人ぢゃった。うんと拝む人ぢゃった。だいたいが陰陽師みたいながぢゃったのう。あんまり百姓せんづく（ず）に、きれーな着物を着いて方々さんぼう（あちこち）人のとこへ行て、「憑きものがしちょる（憑いている）」とか言うて、この近辺から郡内をずーっとご祈禱して回りよったぜ(24)。

お四国回りにはここのぢげ（ムラ。集落）でもちょくちょく行く人があって、この下の清次郎さんが行きよった。今度りゃ、どこからどこまでと決めて行きよったにかーらん（ようだ）。それこそ、お握りをてっき（焼網）で焼いた焼き飯と梅干持ってお四国をズーッと回って来る。後には、梅干しが種になって戻ってくると言いよった(25)。

③ギターを爪弾いた

長男が持っちょったギターを「くれんか」言うたら、「やろ（やる）、やろ」言うて。お母さんはどこへ遊びに行くにもギターかたい（担い）で行きよったがのう。ジャン、ジャンと爪弾くがよ。

面白いお婆やったぜ。ジャン、ジャン弾いて何でも歌うた朗らかな人ぢゃった。わたしゃ神経病《や》みみたいになったけんど。

『三男さん』うんと歌が好きぢゃった。子どもから甥っ子、姪っ子までみんなうんと歌が好きな家族。めっそ（とても）朗らかな人らぢゃ。娘の一人が縁者のとこへ嫁に来て家でギターを弾きよった。血筋つーもんがあるがぢゃねえ。

④山犬につけられた話

山犬につけられた話をしたね。遅うなって具同《ぐどう》へ行て、遅うなって戻りよって、具同の大通り（現国道五六号沿いの町並み）を出て入田《にゅうた》の上《かみ》で、はや暗うなりよった。ウワァというおーけな（大きな）声がしておーけな犬が山から下りて来た。おーけな音でざまな（すごく大きい）犬が後から付いて来て、あの時はぞんぞん（ぞくぞく）した、と。

「誰それよ。おとろしいことはないけんねえ。転ばんように戻ろうぜ」と言うて戻った、と。連れちよった子は誰ぢゃったか忘れたね。

『三男さん』昔は、「山犬におうたら後ろ振り向くな。振り向いたら咬まれるけん、しらんかー（知らん顔。知らんふり）してすっすと前向いて歩いて行け」と言うたけんね。繁って暗い木の下をずーっと歩いて、明るい開けたとこへ出たらほっとすらーの。

おーけな狼がおったけんのう。昭和三十年代初めの、わしがここへ二十五で養子に来た時、向うの対岸で狼が吠えた。あの当時は仕事はないし、夜になったら鮎をとりに行くばー（くらい）のもん。焼き鮎は値がよかったけんど、高が知れちょった。

水が出た夜に瀬で十杯ばーの舟がよこし（横）に並んで鮎を掛けよったら、烏山というおーけな山の裾（尾根）からウーウォーとおかぼえ（山の方から里へ吠える声）すらーえ（するのよ）。

そしたら、鮎掛けに来ちょった、おっこー痩せ腕髭善吉（大げさな話をする痩せて無精髭を生やした善吉）いうひょうきんな（おどけたことを話す）ぢー（爺）が「おーっ、やったー（今晩も来た）、また今晩も鳴いたぞ。あれが山犬ぢゃ、狼ぢゃ」と言うた。「やったー」とは、初めてその物を見たり聞いたりした時につかわーの（つかうよ）。おらんかと思うちょったのが、やっぱー（やはり）おるねや（なあ）という意味ぢゃ。「まこと鳴いた。あれも種が切れておらんようになるねや」と話しよった。その時は、カワウソらもまだおった。

爺は「おっと、また始まった。あいと（あいつ）うせた（来た）ねや。あればー（あれほど）おのおらび、（大声での叫び鳴き）をすると、すくむねや」と言うた。

「うせる」いうたら、来ることもおらんようになる（去る）こともいうことばで、ここでは「来た」。聞く者もその意味を正確に理解した。

「すくむ（恐怖のあまり体がこわばる）」いうたら、つくなみこむ（その場にしゃがみ込む、うずくまる）ことよ。ほえすえられることよ。「ほえすえる（耳聾するばかりに響く）」というたら、人をおびえらす（させる）、身も心も凍らせて身動きできんようにさせるがよ。昭和四十年に近い頃に声が途絶えたのう。[26]

⑤九十二でみてた

母は九十二から（で）みてたがぢゃっつろーか（亡くなったのだったろうか）。わたしが九十ぢゃけん、もう死んでからえっころ（随分）になる。杉病院がうんと好きな人で、そこへ入院して兄の子が一人で世話しよったが、私が行た時ははやもう、ものが言えんようになっちょった。これはもういかんと思うたが、眠っちょるあい（間）にみてた。こっとり（ほどよく）いた。

その時、大水が出てこっちに戻れん。西からも越せんがぢゃけん。「おーけな水になっていぬることができん」言うたら、土居の坊さんと友だちの子が「へんしも（急いで）連れて来い」言うて、一晩世話になったが。

母は仕合わせがえー人で、子どもらがみなあんきな（安楽な）とこへ行た。三番ぶりの妹が三里へ（嫁に）行ちょって六十一歳で死んだけんど。

うんとお大師（弘法大師）を信心して、人をうんと助けた。人が来たら「飯食え、飯食え」言うて。あんなに言うことはわたしらにはこたわん（できない）。枕から頭が落ちんづく（ず）こっとりみてた（楽に亡くなった）。わたしもあげ（あんな）にいたらえーがと思いよる。

『三男さん』この大水は昭和十年にうちが五尺も浸かった時のことぢゃろー。昔は海ぢゃったものよ、中村はなかなか（よく）つばかる（浸水する）ぜ。土居の坊さんいうたら中村の法然寺のこと。元は緋衣《ひごろも》を着いて都から来た蓮生坊《れんじょうぼう》(27)が手洗川に開いた寺ぢゃったが、当時は中村に出ちょった。

なるほど、頭を枕から転ばして落とさんづくに、寝込んだままいたがか。楽にいけたということ。子らはあんきなとこへ行ちょらー（嫁いでいるよ）。われわれから見たら楽な呑気な伯母（母の姉）ぢゃった。田畑もあったけんどいじらん（触らない。手を出さない）。自分からはそういうことはあんまりせざった。

この母親らのおなご（女）のきょうだいの裾の方（末子）に男の子ができて親が可愛がって苦労知らずに育てるけん、博打打ってえらい（たいへんな）財産をなしにしてしもーた。後にはでこ回し（人形を踊らせ門付して来る旅芸人）して余生を送りよった。

四　どんな目にもおうてきた―九十二歳―

1　畑の苦労

①天井が砂子の畑に見える

わたしがぢーちゃんより先にいくと思いよったが、どっちが先にいくかわからんようになった。ぢーちゃんは寝るけんえーが。こないだ（この間）もテレビで相撲見るに目を開けん。「目を開けんと見えん」言うても、ひとっつも（ちっとも）目を開けん。夜も昼もゴウゴウ寝るばっかり。寝るがはのう（具合。調子）ぢゃのう。わしはよう寝ん。宵から布団へ入ったち一時まで寝んことも多いが。

起きる前に三時間ばー寝る時に目が錯覚起こして、この天井が畑になってしまうように見えるが。みな砂子のやおい（軟らかい）畑になって見えるが。こないだ、あげに（あんなに）なって、ぢーちゃん

▲沖できの田辺農園で西瓜畑に藁を敷く竹治翁

を起こしても起きん。カーテンを叩いたち起きんけん、一生懸命しゃけって（叫んで）起こした。

「目薬取って来てや。目が痛いけんどよう起きて行かんけん、目薬取って来てや」と、しゃけったが。

前にも自分が寝よるとこが畑になった。芋の畝になって、目ぇ開けちょるに、鍬でこうやって引っ張りよるんぜ（引っ張っているのよ）。

「寝れんち（でも）かもうか（かまわん。いいよ）。昼も寝れる、明日も寝れる」言うけんど、そげん（そんなふう）にいかん時もあらーえ。こないだもあげんになって目の錯覚を起こすけんね。

ここは確かに住まいぢゃが。ここは天井。天井がみな泥になって見えるが。こないだ、あげになっちょった。わたしが眠れんけん、いよいよいかんが（駄目なのよ）。

もうどんげに（どんなに）なってもえーけん、しゃんしゃん（さっさと）終いがつきゃ（わが身が片付いたら）えーが思うが、なかなか終いがつかんが。

夜中に、「よし、もうなんちゃ考えることはない。唄でも歌おう」。お母さんに教えてもろーた唄をうんと知っちょったが、声も出さにゃ忘れてしもーた。

お母さんは山へ行て、甚句ぢゃ（など）あんな民謡がたけ（なんか）高いこと言う（高い声出し）て歌うたけん、それを守《もり》（弟妹の子守）に行て聞きくさして（聞き流していて）、あんな唄もこんな唄も覚えちょった。けんど、今歌え言うたち、ちょっこり（急に）歌えるもんか。

『三男さん』砂子の畑は川端ぢゃけん、泥が流れて来ちょる。言《ゆ》やー（言えば）、でき（洪水の泥土でできた土地）よのう。水（洪水）によってできたり、ないようになったりするけん、「でき」いうがよ。そこにキビらを植えた。学校の沖にある「沖でき」で米子ねーの主人の竹兄《たけにー》が西瓜作りよっと。花が終わって実がなったら、それに全部番号を打って日付を書いちょった。

・昔のことはいらんことみな頭に住み着いて、昔やったことを知っちょる

わたしら今のことはだいたい忘れるけんど、昔のことはいらんことみな、頭に住み着いて、どひたち（どうしても）昔やったことを知っちょるねぇ。いろんなことをやってきた。ひととおり（並大抵）のことぢゃあるかえ。寝れん時は、うちはうんと日蓮さんをやりよったけんそのお題目も上げたり、また体操もしよる。いろいろぢゃ（参考・米子さんの日蓮正宗入信のいきさつは第Ⅱ部三二三頁）。

②ごくどうされ言われとうないけん一生懸命働いた

昔は遊びよったら、親らが「ごくどうされ（怠け者）ぢゃ。何ぢゃ」言うたけんね。昔の人は「仕事《しごと》師《し》（精出して働く人）ぢゃ」、「ごくどうぢゃ」とうんと言うたね。昔の親はえらいぜ。嫁や養子を馬鹿みたいに叱りよった。今りゃ、おごり（叱り。怒り）よったら、養うてくれんけんのう。

わしらごくどうされ言われとうないけん、できるばーのことを一生懸命やってきた。よう今まで生きて来れたことよ。自分ながら考えるね。

洗濯はでがしら（仕事へ出る前）に、ちょこちょこ洗うて干しといての（ね）、また昼帰った時ちょっとあいい（仕事のない時間。ひま）があったら洗う。自分らは休めるかえ。米踏まにゃいかん、麦踏まにゃいかん。合間、合間に踏みよらんといかん。日の長い夏やち（でも）なかなか休みはできざったぜ。たろばー（ことばにできないほど）骨折れたが。

『三男さん』でがしらに、ちょこちょこ洗いものをしちょいて仕事に出て行くわけよ。何もかにも女がせんと終いいん（が）つかん（片付かない）が。男はご飯食べたら道具持って出かけたらえー。女はずるーない（仕事がたいへんで骨が折れる）。そのうえ、何かちーと（少し）でも忘れて来たらおごられる。

昔は十時から十二時までが昼。昔の時はゆとりがあった。

2　水汲みの苦労

①水を汲みまろんで、今はちゃがまったがよ

（元の母家は四万十川から二百メートル、支流の勝間川からは百メートルほど離れた、山裾を少し上がったところにあった）。

わたしら夜も起きにゃいかん。朝もはよー起きてしょたい（炊事）せにゃいかん。起きりゃ、子ども

がついて起きてくるけん、負わにゃいがる（泣き叫ぶ）。
　ここの嫁さんは骨が折れた。地がくぼうて（窪んでいて）、水に浸かりやすかったけん、家を高いとこへしとー（建てた）。わしんく（わが家）ら、木戸が高い、えらい（たいへんな）とこよ。ひとのんく（他家）の三倍も高いとこへあったけん、昔は骨が折れた。

▲暇取り岩

　ここは水がないとこぢゃけん、みな四万十川の水を汲んだが（の）に苦労したがよ。毎日、風呂のが（水）と飲むがに汲むいうたら、一通りの苦労したこっちゃ（ことでは）ないぜ。
　平坦なとこなら骨も折れんけんど、ひとんく（「ひとのんく」に同じ）の三倍も高いとこへ水を汲んだがぢゃけん、人の三倍も骨が折れた。大水の時なら、家は広いし皆も集まって来たけんど、水を汲みまろんで（「まろぶ」はそれに忙殺されること）、今はちゃがまった（手も足も出なくなった。駄目になった）。
　「まろんだ」いうたら、体がもてんようになって転ぶいうこと。骨が折れたいうことよ。「ちゃがまる」いうたら、体が駄目になることよ。この家によう（よく）おったことよ。はよー家へいんだら（里に帰ったら）よかった。

『竹治翁』昔、嫁が「家にいにたい」と言うたら、舅や仲人が金毘羅山の中腹の、岩に岩が重なった「暇取り岩」が落ちたら暇をやると言うてなだめたことよ。『三男さん』「ちゃがまる」いうたら、くたびれっしもーて足腰立たんようになることよ。そろ（それ）ほどやってたまるか（堪えられようか）。辛いことぢゃつろー。昔は、嫁いびりがあったけんのう。そうかといって、出て行ったら女は一人では生きて行けざったけんのう。昔の人は骨折っちょる。

②後ろ前におーけなたごいっぱいに水をにのーてドーッと上がる

後ろ前に水をにのーて（天秤棒で担いで）、おーけなたご（水汲み桶）いっぱいに水をにのーて上がる。ドーッと上がって行ける時はしよい（容易な）が。お腹がおーけな時にゃ、段々になったら前向いて上がるにゃ腹がつかえて上がれんろー。そんぢゃけん（だから）、下の段まで来たら反対に上がってみろーか思うて一、二度後ろ向きににのーて上がって行たことがあるが。いよいよ骨が折れた。

『三男さん』あこは水のないところぢゃけん、川から水を汲まにゃならん。担い棒の前後の先に鎖を吊って、その鎖の先に鉤《かぎ》を付けて、それに水汲みたご（水桶）を下げた。たごの手に切り込みを入れて、それにぽっちり（ちょうど）鉤が引掛かって外れんようにして運びよいようにしちょった。

③水汲みはうろうろしよったら半日かかる

水汲みは、この四万十川のがを汲んでいぬる（帰る）がぢゃけん。川から昔の母家までは、沈下橋の下から今の家《うち》へ戻るばー（ほど）、二百メートルばー担わんといかざった。

藪があって、こまい道がざらりぃっと（ずーっと続く）坂道を通って、家の方へ戻るがぢゃ。あの坂でも、えらい（元気な）けん、ゴンゴン、ゴンゴン（勢いよく）汲み上げたがねえ。日に何回もやったねえ。お風呂沸かすいうたら、日だけて（日が高くなって）やったらはんやく（長い時間）かかるぞね。お風呂のが（風呂水）、飲むが（飲料水）に汲み上げたら、うろうろしよったら半日かかるぞね。

わたしら日だけるまで寝よるかえ。とー（早朝）から起きてご飯も焚きつける。朝起きてご飯仕掛けて炊いちょいて、ご飯が炊きよるあい（間）にゃ水汲みに走らにゃいかん。ご飯蒸せるあいに水でも一《いっ》荷《か》（天秤棒で担って）汲んで来ようか思うたち、冬はまだ暗いけん藪がさぶしい（寂しい）。うちでごそごそ他のことをしよって、それから汲みに行たことも何べんもあるよ。その頃には、辺りもみな水汲に行たね。

▲昔のたご

・女の子も手伝いたんご

うちらのたご（把手のついた水汲桶）は、こればー太いたごよ。太いがにいっぱいに水入れて、まだソーケ（笊）をよこし（横）に付けたり、バケツを付けたり、ぬし（自分）もなにかに（あれこれ）提げたり。

女の子は家事の手伝いぢゃ。こまい時からしつけて来ちょったけん、水汲みもした。子の大きさに合わせたたんご（たこ）をこさえちょった。こんまい子にも担える、こんまいたんご、も作っちょった。

お腹のおーけな時は、水汲んでもんて来るに坂でつかえて上がりにくかったぜ。坂、坂。うちら下の三軒分上がらにゃいかんけんね、まあよう（よくも）あこ（あそこ）におったこと。風呂水まで汲み上げんといかざったけんねえ。

『三男さん』桶や樽を作るに向いちょるが（の）が杉。(28) 杉は竹のように木が育って目が粗いけん、斧でパンと割れて板が取れる。鵜ノ江の子が中村の紺屋町の桶屋に弟子に入って桶を作りよったけんど、はや（すでに。もう）ブリキのバケツができて桶はじわーっと（じわじわ）ひたって（すたって）いった。

▲山から澄んだ水がどんどん流れ来る池

・冬には「突き出し」

水量の減る冬には「突き出し」いうて、たごがだっぽり（たっぷり）水に浸かる沖まで道を出して、その道を歩きよいように石で固めちょった。雪の降っちょる時はひよーはあるし、泣き出したいことが何べんもあった。

おばあさん、お父さん（姑舅）がこっち（隠居屋）へ来ちょってその世話にここへ来ちょったら、ここは竹樋で山から水がどんどん来よるけん、「隠居屋がえー」言うて何もかも置いちょってここへ来たが。元の家は、まだ今でも上等よ。柱の太いがを建てて蚕飼うたけんねえ。

④ふといことの水はえちゃーわりい

▲特別高いところにあった広くて大きな旧居

ふといことの水（大洪水）はえちゃーわりい（非常にたいへん）。けんど、向こうの家（旧居）は水が出だしたら（洪水時には）あんきな（気楽な）もんぢゃった。特別高いとこで絶対に浸からんけんね。村中の人が集まってもえーくらい広い家で、大水の時に浸からんかった三軒の一軒ぢゃった。いっぺんおーけな舟を戸柱へ繋いだことがあるのう。あれが一番ふとかった。皆が家へ来て寝起きした。けんど、平生はわりー（よくない）。

3　何もかにも川へ洗いに行た

①暑いあいはおおかた川におった

なにもかにも川へ洗いに行《い》たが。うちで洗うがは汚いろー（だろう）。川へふといこと（たくさん）抱えて行て、洗濯もせんといかん。揉み板（洗濯板）持って行ちょって、石鹸つけてダンダン、ダンダン（どんどん）洗うて、かまん（差し支えない）時は、川原へ干しちょってね、晩取りに行た。お風呂もそんなに沸かせられんけん、ぬくい時は谷《たね》で洗いをして、水汲みして一荷《いっか》ににのーちゃ（天秤棒で担っては）もんて来た。

そうやって洗うたり汲んだりする、やっぱし（いつも）水のきれーなとこをたねご（谷）というた。谷の水が流れよるとこよ。勝間川が四万十川へつかしこんぢょる（流れ込んでいる）、合わし（合流し）ちょるとこぢゃね。谷の水の流れよる辺りで、洗いをして体も洗うた。夏場は川ぃ汲みに行たついでに裸になって洗う。川で洗うて戻るがよ。うちにもんたら水を使わにゃいかん。汲みよる水はぢき（すぐ）ないようになりますろー。きれーに洗おうと思やー（思えば）、夏も暑いあいはおおかた川におったがよ。

『竹治翁』昔は、洗濯物は川ぃ持って行て石の上で叩きつけたり手でこすったりして洗うと。子どもの時から固い黄な色の蠟燭の蠟でできた石鹸があっと。ない人は糠袋よ。洗濯板を使うようになったがは、大正時代も遅うなってぢゃ。

②雨水とさだち

夏は雨でも降ってきたら、それを風呂へ入れるが。樋へだんついて（どんどん）落ちよるけん、それを取って風呂へ入れるがよ。（瓦も洗われて）きれーなことぢゃけんねえ。大きなさだち（にわか雨。夕立）が来たら、ダンダン、ダンダン取って、あらいあけ（食器洗いと片づけ）には上等ぢゃけん。けんど、さだちも今頃は来んね。

『三男さん』大雨の時は雨水《あま》も取った。瓦や桶がしばらく洗えてきれいになった水を桶に取り、風呂水にも飲み水にもした。「あらいあげ」いうたら、「洗い分ける」いうことよ。ご飯を食べて汚れたものを洗い落してきれいにしたものを分けていくわけよ。

③川水、清水

勝間川の水も汲んで飲んだけんど、日照りで雨降らんようになったら干上がったけんね。大川のがは、清水の湧き出るとこがあったけん、そこを掘って水を汲んだがよ。けんど、その水でご飯を炊いたらすえ（食物が腐敗し）やすかったね。

『三男さん』川端には伏流水が湧きよるとこがあらーえ。飲むにはえーけんどのう。ご飯炊いたらすえるろーか。

4　山の水引いたら鳥の糞の苦労

山から水を取りよる人らは勝間にはめっそ（あまり）なかったね。獣医の植田さんとこぢゃ、大きなタンク据えて水が越しよった。小学校はタンク据えて水を上げよる。学校の辺りの人は皆その水を貰いよる。昔もやっぱしタンク据えちょって何とかして川の水を取ったがぢゃろー。

今りゃ山から水を引いて、ぢーちゃんも池を造っちょる。池へはドンドン、ドンドン水が入りよる。

余るもんねえ。

向こう（旧居）の中山は低い山ぢゃったけんど、大雨の時には水の出るとこがあって、そこから水を引くこともしとー。昔は、竹より他には水を運ぶもんがなかった。水元（水源）からずーっと割り竹の樋を引いて水を取ったがぢゃけんど、鳥の糞もだいぶ飲んど（だ）。

昔は鳥がよーけおったけん、ヒヨ、ツグミ、メジロらーが樋の水を飲みに来て、いなり（そのまま）糞をひり（脱糞し）掛けて濁る。そんで、受け元（山の水の受け口）まできれいにすり（棕櫚《しゅろ》製たわし）ですりこかし（落とし）てもんたら、また鳥が糞をひり掛けて濁る。また受け元まですりこかしに行く。

わたしゃ日に三回も、遠い、寂しい受け元まで、すりを持って小道を通って掃除に行ったこともあるがよ。どひたち（とても）ことーた（こたえた。疲れた）。

けんど、夜通し水が来るけん水汲みより楽ぢゃったね。竹樋はわしとこで終いぢゃったけん、他人の取った後のが（水）を使わんといかんけん、水のよけ来ん年もあった。


『三男さん』孟宗竹を半分に割った割り樋の筧《かけひ》で水を取れる。節を抜いた丸樋にしたら糞も来ん、枯れ草も入らんけんど、なかなかやく（手間）が掛かる。節抜きで中の節もきれいに抜かんといかん。節抜きは股になっちょって、広いとこでは広がって、せばい（狭い）とこでは縮こまって抜けていく道具ぜ。けんど、その節を抜いた竹をつなぐが（の）は、太さもなかなか合わんけんのう。

5　夜なべの苦労

水汲みに行かにゃいかん。ご飯を食べてからあらいあけして、おしめ洗うて干したり何だりしよって、水を二、三回汲んだら、はや昼になるぜ。そんげ（そのように）しよったら、おぢーさん（舅）が「仕事に行かんといかん」言うて。

①骨の折れたこと話にならん

まあ、骨の折れたこと話にならんぜ、わたしたち。いのう（帰ろう）か思うた。別れて出ようかしら、こんなとこへや（は）おったら命はないよ、と。

夜は夜で九時から十時になってから米をだいがらで踏まにゃいかん。米を足でドンドン、ドンドン搗く。麦を搗かにゃいかん。こんどりゃ（今度は。次は）、キビ（トウモロコシ）まで踏まにゃいかんのう。

キビはしばらく日の当たるとこへ干しちょいて、散らんようにみしろ（莚《むしろ》）立て掛けちょいてきれーに叩きよったら、実が落ちる。落ちたが（実）をこんどりゃドンドン搗かにゃいかん。米搗くと一緒よ。

麦を踏まにゃいかん、米はやっぱし踏みよらにゃいかん。家内がふとい（多い）けん。

『三男さん』手で搗くがはだれる（疲れる）けん、だいがらで足で踏みよった。そのだいがらもないよん（ように）なった。

キビは、なかなか剝げんけん、えちゃーわりい（手間がかかっていけない）。しばらくかからーえ。ぬくもってきたら剝げ出す。けんど、キビ飯はうもうない。

▲ダスを編むコマセ［熊野市歴史民俗資料館蔵］

②寝るとこはよけない

そんげして、寝るとこ（時間）はよけないけんのう。夜も子を寝さし（寝かせ）て、まだ夜なべをせにゃいかんがぜ。姑さんがダス（茅製の炭俵）を編みゃ（編めば）、小《こ》縄《な》（ダスを綯《な》う縄）でも綯わにゃ寝られまい。

子ども寝らし（寝かせ）よったら、だれ（疲れ）ちょるけんぢきについて寝る。そんでも、ばあさんが土間でごとら、ごとら（ごとごと）ダス編みしよら、起きにゃおれんろー。まあ、どひたち（なんとしても。とても）難儀した。

『竹治翁』ダスはコマセ（編み台）をこさえ（こしらえ）て、座って編むようになっちょった。ダスは編んで、縄はのーた（綯った）がよ。ダス縄というこんまい縄をのーてダスを編んど。昼に仕事しよる人はみな夜なべでのーた。ダス編む人は土間で編んど。冬はひやかったぜ。昔の人は骨折っちょるぜ。

『三男さん』広田のおばーが、ひとりごと言うてコマセでダス編みよったんのう。[29]

「寝るとこ」いうたら、寝る時間よ。寝る間がないわけよ。昔の人は、子どもの針仕事もせにゃならん。

あの子はボタン付けちゃらんといかん。この子はズボンのけつを裂いちょるけん、ほころびを縫うちゃらんといかん。全部自分の体を動かさにゃいかん。なんだりかんだり（なんだかんだ）しよるあいにいつしか十二時になっちょる。床へ入っていっときうとうとしたら夜が明けちょる。三時ごろには一番鶏が鳴くけんのう。寝れるかえ（寝ておれるか）。

③おかの間つーとこへ寝よった

南向きの表の方はおぢーさん、おばあさんが寝るけん、うちらは次の間《ま》へ、かまん（差し支えない）山手のおかの間（家族が平素寝起きする部屋）つーとこへ寝よった。上がりくち（出入り口）はたった畳三枚敷ばーの三畳の間もあったのう。こんまい部屋ぢゃったけん、勉強もしたり子どもらの遊び場ぢゃね。小《こ》縁側があって、大縁側がついちょる。大縁側のひら（側）は表のひらに入る。小縁側のひらは三畳の間に入っておかの間、わたしらの寝るとこへ入る。奥は上下に何かに入れる棚がうんと付いちょるけんね。おかの奥つーとこは普通使わん。座敷いうた。

表の人らは皆おかの間を通って行かーね（行くよ）。家ぢゃけん、どこを通っても表へ入るけん。そんなにして寝た。

『三男さん』家は田の字型で、床のあるとこが表（客間）。その反対側が奥座。山手側よ。おかの間は奥の間で、家族が寝起きするとこよ。座敷は常時畳を敷いちょる。昔は畳を敷かん板の間があったけんのう。床が高いけん、冬は板の隙間から風が吹き上げてひやかっとーえ。

・子を産むがはやっぱし山のひら、おかぢゃのう

子を産むがはやっぱしおかぢゃのう。おかいうたら山のひら（山側）にならーね。ずっとおかの方は、そんげ（そのように）戸を何べんも開けにゃ人が見れんとこぢゃけんのう。おかの間と奥の間とはおんなじ（同じ）ひらよ。日の方（日の照る側。表）ぢゃ産めるかえ。

日の当たる時に、洗うたものや布団を干さにゃいかん。戸口から裏の方へ、日当たりがえー時に布団ぢゃち（でも）敷布団ぢゃちみな出して干さにゃいかん。めっそ前の方ぃは干すもんぢゃないけん。うちは石かけ（石垣）がうんとおかまでいちょるけん、干しやすかった。

・風の吹く部屋で寝る

暑うなったら、おばあさんらは二階へ行て寝た。二階に行たら風が吹くけん涼しぃ。蚊帳でも釣っちょったら風が入りよるけんね。あこぃもおばあさんらは寝た。わたしらは、その二階の下にも行て寝た。家が広いとこぢゃけんね。

6　山田の難儀

①ほせてまーって、打ってまーって

一番の苦労は仕事ぢゃねえ。ほせてまーって（日に干されて長いこと仕事して）、打ってまーって（あちこち畑を耕して）。道路回るに昔は裸足で痛うて、道のよこし（横）の草の上を踏んでまーったりして（いつも踏んで歩いて）。

▲日よけ［三原村教育委員会蔵］

おお、風邪引いて寝たいよと思うた。二日ばー風邪引いて寝たいよと思うたち、その時はひとつも風邪引かん。今は何べんも風邪引く。そればー弱っちょるが。


『三男さん』物は干す。人はほせる。日に当たって歩くことを「ほせて行く」と言わーえ。女の人はかがんで畑仕事するけん、日よけを背中にかるーちょった（背負っていた）。

　年寄りが「こんな日にほせてまーりよったら思うぞ」と言いよった。「裸足でほせてまーちゃいかん」と。昔はほとんど裸足ぢゃったけん痛かろーのう、石のまいた（いっぱいある）道の道端の草の上を歩いた。

　えらいもんよのう。人を当てにするという気持ちがあったら、昔はつとまらんけんねえ。どうしてもわしがやらにゃいかん、勝手がわかっちょる自分がやらにゃいかんという気持ちがあったがぢゃけん。他人にさしたら長い時間かかって、はかどっていかん（はかどらない）。

　昔のおなごの人はまこと辛かっつろー。子の守はせんといかん。煮炊き、洗濯、何もかもせにゃいかんが。奴隷よりえらい（たいへんな）。たまるか（たいへんだ。たいへんさに驚く）。今ぢゃったら逃げておらんようにならーえ（なるよ）。

②えらい山田ぢゃった

水汲みも苦労ぢゃったけんど、昔はうんと山田を作っててね、ずるいもん（容易な仕事）ぢゃなかった。昔は谷間はすべて田んぼぢゃった。

「田んぼがふといことあるがを知っちょったら、どうしてここへ嫁に来るもんで」と言うたことよ。知らんけんこそ。山田はづつなかった（苦しかった。辛かった）。まあ難儀したねえ。

『竹治翁』山田には一番苦労した。昔は、谷《たね》はほとんど田んぼぢゃった。山のはた（そば）まで四、五百メートルあったけん、肥料もみな肩で担い上げ、担い下ろして苦労しとー。山田というもんは、とても収入のあるもんぢゃないけんね。米が実ったら猪が来て食う。そんで（それで）仕事が何倍もかかるけん。はた（傍《はた》。田に接する山の草木）を刈らにゃいかん。山田の陰にならんように、周りのしづえ（木の下陰）になる雑木を刈りあけした（刈り取った）。人を雇うてその雑木らーをきれいに刈りはぐがを「刈りあけ」とも「刈りやけ」ともいうた。畔の草を刈って畔の真ん中へずーっと置いていく「刈り寄せ」もせんといかん。わしんくらは、山田があり過ぎと。五、六反あったけんね。

『三男さん』「来るもんで」は、来るものか。田んぼや山田がそろ（それ）ほどあることを知っちょったら、えらい（酷い）労働をせにゃいかんけん、嫁に来るものかということよ。わしもここへ子に来て、来る日も来る日も、朝ご飯たべたら鎌を砥いで刈り寄せに行とーえ。当時は皆牛を飼いよったけん、刈りやいこ（競い合って刈る）、採りやいこぢゃけん。焼野という草刈り場へは他人に朝露を踏まさんように行たが。

▲刈りあけした山裾と田

③ざまな重たい鉄《かね》の稲こく機械をかいた

あの稲こく時分には、稲こく器械（脱穀機）も、おーけな二人ごきの（二人で足踏みする）ざまな（すごく大きな）重たい鉄《かね》の稲こく器械を舅が買うちょる。それを、ぢーちゃんと山田へかいて（担いで）行かんといかざった。

ゴーン、ゴーン、ゴーンと二人で踏んでこく、足踏みのが（もの）があった。それをおーけなお腹して、ひとんく（他家）の、ひとや（人家）のはた（そば）を通って山田へかき上げるがぢゃけん。この前をずーっと上がって、勝間川へ行くとこの別れの道を左へずーっと上がって行て、ひとやのそら（上方。高いところ）ぢゃけんど、なかなか（随分）上がって行かんといかん。そこからみな、だらだら、だらだら坂ばっかり。えちゃーわりい（たいへんだ。容易ではない）ぞ。山田へ行き着くまでそれをかるーて（背負って）、ちゃんと（しっかり）そのはた（はし。ここでは前）をかいちょる（担いでいる）けんど、ずる

▲稲こく器械（足踏み脱穀機）［三原村教育委員会蔵］

いもんかえ（並大抵ではない苦労よ[30]）。

『竹治翁』わしは担いあげるにごたおしぢゃった（無理がきいた）。担うにえらかった（強かった）が。肩を使うてにのーて高いとこへ担い込まんといからった（いけなかった）。あちらのあの屋地（元の母屋）は高かったけん、家内らも骨を折っと。

『三男さん』サシアイというもんでかいたね。男は肩ぃ荷瘤《にこぶ》というものが出来にゃいかざったね。「ごたおし」はごり押しに通じ、無理ができること。やけくそになって担い上げたがぢゃね。

　オークは前後にツク（突起。縄止めの木釘）が付いちょるが、サシアイはギボス（小さい突起）が付いちょらな（付いてない）。重いものを二人で担ぐには六尺（一・八メートル）のサシアイという樫の棒で担いだ。どんな重たいもんでもかける（担げる）けんねえ。オークもサシアイも自分の体におうた、担ぎよい長さに作った。

　サシアイは、ほとんど夫婦でかいて前に女房がおった。女房にあんまり荷がいかんように女房ははた（はしっこ。前の軽いところ）でかいて、男はにき（中心に近い後ろ）でかいた。そんで、わかいしは山からもんたり仕事場からもんたりしたら、集会所へ集まって力石をかつぎあいこ（かつぐ競争）した。今考えたら、あの丸石は鎌倉時代の墓石ぢゃったのう。

男が後ろで重い方をかいて行くと、軽い前をかく女の人はちゅうちゅう（ふらふら）するぜ。「ちゃんと」はしっかり。肩へ、何寸も違わん同じとこへ、樫のサシアイをしっかり載せてかきよっても、あっち行きこっち行きする。後ろから「こらー。ちゅうちゅうすな（するな）」とおごらーえ（叱るよ）。「そんげなことを言うたち」と言い返す。誰がかいても軽すぎたらちゅうちゅうするけん、もちいと（も少し）女の肩へ荷をかるわせちゃったら（重さのかかるように後ろよりに担がせてやったら）、ちゅうちゅうせんようになるけんどね。女は前で支えちょるようなもんぢゃ。

おーけな（大型の）発動機をかいたり、どうしてもこの石を除けにゃあいかん時には、二本の六尺のサシアイを十文字に交差さし（させ）て四人でかいたりしとーえ。

④山田の坂道を重たい機械をかき上げてことーて

山田へ行く道や（は）坂ぢゃけんのう。重たい器械をかき上げてずーっと行てことーて（疲れて）、わたしが「もう休まんといかん、どこぞで休もう」言うても、「下ろしたら、また持ち上げんといかんぢゃろ」言うて。また持ち上げるが（の）が大変ながよ。けんど、ぢーちゃん一人ぢゃこたうかえ（担げるものか）。あればー（ほど）おーけなもん。二人でもかけん（担げない）わえ。おぢーさん（舅）らおるけんど、ことにゃならなーえ（役に立たんよ）。

昔の親はえらかった（厳しかった）けんねえ。今のようにゃない。「あれ難儀しよるけん、かいて（担いで）行ちゃろーか」つーことはないけんね。まあ、難儀した。

あの、山田へかき上げて難儀した二人ごきの鉄の重たい器械も、誰かにあげつろー。何もかにも（あれもこれも）よーけ作ったけん、道具が何もかにもあったけんど、勝間川（奥の集落）の人にあげたにかーらん（ようだ）。

⑤ちりちりばった山田の難儀

谷間はすべて谷の水を利用した田んぼぢゃったけんねえ。うちみたいに方々にちりちりばって（散らばって）山田を持っちょるとこはあるかえ。うちが一番ぢゃった。先祖が拓いたがで、昭和十年ごろから戦中も山田へ行きよって、戦後もいっとき行《い》つろー。まあ難儀したぜ、あこは。今りゃ杉が植わっちょら（植えられている）。わたしが来るまでは、上へ上がって焼け野の方にもしよった（山田を耕作していた）言う。あんな田んぼ作って。

今りゃ、ぬし（自分）ら食べるばー（だけ）よ。あたり（家の近く）で広いとこばー作りよるけんね。

『三男さん』散り散りにあったら、こりゃ（これは）ずるー（容易な仕事で）ない。なんぶか（どれほどか）嫌ぢゃっつろー。そうぢゃっつろー（そうだっただろう）。おらが嫁に行た女ぢゃったち、逃げてもんて来る。ほんまに辛いぜ。もうすんだか思うたら、向うの山を越えて谷を越えて山田ぃ行かにゃならん。それを思うたらうんざり。あこらはあんまり平地がないけんね。

⑥ふといこと苗をにのーて大水の谷を渡る

川の奥に地を持っちょった。勝間川に行く方の道の方も谷《たね》から沖（四万十川に面した所）にも作りよった。

お宮さんの下、向こうの橋の元から上がったとこへ山田があって、そこへ苗をにのーて（天秤棒で担って）谷を渡らにゃいかん。あれは難儀した。雨が降って大水になったら、わたしら苗を採って、籠にふといこと苗をにのーて向こうひら（側）の谷に行く。ずるーなかったぜ。

いよいよ弱い者ぢゃったら、苗を籠に積んでにのーて谷をよう渡らんねぇ。あこは雨が降ったらぢきにえらい水（激流）になって渡れんとこぢゃ。苗を一荷にのーてここらへんの、腰まで水が来るとこを渡って行《い》て、苗を植えてまーって（あちこち田植えして）。

谷を渡るにみんなが「転ぶな」言うて。苗を流してしまうけんね。山田の雨の降る時、ふとい（たくさんの）苗にのーて谷の向こうへ渡らにゃいかん。ことーた（こたえた。疲れた）ぜ。

今りゃ、あんなことして作れ言うたち、貰い手があるか。今そこは、木ん（植林に）なってしもーちょる。あこも山になった。山にしたたね。せわーない（造作ない。かんたんだ）。何もかにも骨折れた、折れた。たまらんばー（ひどく。耐えられないほど）やったけん、もうこたえた（心身ともに参った）。

『三男さん』おっと、ふとい苗にのーて大水の谷の向こうへ渡らにゃいかんいうたら、命がけよね。人間、臍《へそ》が浸かったら浮くけんねえ。川の中へ手草《てぐさ》（手でつかまる草）でもないと通れるかえ。ほんまにことーた（骨が折れた）ぜ。「たまらんばー」いうたら、することに果てしがない、終わりがないことぢゃけん、なんともやり切れんほど。

昔は、「ひとのんく（他家）の冷や板を踏まさにゃいかん」言うた。苦労さすということよね。それで、手洗川の十八、九の子が耐えぬけたわけよ。[31]

注・柳田国男『妹の力』妹の力・凡人の戒律
ある種のまじなひには女を頼まねばならぬものがあった。年々の行事で最も著しいものは田植である。昔の人の推理法は興味がある。女は生産の力のある者だから、大切な生産の行為は女に頼むがよいと云う趣意であった。

⑦山田の水の苦労

さお（沢田）はかまんが（問題ないよ）。水がひとりでに（自然に）出てじる田んぼ（湿田）ぢゃけん。段々、段々のじるい田が十二かしらん（とか）あったがよ。それは、じるいというたち（尋常ではないぬかるみ）。稲刈ったち、はた（はしっこ。畔）の方へ置けるとこは置いて、じる田の中にも置かにゃ（置かなくては）いかん。きれーな稲に泥もついたり、づつなかった（辛かった）。取ってもんて来て、うちの前の川原に広げて干したりしたね。

『三男さん』さおは最初に谷の水を受けるところ。いつもかつも（年中）じる田になっちょる。流れ込んだ水が溜まってじるーなっちょる（ぬかるんでいる）とこが、じる田んぼ。はたいうたら畔よね。

そのさおの水をひて（捨て）てかおかし（乾かし）てやったらこたーない（大したことはない）けんど、こんどりゃ（次に）その水を溜めることが至難の業でね、ひてられんわけよ。

じる田の中へ入って耕さにゃいかん。女の人ら腰巻も着物も膝までまくり上げて、腰から下は泥だらけになってミツマタ（三股鍬）で耕して、その泥を足で崩してこぶって（こねて）とろとろにするわけよね。

左へ向こうが右へ向こうが仕事が待ち構えちょる。これがすんだら飯を炊かにゃいかん、子のおむつをかえにゃいかん、洗濯もせにゃいかん。これで一段落、一休みということはない。おなごは楽することは一切ない。夜も寝られりゃせんぜ。ほんぢゃけんど（それでも）、そんなに使われておなごは長生きしたぞ。ほんまに。

米子ねーは日本の女の代表ぢゃのう。NHKドラマのおしんの母親もひやい水ん中へ座っておったが、物のない時代はあろばー（あれほど）女が苦労しなきゃならん。実際自分がいごか（動か）ざったら、その生活が成り立ってゆかざったがぢゃけん。今の世の中とは全然違うけんのう。

人は古いことを知っちょかざったらいかん。

⑧山田を拓いた先祖の苦労

昔は、谷はほとんど田んぼぢゃった。谷の水を利用した山田ぢゃった。えらい（骨の折れる）山田ぢゃ。昔の人はえらいぜ。山の谷間をなんぼ（何枚。何段）にも切って土と石を分けて、その石を出しちゃー（掘り出しては）つき上げ（積み重ねて）て石垣にして、土は作り土（耕作土）にしとー。先祖が自分でやったつーが（拓いたということだよ）。えらい（すごい）田んぼを拓いて、山の間に一反切れ（一枚一アールの山田）を拓いちょったけんね。みな手でやらんといかん、肩でやらんといかん。えらいしかけ（すごい仕事を引き受けてやったこと）よ。

『竹治翁』山田は山のひらみ（傾斜面）に拓く。おーけなだば（山腹の平地）のあるとこでないといかん。

まず、どっから水を取るか見る。そして、谷間の土と石を分けて石を石垣にし、土を作り土にしとー。昔の人はえらいねえ。みな手と肩でやったがぢゃけん。

わしんくは雑田《ざつでん》（大小さまざまな田んぼ）がうんとあった。えーとこばっかりぢゃなかったけん、作るに骨の折れる田んぼがよけ（ようけ。たくさん）あっと。

『三男さん』雑田とは、小切れの田が多いわけよ。

おっと、一反切れいうたら三百坪よね。それだけの田んぼを拓くいうたらなかなかたいへんよ。それへ作り泥というもんを、三十センチなら三十センチの厚みでずーっと均《なら》さにゃいかんけんねえ。それくらいの土をどっかから持って来るいうたら、一年ぐらいかかるぜのう。

腹が減るけんねえ、はったいこ（麦を煎って挽いた粉）を食うてやりよったが、たごったら（むせて咳をしたら）煙になって出てしまうけん、麦の粉は飲み込むまで当てにならん。

隠し田いうて山の中にこんまい（小さい）田んぼを造って、自分たちの食いぶちを作りよった。中には稲数株の座布団ばーの田もあった。それを、警察が来て米を隠していないかと引っ張り出す。

そういう生活をしながら田んぼを造ってきちょるけん、昔の人は田んぼをうんと大切にしちょる。米子ねーの暮らしは苦労のどん底よ。みんながそれぢゃったけんねえ。わしが養子に来た時分はこの下の山は田んぼで、土地のない人はそれを借って作りよった。そうせにゃ生きて行けん世の中ぢゃったけんのう。

土地のあるとこへ養子や嫁に行たら、「えらい財産家へ行たねや（なあ）。えらいもんぢゃねや」と評判になった。わしも評判になっつろーか。米子ねーもそうよ。骨は折れるけんどのう。

⑨山田の水の難儀—池の栓を抜くがはさぶしゅうて怖かった

ため池もこさえてぢゃんと（たしかなものに。十分に）しちょった。山からちーとは（少しは）ひやい水は出よるけんど、やっぱし上から降ってくるが（雨）を溜めるようにしちょった。上ひら（側）の池と下ひらの池で溜まるように、山田のあい（間）に二つほどの池を造っちょった。

それで、田んぼが割れだしたら、割れるまでに下の池の栓を抜いて一切れ（一区画）やって溜まると、こ（時間）を待ちよらんといかんわけよ。一切れ溜まったら止めちょいて、それからまた、一切れのがを入れて、下のが（下の区画）ぃ溜めるようにして水をやった。おーけな二切れ、こまい二切れと、四切れほどあったがね。

わしら「一人で行け」言われたら、昼間でも気持ちがようなかったね。おーけな池が上下に二つあってね、下の池がひっついたら（干上がったら）上の池の栓を抜いて下の池へ落とさんといかざった。一人でそこへ行ってうつむいてしゃがんで、池の栓を抜くがはさぶしゅうて怖かったぜ。

池の端へ山桃の木があって枝が池へ延びちょった。池へ差しかかっちょるとこで、代掻《しろかき》らが上がって山桃の実を食いよって、一人枝ごと落ちて死んだことがあった。水の色が青づいちょったけんねえ。

『三男さん』池が深かったものよ。溺れたか頭を岩の上へでもつかし（つき当て）たものよ。死んだらそのまま、「そりゃあえらい災難ぢゃったのう」と言うて埋めるけんねえ。今でこそ警察が来て調べるけんど。

・鰻は大雨や大時化に上がって来る

池には太い魚を飼うちょった。鰻も入って太いがおった。入ったがよ。鰻は大雨や大時化のとき、土手の草へおばち（尾）をもくう（巻きつけ）て上がって来るもんぢゃと。

⑩若い時ぢゃけんできたがよ

昔はみな、手でやらんといかん、肩でやらんといかんけん、もり地（維持すべき多くの耕作地）持っちょる者は骨が折れたのう。

この勝間川でも川の奥へ行く方にも田んぼがあってのう。そこで作って、担い上げて道路へ出す。そこから車へ積んで取って来て、家の下へどっさり置いちょっと。それをごしらごしら（ごとごと）おーけな坂（荷車でも通れる広さの坂をいう）を担い上げて、あればー難儀なことはなかった。ひとのく（他家）の三倍上がらんといかんけんね。そうしたことも若い時ぢゃけんできたがよ。

『三男さん』方々へ散り散りにあってまとまっちょらんがは、なんぼか辛かっつろー。

「ごしらごしら」とは、一寸せぐりというがよ。一寸いうたら三センチ。少しづつせぐって（重い荷物を何度にも分けて）上がって行く。

若い時の気持ちと年取ってからの気持ちとは違うけんねえ。若い折はパーっとやりたいけんね。これを今日終いつけんといかんと思うて、二つも三つもかたごー（担ごう）とする。いつしか気がなごうなっちょる。わしゃ木を伐ってもごとりごとり（ゆっくり）ちーとんつ（少しずつ）かたいで（担いで）来る。

それで、いつの間にかいっぱいになるけんのう。

7 田んぼの苦労

①ちりぢりばらばらで村中回らんといかん

じーちゃん（翁）はぎっちり（いつも。根をつめて）猟をしよる人ぢゃけん、おおかたわたし一人でやりよることもあったねえ。骨が折れた。ふといこと（たくさん）田んぼも作りよるし、一人ぢゃ骨が折れた。ふといことの田んぼで、全部で一町ばー作りよった。おおごと（たいへん）よ[32]。

人も雇うてやったけんども、勝間川の上流に行くとこにもある、ちりぢりばらばらで村中回らんといかんばーあって、ふとい（たいへんな）苦労した。あんなことしたがに（ので）、余分に骨が折れて。

②くろ刈《が》り、はた刈り、刈り寄せ

それ作るには、段々の田んぼのくろ刈り（周囲の雑木、雑草の刈り取り）をせにゃいかん。はた（傍。畔）のこまい、やおい芽立ちを刈って下へ転ばして、田んぼへかしき（緑肥。元肥）に入れて踏まにゃ（足で踏み込まないと）いかん。

刈った後、十日ばーしたらこんまい芽を吹いてくるけん、こんどりゃその小草のはた刈りせんといかん。はたへ草が生えるけん刈らんといかん。刈ったら、そのまま田へ入れるが。広いはた刈りするに、日役《ひやく》する（日当契約の）人を雇わんといかざった。

それからしば（木の葉。木の葉のついている小枝）のめぐみ（芽）も刈って田んぼへかしきに入れらー（元肥えに田へ埋め込むよ）。

『三男さん』田んぼの草は全部肥料にしちょらーのう。

「くろ刈り」は一年中手を入れちょらん畔《あぜ》へ初めて手を入れること。くろ刈りして十日ばーしたら生えるがを刈るが（の）が、「はた刈り」ぢゃ。植えちょるもんの近くを刈ることぢゃけん（だから）、畔があれば「畔刈り」。田の陰になる周囲の草木を刈る「刈り寄せ」もはた刈に入る。それを「しづえ（木の下陰）刈り」ともいう。樹木の陰が田畑に掛らんようにするがぢゃけん、刈る権利は田んぼの所有者にある。

しばのめぐみはかしきにしとー。若芽を刈って十キロ、二十キロの束にするけんね。その二つにサス（両端がとがった担い棒）を突っ込んで前後ろにかたい（担い）で来て、田んぼの傍で食《は》み切り（飼い葉切り）で五寸かそこらに切って、田んぼの中に撒いて入れて肥料にするわけよ。かしきということばも懐かしいのう。食み切りは刃渡り一尺二、三寸（三十五センチ程度）で、小さいがはその半分ばー（ほど）。

田植えして田んぼに生える草は、草取りして一握りばーづつ田んぼの泥の中へ埋め込む。そこへ生えちよったものは一切、田んぼの泥の中へ練り込む。それを「かしき踏み」言《ゆ》わーえ。稲の穂が出るまではだんだんと（さまざまに）全部肥料にしていく。

③あの田んぼにゃ、ほんまにことーた

手も何も、もう茅びれして（茅の葉で切って）ね。手袋もはけん（つけない）でいなり（そのまま。素手で持って）刈るけん。茅を持って、ぢゃんと（十分に。しっかり）持っちょらざったらぢきに手が切れて、やっぱし血が出よるが。

あの田んぼにゃ、ほんまにことーた（疲れた。心身ともに参った）ね。今りゃ、あんなとこへ行き手（耕作に行く者）はないが。今りゃ、なろ（平坦なところ）のえーとこばー（良い田だけ）作って、機械でやりよるけん楽なが。

機械はなんぼ（いくつ）も買わんといかんけん、子どもらは、なんぼ通りも機械を買うてやりよる。なんちゃー（なんにも）世話のないように買うてやりよるが。えーとこばっかり作って。昔、あないな（あんな）苦労をしたとこは木を植えてしもーてねえ。あんなことをしたがに（ので）、ことーたこと。

8　隠居屋に移り住む

①ここはさぶしい一軒家

ここはへや（隠居屋）いうて親らがおった。ばあちゃん（姑）が七十七歳でここで死んだ時は、ここはさぶしい（寂しい）一軒家ぢゃったね。戦前のことよね。周りに誰っちゃおらん一軒家。

その時、ここへ来ておったら母屋へいぬる（帰る）がが嫌になって、何もかにもほたくっちょって（放りっぱなしにして）いなりいなんづく（母屋へ帰らないまま居着いた）。

②あろばーほしいことなかった

母屋で骨折っつろー。あこへおったら四万十川から水汲まんといかん。飲んだり、風呂へ入れたり、洗うたりに水汲むいうたらはんやく（長い時間）かかるぜ。あれにことーたけんのう。何にもほたくっちょっていなり。今りゃ、おーけな家がわや（目茶苦茶）。あろばー（あれほど）ほしい（もったいない）

ことなかった。なんちゃ（何にも）取って来んづく（来ないまま）。
向こうの家は出て行くことは、下へ走りこけて（転ぶように）行くけんど、上へ上がる時は、おーけなお腹して、おーけなたんご（桶）に水を入れたら、前ぃ向かって上がるにお腹がつかえて（つっかえて）、一、二度は段々のないところは後ろ向いて上がり、段々ができると前ぃ向いて上がった。そればー難儀した。

向こうでも終いの方には竹の樋ができだしてからは、向こうの谷の家の田んぼのとこから水を取って、楽ないうたら（楽なことよ）。便所の下まで水取って、いよいよ楽ないうたら。隣のお婆が喜んで、「こればー楽なことはない。家の中へ水が来たようなねえ」言うて。お婆は下の段ぢゃけん、そこで汲んだらいいなり汲める。私はまたそこから一段運んだけんど。

まこと、ことーた。なし（なぜ）こんなぼろ家へ来たろーと思うた。こんなに骨折らんといかん。こんな所にはおれん、これでは死ぬる。もういのうとかかっちょった（心を決めていた）時もある。前（昔）は、ほんまに苦労した。今に起き足（起き上がる時の足）が痛うてようまーらん（歩きまわれない）が。

③今はぢーちゃんと仲間でやりよる

今はわかいし（若い衆。わが子）に植えてもろーて、刈ってもろーて、ここまでうだいて（抱いて）来てもらう。今はぢーちゃんと仲間でやりよる。二人が交代でよーよ（やっと）炊きよるばー（だけ）のこと。もうふらふらしてね、よう炊かんこともある。いつもかつも（いつもは）よう起きちょらんけん。

9　どんな目にもおうてよう今まで生きた

①ひび切れ、あか切れ、茅びれ

田の畔《あぜ》刈りをするには茅を切る。いなり（素手でそのまま）持って刈るがよ。茅を左手でぢゃんと（十分に。しっかり）持っちょらざったらいかん。だすーに（ゆるく）持っちょったらサッと切れるぜ。茅で手ばかり切る。

茅びれい（茅切れ。茅の葉で切った傷）。どこも茅で切るし、それからみな、あかぎれ。べったりひび、茅びれ。あらいあけ（食後の片づけ）いうたら、洗い、洗い、洗い、洗い。真っ赤《こ》うなって、腫れるほど。ひびぎれ、あかぎれ、茅びれ。

ひびは切れる。それにはワセリンをつけて。あれは油ぢゃけん、朝りゃまたちゃんと（きちんと）洗わんとしょたいい（台所仕事。炊事）ができん。しょたいがふとい（家族が多い）けんのう。あの時は、おごと（大仕事）しとー。

『三男さん』茅びれは茅ぎれもおなじ。茅びれがこうぜ（高じ）てあかぎれになるわけよ。

②木をこりよってシャッと切った人指し指

こりゃこりゃ（これこれ）ここら（人指し指を示す）もがねえ（たいへんな思い出話があるのよ）。

まだ嫁入り前の、十八ばーの時ぢゃけんど、朝、日だけに（日が高くなって）、八時か九時かに、木の枝伐りに行たがよ。木の上の長い枝を落とすが（の）に、柄鎌《えがま》で自分の左手の人指し指の先を切って、斜めに落とした身を慌てて引っ付けたち（ても）いかんちゃ（駄目よ）。血がザブザブ、ザブザブ出るろー。なんぶ（いくら）付けたち止まらんがや（のだ）けん。

晩まで山の畝でおった。もうべったりの血で、指がぼったり（すっかり）腫れて、煮豆炊きつけたみたいに（黒赤う）なっちょった。どんな目（いろんな辛い目。どんな苦労）にもおうて来とー。よう今まで生きたことよ。

ここの先がちょびっと（少し）かかっちょったら（引っかかって、残っていたら）かまんもんよ。一月ばーかかって、こんなに出てくる。ほんまにすばえ（小枝）ばーあったが（指先）がのぶ（伸びる）けんねえ。ちょっとここへ爪の角がほん（ほんの）びっと（ちょっと。少し）残っちょったが（の）が、ぬんで（伸びて）きたがねえ（のよ）。今いごき（動き）よるぜ。いごかしたらいごきよるぜ。

これにはことーた（参った）ぜ。こうして一月、手を吊っちょった。病気は地下《ぢげ》（在所。地元）にちょっと器用な人がおってね、その人に治療してもろーて治った。

痛いち（とて）なんち（なにしろ）、みな（指先すべて）切っちょるがや（のだ）もん。ザックザク、ザックザク血が出るがやけんね。怖いこと。

その時、手袋でも付けちょったらよかった。あんなことせんち（しなくても）かまんに（かまわないのに）。そればー（ぐらい）捨て置いたち（ても）かまざった（よかったの）に。いよいよことーた（参った）。

若いけん、ちょそんどなことをするけん。たまるか（たまらない。堪えられない。ひどい）、柄鎌へ指を半分持っていかれた（持っていかれた。切られるようにした）。ザクザク、ザクザク血が出るがぢゃけん（のだから）。

手袋はめ（付け）ちょったら、少々のもんを摑んでも手が荒れんけんねえ。軍手というもんができて、友だちと二人で一足買うて、二人で分けて木をこった（伐った）もんぢゃ。この奥へ行て、軍手を二人がかたひら（片方）づつ分けて、木の枝を持つ左手にはめたがよ。木を持つ方の手が痛いけんねえ。どんな目にもおうて来とう。よう今まで生きたことよ。

『竹治翁』ちょそんどいうたら、「粗末な」ということ。「大事にせん」ということ。「念を入れてやらん」ということよ。それを、「ちょそんどな」という。若い者は力があってえらい（強い）けん、少々痛いちこらえりゃ（我慢したら）すむことぢゃけん。

わしは怪我はあんまりせざったね。この指は竹をわき（割り）よってパンと二つに割れちょった。割れちょったがは引っ付く。

『三男さん』「どんな目にも」いうことは、いろいろとたいへんな目におうて来たということぢゃね。

昔は、怪我したら「泥で治せ」いうた。かおいた（乾いた）道の泥を傷口に塗ってむしい（握りしめ）ちょらえ（ていたよ）。そうしたら血が止まる。原始人ぢゃ。今ぢゃ、やけ（やけくそ）なようなのう。

【注】

(1) せんばは四万十川で輸送用に用いられた大きな帆を張る川船。主に木炭を川口の下田港に運び、帰りに中村市街でさまざまな品物を調達して上流に運んだ。帰り荷の儲けの方が大きかったという。以下、漁に使う川舟に対し、船と表記する。三男さんは全長十四、五メートルという。

(2) ○『田辺竹治翁聞書　四万十川　Ⅲムラに生きる』法政大学出版局（二〇〇七年）

二　山にはどんなもんでもあっと　・樹木の活用　昔はカタシ油

山茶花や椿の実を乾燥させると皮が割れて実が出る。その実を渋皮ごと搗いて蒸して棕櫚《しゅろ》の袋で包む。それを二枚の楔型の板（矢板）で挟んだまま、四角に刳り抜いた松の穴に突っ込む。ちょうどつつ（許容限度）いっぱいの状態の二枚の板を上から掛け矢（大型の木槌）で叩き込み、挟み付けると椿油が滴る。

(3) ・昔の人は、自然とともに生きてきて日和を知っちょって、日和で動きよった

ムラの年寄りらーは雲の行き方で日和を知っちょって、マチトトナイ（町での調達。買い出し）に行く。戻るに朝十時ごろから吹く東風に乗ったら帆で舞い上げるけん、楽なもんぢゃった。また、明日の仕事のかまえ（用意）ができる。曳《ひ》き縄《な》引いてもんて来たら晩になるけんねえ。

昔はみな舟ぢゃった。二里（八キロ）というところへ出て行くのがたいやく（大仕事）ぢゃった。ニモチカキモチいうて、荷物を担いで運ぶことが一番の重労働ぢゃったけんねえ。

三月の油東風《あぶらごち》いう東風が吹く時期がせんば乗りに一番えーわけよ。

「おー、今日は大東風《おおごち》が吹き出すぞ」。大東風いう東風のふといが（強風）が吹きだしたらなんともかんともならん（よそごとどころでない。何を捨てておいても東風を利用しないと余分な労力がいる）。

あんまりえらい（強い）東風には帆を絞る。「雲と一緒に風がふすぼって（黒くなって）来よる」。「え

らい風が来よるねや。とてもぢゃない（たいへん）、帆柱がもたんようになるけん、帆を半分にするか」言うた。帆の力で船が横になって傾いたまま押されたら、水を堰《せ》いて行くけん、水船（水浸し）になるが。それに、流れに向かって猛スピードで上ったら、そげに入る（どちらか一方に船が急カーブを切る）危険がある。そげに入ったらかやる（転覆する）けんねえ。

最近まで日和を見る人がおった。わかいしが「誰やらおぢ（若年層の者が中年の男性を呼ぶときの敬称）よ。明後日の日和はどうぢゃろのう」と聞くと、おぢは霧の流れ雲の流れを見て「どうも日和が落ちよら（落ちている）。明後日らし（ごろ。あたり）雨」と言うと完璧に当たった。

（4）・辛い目におうちょる

曳き縄が凍ったものよ。やっぱり北風が吹くと水に濡れた物はつららのようになってぢきに凍るけんね。昔は、棹から落ちる雫が凍るがぢゃけん（のだから）。元の直径がおおかた一〇センチばーの太いつららが軒下にはできよったけんね。なんせ川端が沖へ向いて二メートルばー凍っちょった。川端の石も凍っていご（動）かん。「ふとい風」は台風などの風で「大風《おおかぜ》」ともいう。

ひやいいうたち（寒いどころか）、痛いわえ。辛い目をして子どもらを育てて、おなご親がいちばん骨を折っつろーのう。男親はただ力を出して棹をさす。女は川原を北風に向かってせんばの曳き縄《な》を引く。ずるい（並大抵な）もんぢゃない。はよーいんだら（帰ったら）子どもらが待ちよる。それだけが楽しみでいによる。耳元ぢゃ北風がびゅうびゅう唸って聞こえる。昔の人は辛い目におうちょる。

船には乗らんかったが、わしく（俺のところ）の母親らも一緒ぢゃった。漁をしてとってきたゆお（鮎）を夜を徹して焼きよった。何十貫もとったゆおを整理する（焼く）いうたら朝までかかるけんのう。

・おーけな雪がボッタボッタ降ってきて

昔は雪が降ったけんのう。昭和十三、四年ごろから十七年ごろまではずーっと降ったのう。それからじーっと（次第に）ぬくうなってきた。わしらも脛までくる雪の中を草履履いて、着物着いて（着て）雪をこぶって（かき分けて）学校ぃ行たけん、えらい（強い）ぞのう。都会の子のようにないぜ。何もかもびしょびしょになって、手拭いで拭いてそのままぢゃけんのう。先生ら火も焚いてくれんけん、霜焼けの手に息を吐きかけてもう（揉ん）で。草履も濡れてちゃんと（まるで）ベタベタになって履けんようになって、裸足でもんて（戻って）来た。づつなかった（せつなかった。辛かった）。あんまり雪が積むと学校を休みにしてくれたこともあった。

長靴は戦後入った。戦中はくじで取る配給ぢゃったね。区長の子が履いて来るがを、「配給の靴を履いて来よる」とみなが言いよった。くじから除けちょったがぢゃね。

親父は二十二歳から土建屋で、中村の百笑《どうめき》から川登《かわのぼり》の三叉路までのこの道を草分け（開削）した。草分けするに、請負で潰れては九州の延岡へ三回逃げて行ちょるけんね。やり損のうて夜逃げしちょるがぢゃけん。昔は人海戦術で、人ばっかり使うて儲けはあるかえ（あるものか）。
つづまり（結局）三回逃げたがぢゃけん。最後に魚屋をやりよった。その時には、八つになって延岡の恒富《つねとみ》小学校へ行きよった。母親がうんと商売が好きでリヤカー引張って社宅へ売りに行たけん、わしやっぱり後からリヤカーを押してついて行た。

昭和十五年か、わしが一年生の折、九州からこっちへもんて来たらどか雪が降ってきた。鳥の毛がふわふわ落ちてくるように、おーけな（大きな）物がボッタ、ボッタ降ってきてのう。九州では見たことがなかったけん、えらい（たいへんな）もんが降りだしたとびっくりして外ばかり見よって、「よそ見しちゃいかん」と、先生にすっ（ひどく）叩かれて立たされた。まこと十七年ごろまでひやかった。みんなが

「雪ぢゃ」言うて喜《よろこ》うで、「雪やコンコン、霰やコンコン」と歌いだして、うれしいわけよ。

（5）注3後半部参照。

（6）・潮の流れ

岡崎のいゝの小父は竜串《たつくし》（足摺岬の近く）まで流されて、また、櫓を押してもんて来た言うたぜ。四万十川へはどひたち（どうしても）上がれんけん、機帆船に引っ張ってもろーたと。

下田の人に聞いてみるに、瀬戸内海を通って大阪港に行く潮がある。今晩出航すると明朝着く潮があって、潮の勢いで何時に着くかわかっちょると。昔、三里へ千石船が入って来るには、いろんな潮の勢いを利用したがぢゃね。

NHKのラジオ深夜便で、船乗り仲間の話に、土佐博多という太い港があったと福島弁で話しよった。それは、ここ三里のことぢゃないかと思う。昔の港は、川口や川口から入ったところにあったけんのう。

参考・谷川健一『黒潮の民俗学神々のいる風景』筑摩書房（一九七六年）

南方の人びとが黒潮に乗って土佐沖をかすめ、紀州にむかうとき、黒潮の支流は紀伊水道に入りこみ、鳴門海峡の近くまで北上し、そこで反転して徳島の海岸を洗う。おそらくこのようにして南方の人たちの文化が徳島（阿波）の東海岸と淡路の西海岸のあいだに滞留した。

（7）・田辺の竹兄《たけにー》（竹治翁）はかいしょもん

わしらのこまい頃は、蹴糸《けいと》を張って引き筒《づつ》（据え銃）というもんを仕掛けたりする山猟師らおったぜ。

わしらずっと漁師しよったわけぢゃないが。わかいしの時は、生活するためには山へ行て材木の木場《こば》というもんをやってきちょる。その時分の生活を話す者はわしが最後。その頃の生活を話す者はもうおらんちや（よ）。（『岡村三男翁聞書　川は生きちょる』）

昔の人は、みんなが貧乏して苦労した。竹兄のような人物（『四万十川　Ⅰ・Ⅱ・Ⅲ』の語り手）はおらんぜ。昔はおったけんど、今はおらん。竹兄は多種多様に広がってね、いろんなことを知っちょる。九十年の自然の歴史の積み重ねを知りぬいちょらえ。山猟師はえらかった（強かった）けんのう。熊の穴の中ぃでも脇差抜いて入って行た男ぢゃけん。

いろんなことに手を掛けてきちょる。また、人よりも一段も二段も上の生活をしようと思うたら、人一倍いごい（動い）てきちょる。また、昔の人はいごか（動か）にゃ金儲けにならんもん。竹兄みたいな好いたことをしてきちょる人のことは「かいしょもん」というた。かいしょ（腕前。技量、才能。意気地）があるわけよ。

人からも尊敬されちょる。度胸があるから何でも理解がある。昔の人は、「どーいんがすんでおる（腹が据わっている）」とか「なかなかどーいんのすんだ男ぢゃねや（なあ）」と言いよった。度胸があると、人の話に動じずに冷静に聞き取ることができて理解できる。ほんで、相手に対してズバリものも言える。そんで人の仲介にも入れるが。それで人からも頼られる。やっぱり田舎にはそういう人がいる。

（8）〇ヒガカリとヒアゲ（『四万十川Ⅲ　ムラに生きる』六　ムラの人生・産育）

わしはやっぱり山へ（猟に）行かんといかんけん、子どもができるアカビ（出産の穢れ）にゃ、山が荒れて怪我をしたりするけん、隣のお婆さんのとこへ行て宿借っておった。家の物を食べたらヒ（忌み）に掛るけん、ヒガカリにゃ山へ行かれんけんねえ。

〇ウノ・ハルヴァ　田中克彦訳『シャマニズム2　アルタイ系諸民族の世界像』（平凡社）

。（妻が）月経や妊娠の期間は、男たちの猟運はくずれやすい。

。（妊婦は）舟に乗って川を渡ったり、トナカイの走るのが見えた場所で道をまたいでもいけない。

。女が月経のときか、あるいは分娩間もないときに猟具にふれたりまたいだりすると、森の霊は不浄な武器を「きらう」から猟が成功する見込みはないと言う。

○石牟礼道子『苦海浄土　わが水俣病』講談社（一九六九年）

漁師は道具ば大事にするとばい。舟には守り神さんのついとらすで、道具にもひとつひとつ魂の入っとるもん。敬うて釣竿もおなごはまたいでは通らんばい。

○柳田国男『妹の力』・妹の力の凡人の戒律・女を忌む動機

　遠い昔から女には色々な禁忌があつて、漁猟戦争の如き男子の専業には、干与し能はざる厳しい慣習のあつた（中略）薩摩の如きはつい近い頃まで、婦人を憎みきらふことを以て、強い武士の特徴として居たこと（中略）戒律のやかましい聖道の僧などよりも、更に過ぎたるものがあつた。堂々たる男子が僅かの接近を以て、すぐにめめしさ柔らかさにかぶれるものと信じた筈が無い。きたないとか穢れるとかいふ語で言ひ現して居たけれども、つまりは女には目に見えぬ精霊の力が有って、砥石を跨ぐと砥石が割れ、釣竿天秤棒を跨ぐとそれが折れると云うやうに、男子の膂力《りょりょく》と勇猛とを以て為し遂げたものを、たやすく破壊し得る力あるものの如く、固く信じて居た名残に他ならぬ。

（9）・地主と子守

　守《もり》がおってこんまい子どもらを守しよっとーえ。歩くが（歩ける子）の手も引っ張って行てのう、島の宮の川原で子どもをあやして歌いながら「一つ積めば母のため、二つ積めばだれやら（誰某）のため」と、石をずーっと積み重ねよった。おーけな地主のとこへうんと守に来ちょったけんのう。他所からも来ちょったがぢゃろー。

　この三里は三十二町かあるがぢゃけん、土地が広いぜ。地主いうたら宮本さんいう庄屋さんが四町。それに並ぶ岡村増太郎が二、三町。これは母親の親よね。中程度の一町くらいの地主が六、七軒あったのう。

小作はマッカーサーで助かっとー。ぢゃけんど（それにしても）小作はひごーな（かわいそうな）もんぢゃっと。わずかはか（しか）ない物を地主に取り上げられた。昔の人（地主）は、うまいことやっちょるね。年末に取り立てして来年に借金を残さした（残させた）けんねえ。その借金を払うまでは働かにゃいかんけん。

その借金つーものはいつになったち（ても）、死ぬまで後から後からずーっと付いてゆきよるけんのう。サラ金の小型よね。ありゃぁまこと、ひごーな世の中ぢゃったぜ。

(10)・冷や板を踏む覚悟

奉公人がうんとおった。一つは、ひとのんく（他家）の冷や板を踏みに（下男、下女奉公などの下積み生活をしに）、苦労しに来ちょるわけよ。いつ嫁に行たち辛抱できるように来《こ》さしちょる。冷や板は畳をひい（敷い）ちょらん（てない）とこ。冬の朝、裸足で冷や板を踏んだらひやいぢゃーか（寒いではないか）。苦労をさせにゃいかん。ひとのんくの嫁に行くには辛抱がいるけんのう。なかなか昔の姑はえらかった（厳しかった）けんのう。

とてもぢゃない（並大抵ではない）、姑つーものは口いっぱいに言う（思ったように罵声を浴びせかける）。どこの姑も遠慮なく、誰にも気兼ねなくもの言うけんね。嫁は勝てれん（勝つことはできない）。泣いてその場をおさめるしかないけん。昔は、そこを辞めちゃ（ては）、失業したら生きていけざった。今のようにない、泣いてでも辛抱せにゃいかざった。冬は手にひび、あかぎれを切らして、それに息を吹きかけて辛抱しちょるぞ。そういう姿をたろばー（飽きるほど）見てきちょる。

昔の人は、「人間は生きて食うていかんといかん」と、口癖に言いよった。うちの母親が「三《みっ》よ、芸は身を助けるぞ。やで（腕）へ技術をつけちょったら、人間は食いはずれがない」とやっぱり言いよった。そうせにゃ、生きていけざった世の中ぢゃった。わしは、怠けたら人生終わりぢゃというようなことを感じちょったけん、石割から鍛冶屋に至るまでなんぶ（いくつ）も職を持っちょった。

ほんぢゃけん、この上の春永いう人に「われら（お前ら）兄弟は人のようにない。骨を折らんづく（ず）に金儲けする」と言われた。まこと、職を持っちょらん者はかわいそうなもんぢゃった。

(11)・「握り集め」して助けおうてきちょる

昔の人らは、食うに事欠いて貧乏しよる人には近所が「握り集め」して助けおうてきちょる。「握り分け」いうて、ちーとんつ（少しずつ）、米一握りでも集めよった。そしたら、米一斗や二斗になりよった。米のない人は芋をやる。塩一握りやる人はやる。戦中は、父親の出征でたくさんの子どもが飢《かつ》えよった家もあった。それと、祭りへみな集まってうちとけて親睦を深めよった。

それが今はないようになった。ないというちに（よりも）、人がおらんようになった。祭りの輿を掛ける（担げる）若いもんがおらん。都会に人を集めて地方に人がおらんようになった。地方分権いうがぢゃったら、地方へ仕事を持って来んといかん。

今では、人はどうでも、自分さえよけりゃえーという人間が多いわ。今は、なんでもかんでも手あたり次第（なんでもある）。不自由せん世の中ぢゃけん、人のことどころぢゃないという人間が多いわ。それが近頃のテレビ番組ぢゃ、都会のマンションの人らが「親睦を深めて仲よくしょう」と言い出したというのう。

○『四万十川Ⅲ　ムラに生きる』Ⅱ　ムラに生きる　一ムラの暮らし　・握り出し

「ここは大水に浸かるとこで、作のわりい年が何十年に一回くらいきて、みんな分けおうて食べることがあっと。毎日炊く米を一握りづつ取っておいて、困った人に出した。もらえるがは顔の広い人、今ならつき合いの広い人ぢゃね。昔から難儀している人は分けてもらえんで、うちでしょっちゅう雇うて使いよる人は金より食べ物がほしいが（の）で食べ物を分けてやった」

(12)・馬と牛

わしゃ、笹原さんのその裸馬を借って乗ったがのう。十九、二十歳《はたち》の頃のことよ。乗ったら、ちゃっくり（突然）止まられてころりんと前へつっこけた（落馬した）。馬に踏まれるか思うたが、わしを踏まざった。フーッと鼻で笑いよるみたいぢゃった。牛なら踏む。いよいよ阿呆ぢゃ。

また、だく（調子）をとって乗って行きよったら、妙にけつ（尻）がぬくうなったと思うたら、けつの皮が剝げちょった。痛いわえ。馬に乗るにだくをとって体を伸び上がらして、けつを浮かしていくがは、伊達ぢゃないぜ。そうせんと自分のけつが剝げるがぢゃね。

それでも行きよって、シャッと回られてぽったり（すってんころり）落ちた。ころりんと落ちたけん、怪我はせざった。いよいよわや（馬鹿）にせられた。馬はほんまに怖い。馬を追い放しに（放牧）しちょったらしまい（たいへん）よ。

馬は後ろ向いて蹴るけん、後ろにおられん。まともにくろうたらひっくり返ってしまう。みづおち（みぞおち）でも蹴れたらしまい（容易ならない）。馬に蹴られるがは、馬車引きの馬のおばち（尻尾）の毛を盗む時。その長い毛でわさ（輪にした罠）を作って、稲穂の垂れた先にくびり（括り）付けちょく。そこへ雀が飛んできて、穂先のわさへ足を突っ込んでくびれて獲れることがあった。めったにゃ（稀にしか）獲れん。

牛はよこし（横）向いて蹴るけん、横におられん。牛に蹴られたら痛いわえ。この太腿をずーんとやられるがねえ。たかで（なんと）蹴った牛をひっ捕まえて両角を脇腹へ持ってきてねじったら、ボターンと引っくり返ったがのう。

(13)・みな牛飼いよった

百姓でないち（なくても）、太らして金儲けするために、みな牛飼いよったけんのう。

学校へ出しなに母親が「えーか、道草食わんづく（ず）にもんて来て草刈っちょけよ」と。遅うなって帰って、「なにが（何ということか）、くらみあい（夕暮れ）になってもんて来る」と叱られる。

牛の餌はほとんど藁ぢゃけん。藁をとっちょる（取り除けてある）。それを食み切りで切ったハミ藁を食わせよった。たまにハミ藁へ草を混ぜて食わすわけよ。草ばっかし（ばかり）食わすぢゃいうたら、牧場でも持っちょらにゃ養えん。普通は田んぼの岸やら道の傍で刈って間に合わしよった。

売ったら、博労がまたこんまい牛を連れて来る。結局、博労にまーされる（ちょろまかされる）わけよ。

「おら、この牛であの博労のす（奴）にまーされた」と。

「長兵衛《ちょうべえ》、長兵衛」とは五分と五分のことをいう。儲けにもならん損もせん程度の長兵衛でいきよるがは、えーとせんといかん。親牛を売って子牛を買うて足し（追加金）がいったら、家計にこたえた。博労は愛媛県からよーけ来よった。ここにもシゲ爺いうておった。

(14)・手伝いおうて、三味、太鼓

うちで「田植するぜ」言うと、村中手伝いに来るわけよ。昔は手伝いおうたけんね。

田植はいっぺんにはせざった。明日ら（は）誰それ、次は誰それと、三里本村で七、八軒あった大地主が話しおうて決めるが。せがう（仕事が重なって忙殺される）けんね。せがういうたら、手伝い手が数おらんようになることよね。ひいとい（一日）ひいとい遅らして、おらんく（俺の家）は何日、おらんくは何日と。

田植には、男は田んぼを構えにゃいかんろー（準備しないといけないだろう）。五軒も六軒も牛を連れてやって来るわけ。一緒に田んぼに入って混ぜて田んぼの準備をするわけよ。もう、田は起こしちょるけんね。その田ぃ水を溜めて、牛を入れて、五人も六人も横に並んでカナコで混ぜて行く。手伝いに来てくれたとこへは手伝い反《がえ》しに行く。それを、「手がえ（労働交換）」という。

田植の二日ばー前から、早乙女らーが苗採りすらーね。それにゃ年寄りのお婆の人らも交っちょる。田植には早乙女が来た。田起こしと田植と夫婦で手伝いに来るわけよ。田んぼをせつく（いじる。ここでは「植える」）ことのない男は苗担い。束にした苗を籠に入れてにのーて行て、田ごとに置いちょく。畔まーり（周り）の水漏りも見てまーった（見回った）。

田植をすませたら、「田植あげ」でいろんなとこで三味《しゃみ》、太鼓が鳴りよった。晩には一杯飲まにゃいかん。三味、太鼓でどんつかして（賑やかにはめを外してうかれ騒いで）いおうて（祝って）やっとーね。

昔の人は、「田植がすんだ」、「何がすんだ」つーような、四季折々のお祝いをしよったけんねえ。そんな時に、三味、太鼓を持ち集めて歌ったり踊ったりしよった。それだけが楽しみぢゃったけんのう。都会ぢゃったら劇場があって、落語や芝居の楽しみがあるけんど、ここらぢゃそんなことがないけんねえ。

三味はおなごが主ぢゃったが、器用な人は男も弾いたぜ。女の人ら歌も大きな声で歌うたのう。男でも踊るに上手な人がおって、いろいろかいろ（いろいろ。なにやかや）やりよっとーえ。まにあいに（その場限りに）野原でやる、何の準備もないところでにわかにやることもあったとーえ（あったよ）。酒が入ったら、「丑（渡し守の丑小父）、信州をやったらどうぞ」言うて、丑小父が「信州信濃の竹日が森でやすりやすりと誕生なされた」と十八番をやった。

あの頃のわかいし（若い衆。青年）は飲むがが楽しみで、漁ができて飲む、不漁で飲む。飲うだらみな気分が入ってやりだしたけんのう。三味や太鼓のない時は、丑小父ら自分の体をパンパン叩いて調子を合わしてやりよった。あの人らもまだ三十過ぎばーぢゃっつろーのう。

戦争に負けてそういう楽しみがじぜん（自然）になしになった。いつともなしに絶えてきた。

家を建てるいうたら瓦を上げたねえ。しゃかん（左官）の手間（手伝い）をする。それぃみなが瓦をドンドン、ドンドン上げる。人海戦術で数の人間でやる。今はそういうことはないわのう。職人が請け負いで全部やるけん。

・江戸時代の音とことばと

いろんな時代をくぐって来て思う。わしの歳で江戸時代の三味線の音を聞いた者はもうあるまい。安政生まれのたぶさの（もとどりを結った）じん小父が柱にもたれて、静かな低い音で三味線を爪弾きよった。それから、縛り太鼓を叩いてね。あれが、江戸時代の音ぢゃったのかなあ。娯楽ぢゃったのかなあ。そういうものがどの家にもあった。

じん小父はお椀を御器《ごき》というた。「おいおい、こりゃ坊よ、そこの御器でこの犬にご飯をついでやれよ」と言うた。女の子は「お嬢よ、お嬢よ」と言うた。武士の流れぢゃけん、ことば遣いはきちんとしちょかざったらいかん人ぢゃった。「そうでがんすのう」は丁寧な受けことば。「そうでごわんすのう」は特に丁寧な受けことば。「そうでやんすのう」は女ことばで、主に年寄りが使うたね。

昔の人は丁重なもんぢゃった。礼儀を重んじた。たぶさのじん小父らは他所から来る人があったら、羽織袴で迎えよった。ああいう人がおらんようになったのう。

（15）◯『四万十川　Ⅲムラに生きる』　草葺屋根・家茅・屋根葺き「茅の出前」

草刈り場所は野山焼きして草葺きのための茅や炭俵のダスガヤを育てと。秋になって草が熟する時分に、山を開けて茅を刈っとー。

昔は、茅を集めたというけんど、わしら知ってからは集めん。昔の茅刈りは、ダスガヤを持ち寄って屋根を葺いたりしとーね。そうせんと、ダスガヤは太い茅ぢゃけん、あれを二十荷も三十荷もかまえる（用意する）いうたら相当やく（手間）が掛かるわけよ。

屋根の茅は大茅いうて三十年も四十年もたまった（長持ちした）。山の方の荒れ地みたいな自分の畑でだいじゅうに（大切に）育てて、今年のまわり（茅葺きの順番の家）に届けとう。一荷なら一荷、二荷なら二荷と決めて持ち寄った。出前が一荷の時なら、サスで茅の束を前後に挿して、肩へ担えるばーにのーて持って行たら自分の出前がすんど。いつ瓦葺きになったかは覚えちょらんね。

（16）・荷持ちかき持ち、全部肩

労働の最たるものの一つは、重い荷物を運ぶことだった。岡村さんも荷物を舟で二里運ぶことはたいへんな労働軽減だったと語っている。荷物を運ぶことは「ことば」とともに人類の属性の一つであり、それを端的に言い表わすことばに「にもちかきもち」がある。

○沖本樵児著・沖本桃代編集『渭南のことば』（一九八一年）から二項目引用

「にもちかきもち」・労働　力仕事　荷をもったりかついだり　「ニモチカキモチスルヂャナシ　マエアシンカナウヒタ　ラクナ」（力仕事しないで　手仕事で暮らせる人は　楽だ）　マエアシンカナウとは、縫物など手先の仕事をいう

「まえあしんかなう」・前足が叶う　読み書き算用のできること　前足は手の意味　「アノヒタ　マエアシン　カナウケン　エエトコイ　イケラナ」（あの人は　読み書きができるから　よい就職口があるだろ

う）。三男さんに聞くと、読み書きできる人を「マエアシがかなうけんねや」とほめよったと言う。

（17）・麦打ち

麦を刈る時にゃ、みしろ（筵）の上で麦の首を焼いとう。麦の小束を差し出しちょいて、松明つけて麦の首の下をあぶってやったら、筵の上ぃボロボロ、ボロボロ焼けて見事に穂が落ちとーえ。センバでこくこともした。

その麦の穂の山をカルサ（からざお。麦打ち）で叩くわけよ。三人おろーが四人おろーが六人おろーが、家族みなが四方へ分かれておって叩きよったね。最初親父が振り叩いたら次が叩いていく。バンバン、バンバン叩いて脱穀していきよったのう。

「休もうか」言うて休みよる時、子どもはそれ（仕事）が嫌なけん、とぎ（友人）と遊びたいけん、逃げて行とーえ。この上ひら（側）の慶応生まれの爺がたかで（なんとまあ）箒を持って「おどれ（お前）らー」言うておわえ（追いかけ）て。子どもらは面白いけんファーファー笑うてお爺のにき（傍）を走って逃げるがぢゃけん。昔は、そういう光景があっとーえ。

そして風が吹いて来たら、仕上げにはソーケに入れてバーッと小箕《こみ》でカスを飛ばしてしまう（小箕の写真は二一二頁）。うまいことやらーえ。あれができざったらそこの嫁におれん。いな（帰ら）される。どひたち（どうしても）当時は人海戦術ぢゃったけん、人がおらんことには仕事にならんけんね。そんで親や年寄りは必死になっちょるわけよのう。日和のえーうちに脱穀して干して俵へおさめんといかんけんね。子どもはそれを考えんけんね。

ああいう暮らしが人間味があるのう。人というもんの文化があんまり進み過ぎてもようないぜ。もう（ここらへんで）えーわえ。

○土居重俊・浜田数義編『高知県方言辞典』高知市文化振興事業団（一九八五年）

カルサ　麦の脱穀に使う道具。一尺くらいの樫の木を横木として、その一端に松の若木を四、五尺位の長さに切ったものを二、三本揃えてとりつけて固定し、横木の他の一端には青竹の六尺くらいのものを、先を火であぶって曲げてとりつけ、こちらは曲げた竹の穴の中で横木が自由に回転できるようにとりつける。竹の柄を両手で持って、横木が回転するように振りあげ、横木の回転によって、それに固定してある松の棒が、庭などに敷きつめた麦の穂を、振りおろした惰力で叩きつけて、その繰り返しで、麦の脱穀をする。

（18）・蓮台寺の緋衣の坊さんと千羽烏の版木

ここ蓮台寺で高知県立女子大（現高知県立大学）の先生が大日如来を見つけた。これはえらいことぢゃと県の文化財指定になった。そこの蓮台寺に祭っちょる。

ここへは赤い緋の衣を着いた熊谷直実も来たがよ。江戸時代生まれの人らからは、「緋衣《ひごろも》を着いた偉い坊さんが来た」と聞いちょった。大正生まれの広田かおるという木炭検査技師でなかなか学のある人が、「その坊さんは熊谷直実ぢゃ」と言うた。壇の浦の戦いで若武者を切り殺し、悔い改めて熊野の山中で修行僧になって法然上人に仕え、位を貰うて緋衣を着いてこの地へ来た、と。ほんで、ここに「千羽烏の版木」いうて、烏の鳥の集まりを文字にしちょる版木がある。

昭和二十五、六年までは蓮台寺で「大日さん」いうて、旧正月の「九日《ここのか》さん」いう祭りがあっとーえ。千羽烏の版木を馬連《ばれん》で刷って参詣者にとって帰らせよったのう。その版木は日本でも三つしかない、と。

・蓮台寺には寺小屋記念碑も立っている（江戸時代の識字率は世界的にも高かった。明治時代の寺小屋の先生の逸話を岡村さんが伝えている）

昔は岡村の家の横の東福寺が寺小屋ぢゃった。明治生まれの岡村の婆さん（後の祖母）は上《かみ》からここの寺小屋へ来よった。それが蓮台寺に移って、わしの親父らが行《い》ちょる。先生が酒が好きで、ガキ大将の桜木つくもに瓢箪持たせて川登へ買いに行かせた。つくもが行てもんて（戻って）「先生買うてもんて来た」言うなり、石段の最後でけつまづいてまろんで（転んで）、瓢箪を割ってしゃけったら（叫んだら）、「たまるもんか（なんということか）もったいない」言うてどべた（地面）へ口をつけて吸うた、と。

(19)・おーけな挽き臼

それは、おーけな挽き臼（石臼）みたいになっちょって、直径が八〇センチ、高さが二尺（六〇センチ）ぐらいあった。上も下もそれぞれ竹で丸うに編んでそれに赤土をぎっちり（隙間なく）詰めちょった。真ん中には心棒が通るように穴を開けちょった。上の臼は下へ下がらんように上から吊っちょったのう。それに手木が付いちょって、その手木に一間ぐらいの竹の棒のハンドルが付いちょったが。それも手木というた。腕の立つ男なら一人で回せても、女は一人では回せざった。母親と二人で両方から手木を持って廻してすったがぢゃった。エーヨイ、エーヨイとハンドルを突いたら、臼がクル、クル回りよった。

上の臼へ漏斗《ろうと》（じょうご）になった穴が開いちょって、そこから籾が落ちるようになっちょった。上下の臼の摩擦面には竹の刃をやっちょって（つけてあって）、上下の刃が合うようになって、回していくうちに竹の刃で籾がはげて玄米になって小口へボロボロと落ちるようになっちょった。

玄米と籾と一緒に落ちるけん、それを唐箕《とうみ》に掛けて、ハンドル廻して風を送って玄米と籾を分けるわけよ。そうして分けたものを、箕でパッパパときれーに仕上げて、挙句の果てにだいがらへ持って行て踏んで搗いとーね。こういう話はテレビらーでもないがね。一日の生活のために、裏側で女性がどれだけ骨を折っちょるか。

（20）・お梅ばあの教え

お徳ばあの娘のお梅ばあのとこへはわしと同い年の女の子も遊びに行きよったが。お梅ばあは「男の子は学問、女の子は裁縫をせにゃいかん」言うて、「しげ子よ、お前は女の子ぢゃけん、あんまり男の子と遊んぢゃいかん、お裁縫を稽古せにゃいかんぞ」と言うて聞かせよった。お梅ばあは、これまた裁縫がうまいがぢゃけん（のだから）、年をとっても中村の呉服屋の浴衣をぜんぶ縫いよったん（が）のう。わしには「大きゅうなったら軍人になってねや（ね。目下の者に対して使う）、ご天子様にご奉公せにゃ。立派なわかいしになれよ」と言いよった。わしも軍人一本の人生を送るつもりぢゃった。昔というものは、後へ戻らんけんのう。

その息子は頭がよかったけんど、過保護に育ったせいかわりー（悪い）ことをしていかざった（困った）。天下の雲助になりよった。詐欺師になって逃げ回りよった。お梅ばあは泣きよった。昔、懐かしいわ。

今の人らは昔のことはみな忘れちょる。忘れちょるということは、人生を漠然と生きちょるわけぢゃね。一つひとつの積み重ねたものを蓄えてないということぢゃね。わしが昔のことを話すと、観光舟のお客がいよいよ喜ぶがのう。

（21）〇カユツリ（粥釣り）

高知縣のこの風習は早くから有名。徳島縣の一部、香川縣にもあり、愛媛縣にも痕跡。正月十五日の朝の粥と関係。高知縣長岡郡では前夜変装して他家から米を貰い歩いた。十四日に限るものと、粥釣り客などと称し若者が変装して娘のいる家へ来て騒ぐものとある。妻問いの一つの形に利用し、遊芸の競技会に発達せしめたのは、高知縣名物と言っていい（『改訂綜合日本民俗語彙（要点）』）。

○「正月十六日が一年の主なる祭りの日」

正月十六日が一年の主なる祭りの日で（中略）この正月望の夜の前後だけは、日本全国を一貫した最も重要の祭日であることは確かで、しかも亦例外無く採物を手に執って、神話を伝える季節でもあった。

吉本隆明「人形とオシラ神」『縦断する白』・『全南島論』作品社（二〇〇六年）

(22)・島の宮の朝日神社と三里の島神社の仲

元の朝日神社は島の宮のずっと上の村外れにある。建物がつぶれるけん合祭（合祀）しちょる。お大師さんはやっぱー元の朝日神社の前にある。ご祭神は女の神様ぢゃという。

島神社が大水で宮沖という松の林に流れ着いて、そこの女の神様に惚れてなかなか戻ろーとせざった。それを戻らすに（ために）、ご祈禱をして拝んで、嫌がるものをよーよ（漸く）連れてもんた。よっぽど惚れちょったと年寄りらーが話すがぢゃけん。

川を渡って来て、三里のフルト（碧《あお》の港）の竹端《たけばた》というところから迎えるに（のに）、白紙《しらかみ》を敷いて白い蛇が先頭に立ってタ－ッと行く。ご神体がタッ、タッ、タッと走って付いて行たと話しよった。惚れてもどらんようになってことーた（まいった。困った）、と。

島神社は、木の鳥居がいたんだ（破損した）けん、わしが区長の時に竹島の石屋に注文して、中国から石の鳥居を取り寄せた。

(23)・一荷商人作一ちゃん

ここらぃは長着物を着いた作一《さくいっ》ちゃんが天麩羅から魚からにのーて、ヒョーロリ、ヒョーロリひょうひょうとしてやって来て、後ろから糞蝿がたかって（群がって）ついて回りよった。店で待つよりも小売業が金になった。わが娘の子も女学校へ出しちょる。女学校は月謝が高かったつーけん、えらいのう。今はそういうことをする人がおらんようになったのう。

そうした蝿も蚊もおらんようになったが。戦後、DDT・BHCという水銀剤が入って来てしらめがさ（虱に喰われてひっ掻いて頭にできた瘡蓋《かさぶた》）の女の子らには真っ白に頭から掛けて、床の下らーにも真っ白に掛けて、虱ら全部死んで、「えらい薬ぢゃねや」言うて、虫の種が切れることを喜びよったのう。

戦時中は、女の子同士が日だまりで、目の細い櫛で髪の虱をすいては、下に落ちたしらめを爪でパチパチ殺しよった。当時は石鹸もなかったけん糠袋で洗いよった。

（24）・兄貴に先祖の霊が憑いちょる

うちぃも来て、「われ（お前）には何やらの先祖の霊が憑いちょるけん、とらにゃいかん」言うて、兄貴に「御幣を持っちょれ」言うて背中を叩きながら拝むに、兄貴が「アッハッハ、アッハッハ」言うけん、わざと言いよるかとおかしかった。そんで（それで）、たかんで（なんと）「外道は出て失せろーっ」言うて幣を庭に投げたら、その幣がゴゾ、ゴゾ、ゴゾッと三尺ばーほうて（這って）行た。それを見たら、このお婆はなかなかえらい（すごい）ものを持っちょる。信仰の賜物ぢゃろーか、神通力を持っちょるがぢゃろーか、あれだけ効くもんぢゃろーかと、子どもなりに思うた。先祖の霊が憑いたらいかんものよ。昔は、資格がなかったら拝んだりできんけん、知事さんの資格を取っちょる言いよった。

あの伯母（母の姉）は拝むに上手ぢゃった。「アンドラジンバラ、ハラマリタヤ」と拝みよったけん、わしら門前の小僧で習わん経を読む。

○田口ランディ『田口ランディ対話集　仏教のコスモロジーを探して　深くて新しい仏教のいま』（サンガ）の「立川武蔵との対談　7章　宗教―憑依―シャーマニズム」（以下すべて立川武蔵の発言）

三　ヨーガの流れと危険性―オウム真理教問題と関連して―

八～九世紀以降、シャーマニズムのテクニック、身体技法を採り入れようとしたと思う。

気を凝らせながら神をおろす。（中略）今、カトマンズに残っているものは主としてこのシャーマニスティックな伝統です。いわば神おろしの伝統で、日本では、修験の伝統に近いものだと僕は思います。（中略）仏教者は秘密裏にシャーマニズムの方法を採り入れるんですね（同書、四六九頁）。

四　現代とシャーマニズム

◦ものでも人間でも、いわゆる「気」とふつうに私たちが呼ぶもの、気とか念とか、そういうものを持つんですね（同書、四七二頁）。

◦それぞれの人が持っているものには、それぞれの人の気がしみ込んでいるはずです。（中略）霊の高い人とか、ひじょうに浄なる力のある人のものは、やっぱりそのような「念」あるいは「気」を持っておられる。そして「霊験あらたか」というのは、たまたまぴしゃっと、そのような力が入って病気まで治したようなケースを「霊験あらたか」と言うんだと僕は思います（同書、四七三頁）。

◦それこそ霊力なり力の強い人が、問題を持っている人を癒すとか救う、元気づけることがうまくできるはずなんです。実際にしている人もいるわけですし（同書、四七四頁）。

◦そういう（いわゆるものが聞こえたり、遠くのものを見たりする）能力を持っている人はたいていおばあさんでしょ。女の人が身体的に強いですから（同書、四九〇―四九一頁。傍点筆者）。

◦私はつね日ごろ、こう言っているのです。「仏教やヒンドゥー教、キリスト教も含めてひじょうに歴史の短いものだ。トランスなりポゼッションのほうがうーんと長い。みんな神がかりというものを蔑視したり。危険視なり異端視するけれども、歴史を考えたら何万年ものあいだ、人間はそういうものを持っているんだ」とね。「仏教やヒンドゥー教は、その長い歴史のコブみたいな、波のしぶきみたいなもので、神がかりのほうがもっとベースなんだ」といつも言っているんです。

○柳田国男『妹の力』・妹の力・女を忌む動機

祭祀祈禱の宗教上の行為は、もと肝要なる部分が悉く婦人の管轄であつた。巫は此民族に在つては原則として女性であつた。後代は家筋に由り又神の指定に随つて、彼等の一小部分のみが神役に従事し、其他は皆凡庸を以て目せられたが、以前は家々の婦女は必ず神に仕へ、ただ其中の最もさかしき者が、最も優れたる巫女であつたものらしい。（中略）最初この任務が女性に適すと考へられた理由は、その感動し易い習性が、事件ある毎に群集の中に於いて、いち早く異常心理の作用を示し、不思議を語り得た点に在るのであらう。（後略）

(25)・さきめの見えた岡村清次郎翁

ここへ養子に来たら、この上ひら（側）二軒目に、慶応二年生まれの岡村清次郎という人がおった。なかなか頭のえー、さきめの見えた（先見性のある）人ぢゃったがのう。このぢー（老人）も「昔ここはものすごく栄えたとこで、ぼけさんの下を十九尺掘ったら宝を積んだ船がしもっちょる（沈んでいる）」と言うた。

この人が「これからは車も走り出す。広い道をつけんといかん」と言うて、道を広げることになった。昭和初期ごろぢゃった、と。それまでの赤線（江戸時代からの公道。今の市道、県道）は沖（川沿い）を通りよった。「赤線」は「馬越道《うまごえみち》」ともいう。裏山を越す道も谷沿いの道もあって中村まで続いていた。谷は「青線」というて国のもんぢゃった。そうでなかったら水争いが起こる。八月の日照りの時には、隣り合う田んぼ同士での水争いもあった。それまで、おか（丘。山沿い）にはおーけな（三尺の）道はなかったわけよ。山を中心に、丘、沖を言いよった。

そこで総会（寄合い）を開いたら、たかんで（なんと）、そんなことをしたらぬすと（泥棒）が来てお
さまりがつかん（始末に困る）言うて。昔の人よのう、えらい（たいへんな）大喧嘩になって、清次郎を
刀で切る言うて。ここの岡村富小父とかの有志らがみな囲うで（守って）清次郎を連れてもんて来たと。
昭和十年から十三年ごろのことぢゃっつろー。そういうふうにして先祖が道を開いて、お陰でなんとかか
んとか文化生活ができてきたわけよ。

・砂利が金の卵になる言うた人

わしがここの養子に来た時に、清次郎さんが言いよった。「三《みつ》よ、ここの沖の砂利が上方（大都会）へ
行きだすぞ。えらい（すごい）ことになるぞ」と。夢のような話ぢゃけんど、この爺うろたえちょる（ボ
ケている）とは思わざった。まこと、後には金の卵になったけんね。

・わしも二車線化に尽力

生活していきよるうちに、いろいろ村のためになることもせにゃならんと関心を持ちはじめて、事業な
んかもうんと取っちゃった。道路なんかも二車線にするように東京へ予算を取りに行たけんねえ。昭和五
十一年か、刈谷先生が建設大臣になった時に地元の政治家と乗り込んで、史上最高という予算を付けられ
た。この三里のあい（間）だけは二車線にしたわけよ。

その時に、清次郎のエピソードを言うた。「あの人がやっちょったけん、何とか我々の文化生活もでき
ていきよる。もっと広くして中村へも一分でも早く行けるようにした方がえーがぢゃないろーか」と言う
た。有力県議と話ができちょった。

その時、「わりゃ（お前は）どこへ向いて行くがぞ」言う人がおった。「国会へ行く」。「ただぢゃすまん
ぞ。首を切られるぞ」。「民主主義の世の中でそんなことはない」。三回寄合をして三回同じことを言うた

ら、「まことか」と。「まことぢゃ。行くようにしようよ」と言うて、行くことになった。

　年の瀬も迫った十二月二十六日に、区長や大川筋促進協議会の人らと行たがぢゃった。行てぢきに予算を貰うた。建設大臣が「昨夜、箱根でソーケ（ざる）分けして取ってきちょる。よしよし、われら（お前ら）に四倍の予算を付けちゃる」と。あの時分にゃ大臣級なら、予算はなんぼでも自分のものになっつろーね。

（26）・おかぼえとおのおらび（おっこー痩せ腕髭善吉の思い出）

　深木のへーもと（境）で吠える狼の鳴き声を、わしら犬ぢゃろーか思いよったら、髭爺が「まだ狼が、山犬がおる、おる。一声鳴いたろーが」と言いよったがね。あのころまではおったもんぢゃ（ものだ）。髭爺は深木の自分の家の周りでその鳴き声を聞きよったがぢゃろー。

　「おかぼえ」のおかは山の尾根や山の下の方の山根、そこから野へ出て来る時に合図に鳴いたがよ。狼の庄屋（頭）がおかぼえして群れを束ねて野ぃ出て来る、群れを団結させる吠え方ぢゃと善吉爺《ぢー》が言いよったのう。

　「おのおらび」いうたら、どうしようもなく追い詰められた時、鬼気迫ってしゃけらー（鳴き叫ばー）ね。窮地に腹の底から出る鳴き声よ。言《ゆ》やー（言ってみれば）、せんぎいっき（精一杯）の時よ。身の毛もよだつすさまじい雰囲気で迫ってくる。「たかで（なんと）夫婦喧嘩して、主人がかかあ（女房）をすっ叩い（ひどく叩い）てかかあがおのおらびしよった」と話したりする。

　山犬は大水に鳴いて、普段のひかわ（水の引いた川）の時には鳴かざったね。

　善吉爺は、痩せた背の高いおぢーさんで、無精髭を生やしたおもしろいおんちゃん（小父さん）ぢゃった。子どもらを可愛がって、だいたい人気もんぢゃった。鉄砲かたい（担い）で兎を撃ったりしよった。

「この鉄砲は舶来で、舶来とは海を渡って来ると書いちょる。銃の筒がこしげ（灌木の枝）に当たったら、チリンチリンと音がする」と、いよいよおっこうな（大げさな）ことを言う人ぢゃった。

元は巡査で太い人ぢゃった。朝鮮でとても大きな盗人を捕らえてね、おら殺されるやしれん、やすからん（容易ならない）と思うて、「まあ待ちよれ。ちょっと法律の本を読んで来るけんいごく（動く）なよ」言うてもんて（戻って）来たら、おらざったと。そりゃ逃げらーね。

わしが十代後半の時、六十ばーぢゃったのう。

(27) 注18参照。

(28) 杉は日本固有の樹木。年輪が荒うて、竹を割ったように木が育っちょるけん、斧一つで板が取れる。その板を組み合わせて桶と樽を作る。桶は水汲み桶、肥桶や梶蒸す桶などに使う。肥桶は町場のし尿と農村の農産物の交換にも活用し、町場を清潔に保つのに貢献。樽は液体を長期保存できて、酒・醤油・味噌・漬け物文化を発展させた。

(29)・風がもの言《ゆ》やー言伝《ことづて》するに

この上に広田のお婆さんがおった。今生きちょら百五、六十ばーになっちょる。いつもひとりごと言うてコマセでダスを編みよったんね。わしゃその時十四、五ぢゃったか、何を言いよるろー思うて聞いたら、「風がもの言《ゆ》やー　言伝するに」。やっぱーあれが、頭の中にある。まこと（ほんとに）あんなお婆さんが、わが子を心配して、あんなことしてひとりごと言いよる。戦争だけはしたらいかん。今の総理は、戦争を恰好えーと思うちょるがぢゃろーか。

その人は戻らん。いじょう（それっきり）遺骨も来ん。どこで死んだやらわからん。というちに（というよりも）、あのおんちゃん（小父さん）はきっとーな（短気で乱暴な）ところがあった。かっと腹を立てて人にでも叩きかかった。どうで（いずれ）シベリアで殺されたがぢゃね。

(30)・嫁はだちうまがえー

百姓屋はりき（力）のある人でないと立ちゆかん。力がなかったら使いもんにならざった。そういう肥えた力持ちの女性を「だちうまによい。あの子を嫁にもらえ」と話した。「だちうま」は駄賃馬。駄賃で荷を運んで行く馬を使うにえー。体格のえー、ずんと（ずんぐり）した力のある女、けつの太い、子を産む力のある女を、「えー嫁ぢゃのう」と貰い手があった。

岡村の祖母のおきいおばもそんな丈夫な人ぢゃった。若い時には小脇に米俵を抱え込んで口にも俵をくわえて、いっぺんに三俵持ち上げて運ぶ人ぢゃった。昔は力仕事が多いけん、それくらいの（丈夫な）嫁でないといかん。子を育てたち（ても）、子を産んだち（でも）痩せてまーらん（痩せてしまわない）けん。子をひる（産む）ようなおなごは尻もふとうないといかん。肥えちょらんといかん。そのおばは、十八で子ができていいな（里へ帰ら）された。「いね」言われたらいいなにゃいかん。この岡村がその子を見染めて嫁にしたが。

○筆者「小野健一さん聞書～牛は賢いんぜ」『四国民俗』四六号

嫁もらうには飯食う子がえー。それはよう言いよった。下の方の人が言いよった。「飯よけ食う言うけん、すぐ嫁にもろーたんじゃ」と。「来てしたら（嫁に来たら）、来てから正月の餅搗いてしたら（搗いたら）、へたこた（びっくりするほど）食うんじゃ。これなら田んぼする思うてうれしかったんじゃ」言うた。

○「嫁と手間」・以下『土とふるさとの文学全集』7（家の光協会）所収「女の一生（抄）丸岡秀子」（ただし、『村の図書室』シリーズ（岩波書店刊）の『女の一生』から抄出）

宮城県のある嫁さんは、「嫁なんて、結局、よその家へ労動しにゆくようなものです」といっているし、青年の立場からも、「家中が、今度嫁をもらったら手間がふえて楽ができる。うんと働かしてやれという期待があり、姑は姑で、若いときにうんと働いたんだから、今度は代ってもらうとはっきりいっている。これでは嫁はまるで戦争に出かけるような気持ちだ」と、はっきりいっています。

また、結婚前の青年として、こんな要求もしています。

「自分の女房は百姓だから、人相にはあまりこだわらない。十人前で気がききさえすればいいが、体だけは丈夫で大きいことが第一条件である」といっています。（中略）佐賀県の青年も、「嫁は、ツノのない牛でしかない」ともいっています。

だからこそ、いまだに「いい手間を貰いなさった」というように、嫁の代名詞が手間であるということ（中略）。「嫁やせてめでたく終わる田植かな」。こんな川柳も出てくるはずである。しかもこのやせかたということが、いい嫁の見本とされて、「あそこの嫁はやせるほど、働いたそうだ。いい手間を貰い当てたということだ」と、その家に対する嫉妬や軽蔑を感じながらも、表向きはいい嫁だと評判にし、自分の家の嫁をあてこする材料にも使われています。

○おなごしぶん＝婚礼の挙式を略して女中分として嫁ぐこと（沖本樵児『渭南のことば』）

（31）注10参照。

（32）○筆者「小野健一さん聞書～牛は賢いんぜ」『四国民俗』四六号

「地主いうても自分の家で牛使うて耕作できる限界が七反。畑も七反が限界。後は小作に出しよったんじゃ」とあるように、米子さんの家族がかかっても一町もあったらとてもたいへん。米子さんの里では四反でも「ふとい（多い）」と話している。

第2章　里の暮らしと嫁の苦労―九十三歳―

一　冬から春の日々―よとき（時世）がかわった

1　冬のとある日に

炭で焼いたお魚はおいしいねえ。ストーブですべ（焼い）たがはおいしゅうない。わしゃほんい（とても）嫌い。

炭もたくさん置いちょる（置いてある）けんど、もうよう取りに行かん。ふといこと（たくさん）袋ぃ入れて置いちゃる（置いてある）がよ。

①カマスと川の魚と

カマスはきれーなお魚ね。母屋《おもや》へも半分やって、母屋の子らに焼いてもろーた。お魚は毎日食べる。切ったばっかし（ばかり）をふね（桶）に入れて（行商の車が）ここへ持って来る。魚屋でも車で持って来るけん、待ちよって毎日買う。ぢーちゃん（竹治翁）はあるがの（たくさんある）上に、あるがの上に

▲毎日来る行商の車で買い物する竹治翁

買いよる。めっそな（たいへんな）人ぢゃ。

婿は食べても子らは川の魚にはジストマ菌がおるけん、なんぼ焼いたり、ぐたぐたに煮いたりしたち（ても）、蟹、えび、鮎は食べん。焼いたり煮いたりしたらかまん（かまわない）に。

『竹治翁』わしは川の魚でも海の魚でもたいてぇ（大抵）の物の味を知っちょる。

『三男さん』「めっそな」とは、あきれたという意味よ。何でもその人の気持ちを考えて買うちゃる（買ってやる）がぢゃね。折角売りに来ちょるけん、まあ買うちゃれ（買ってやれ）と。

②家におってようぜよる

病気が治らんが。病院へおったち（ても）治らんがぢゃけん家におってようぜ（養生し）よるがぢゃ（のよ）。めっそ（あまり。ひどく）痛いとこがあったら病院へ行かんといかんが、痛いとこもなし家におるがよ。ご飯もあんまりおいしいこともない。なんぼ洗うたち、口が苦い。もういかんように（駄目に）なることはなるがよ。ろく（十分）によう検査をせんけんねえ。もう少し若けりゃどげんな（どんな）検査もするけんど。

ま、近頃下剤がないと通じがないが。もうなにもかにも（何もかも）こんなことになってしもーて。お医者にもだいたいはわかっちょるが。まあ、子宮癌かそこらぢゃなと言うが、もう二年になるけんど今までそんなとこわりー（悪い）ことはない。

のけた（仰向け）に寝たらお臍の辺りが脈をうんと打つけん、そこがわりいがぢゃろーと思うちょる。やっぱあぢな（変な）物がすそ（下半身）へ出てきよったがよ。専門医へ送ったけんど、「まこと（ほんとに）心配することないが」言うけん、除けちょらんが。死なー治らんがぢゃけん。もうお腹を何回も切っちょるけんね、もう切りとーない。

③昔は三時になったら鶏が歌うた

昔は朝方になったら、鶏に起こされた。三時になったら鶏が歌《うと》うた。今の鶏は時がわからんぜ。五時、六時になったらうんと歌うがね。折節、三時半に歌いよることがある。

わしは寝れんけん、みな知っちょる。時計はなし、この人（翁）は死んだようなもんぢゃけん、夜の明けたことも知らんけん。昔は、日だけたら（日が高くなったら）どんな目に遭うかわからんけん、寝たようになかったが。今はぬくうに寝れだして、眠りだしたけん。

『竹治翁』鶏も馬鹿になっちょる。わしらも馬鹿になっちょるがよ。わしは一番鶏や二番鶏は知るかえ、寝太郎ぢゃけん。

『三男さん』「日だける」いうたら、朝遅うに起きること。仕事に取り掛かるがが遅うになるということよね。「われら（お前ら）まだ寝よるか。もう日は高うなっちょるぞ。これで仕事になるか」とか、「あこのどこそこの畑へ行て、あれ（そこの仕事）が終いがつかんぞ」と、やられるがぢゃけん。そりゃ、若いもんは寝たいわえ。

ここへ養子に来た時に、わしらもやられた。「人はもう炭焼きぃ山へ行ちょる。もう半時《はんとき》ばーは仕事できちょるはずぢゃ」と言いよったがのう。そんでわしら、とー（朝二時、三時）から起きて、他人に朝露踏ませんうちに牛の草刈りに行たけんね。わしは人より何倍も働いて、やりあげてきた。今の子らにそういうことを言うたら、夜逃げしておらんようにならーえ。

昔はね、それぱー辛い目におうたち、家に帰らんぞ（のか）いうたら、口減らしぢゃけん。やっぱー食うことに事欠いちょるけん、三男坊や四男坊になったらみな、養子に行たり子に行たりさせられちょるわけよ。

日本が戦争に負けて（今は）食うもんも豊富にあるし、贅沢ができるけんどのう、当時はそうぢゃない。一反でも一切れでも土地のあるとこへ行たら、「たいしたもんぢゃ。お前く（とこ）のわかいしはえーとこへ行たねや（なあ）、辛抱せにゃいかんぞ」と、みな言うたけん。今りゃ、「土地がある」言うたらぢき（すぐ）に寄り付かんようにならー。

注・「とりうたい」＝午前二時ごろ。（『高知県方言辞典』）

④今りゃ、七時半ごろにならんとよう起きん

今りゃ、起きるに（のに）七時半ごろにならんとよう起きんが。顔洗わにゃ、目がぼーっとして見え

んろ（だろう）。ヒョロヒョロ、ヒョロヒョロしよるけん、足が立たんろ。ぢーちゃんが火を焚いてぬくうにしたらわたしが起きて来る。

もう、こたうかえ（できっこないよ）。無理するち（とても）こたわん（できない）ようになった。ここ（上がり口）を日に何べんと上がったり下りたりにうんとこたう（骨が折れる）。ぢーちゃんが（土間へ）下りたついでに、「いるもんは、気をつけてみな取って来てくり（くれ）や」と、わたし言いよる。ここは上がり下りがうるさい（煩わしい）。

⑤はよーいたらくつろぐ

もう、はよー（早く）いきゃえーけんど、なかなかしゃんしゃん（さっさと）いけん。はよーいたら、くつろぐ（安心する）に。手洗川の妹はこないだ（この間）いった。うちのであと（出里）の嫁でまだ若いわ。あの子は、なんぶ（いくつ）ぢゃっつろーかわからん。

はよー、これ、バナナを食べなんせ。買うた時からやおー（やわらかく）なっちょる。折角置いちゃるに（用意してあるから）まあ食べなんせ。

⑥ゴーゴー、ゴーゴー海のはたへ座りよるみたい

ぢーちゃんはいよいよよう寝るぜ。食べたらぢきにゴーゴー言いよる。ゴーゴー、ゴーゴー海のはた（そば）へ座りよるみたい。目を開けちょったことはないぜ。テレビ付けちゃ（ては）ごーつく（大鼾《おおいびき》をかく）けん、消すとまた付ける。わしゃ無益ぢゃけん、ぢきに消すとまた付けちょる。テレビが守ぢゃねえ。若い時に困っとーえ。どーひたち（「どひたち」の強調。どうしても）夜が明けたことも知らん。

『竹治翁』わしゃ昼も夜も寝る。昼も夜もかーらん（変わりがない）。わしばー寝る男はおらんのう。仕事場でも寝たけん。

2　春のとある日に

①ぢーちゃんが弱った

ぢーちゃんが弱ったけんね、なんちゃに（何の役にも）ならん。今はもの言いよるけんど、人がおらんようになったら、ご飯食べたとこでいなり（そのまま）伏して（横になって）やっぱしあげに（いつもあんなに）しよる。

ぢーちゃんはストーブ付けたらボーボー上へ（炎が）出るほど焚いて調節することがない。ここぃ座って朝から晩までやっぱし（やはり）目も開けちょらんね。

あれほどえらい（すごい）人ぢゃったが。びっしり（いつも）つぶって（目を閉じて）ここでがんつかしよる（テレビの音をガンガン立てている）。電話がかかっても知らんが。誰が来たち知らんが。あればー人間が弱ったが。先にいかんか（逝くかもしれない）思いよる。なんちゃ（なんにも）こたわ（できん。（畑を）見にも行かさん、怖いけんね。もう今年は（バイクに）絶対乗られんと叱られよる。

やっぱしここへ座ったらの（ね）、ベット（ド）へ行てゆっくり休もうかという頭がないが。ここ（ソファ）でひんづし（朝から晩まで）目を開けん。

②年百さらさら海のはた

わたしの頭はブーブー言いよる。年百《ねんびゃく》さらさら（年がら年中）海のはた（近く）へ座りよるような、波の音しよる頭を持っちょらえ（持っているよ）。

わしは、体が変わったもんぢゃろーか、いずれ（たいそう）ようねぶれる（よく眠れる）。ここへおったちねぶりよることがある。今朝も五時、六時まで知らざったん（が）のう。ようねぶりだした。

二　であと（出里）での暮らし

たろばー（ことばにできないほど）骨折った。ここは来るとこぢゃなかった。おとろしい（恐ろしい）とこぢゃった。営林署を控えちょったけん、うんと労働するとこぢゃった。ひとせ（しばらく）賑やかぢゃって、今は隣（隣近所）がなしになった。

『三男さん』営林署の林区《りんく》があったけん、刈りあけ（雑草刈り）とか仕事がうんとあって雇われて行くがぢゃろー。昔は、営林署は怖かったけんのう。勝間川の官林から材を出す木場《こば》（木材を山から川縁まで出す作業）をしたり、筏も作ったり、炭も焼かしてもろーたり、山に近い人は山仕事を盛んにやりよったけんのう。ほうぼうさんぼう（あちこち。「さんぼう」は接尾語）相当の人の数がおった。火事の関係もあってか、なにさま一般のもんは山へ入らざった。山へ入って山のものを採って来たりしよったら、営林署員に取り調べられたけんのう。

昔は、わしらみたいな専業の漁師いうたら少なかった。村に一人か二人はか（しか）おらざった。その中でわしらの島の宮は漁場《りょうば》ぢゃった。昔はえらい（すごい）魚ぢゃったけんねえ。

▲専業漁師のムラ（集落）島の宮のふなと（船着き場）

1　学校行ても家の仕事の段取りを考える

①学校へは渡し船よ

川登《かわのぼり》の学校へは、行たちもんたち（行きも帰りも）渡し舟よ。橋が掛かるまではやっぱし舟よ。川登の小学校へは三里《みさと》も手洗《たらい》川《がわ》も高瀬、田出《たで》ノ川も鵜ノ江もみな行た。勝間の小学校へは勝間川と久保川から来た。鵜ノ江は勝間が近いけんど川登へ行たね。


『三男さん』どうもそこ（鵜ノ江から遠い川登へ通学した理由）がわからな。川登の高等科へは終戦まで勝間からは来ざった。昔のこと、敵にお諏訪さん（旧大川筋村川《かわ》登《のぼり》の敷地神社の祭神となった武将）の城の急所の水源を教えたがは久保川の婆ぢゃったけん言うて、その久保川が混じるがは勝間ぢゃったからかねえ。昔は、そういう意固地なとこがあったけん。

どうやらこうやら（曲がりなりにも）、そういう理屈を言う人がおったら、「今になってそんなことを言

▲対岸の勝間の小学校へ久保川から渡し船に乗る小学生たち（渡船最後の日）

うてのことはない。日本は負けてしもーたがぞ。神も仏もない（神仏の力はない）ぢゃないか」と言う人もおった。

川登のお諏訪さんの祭りには、久保川も白装束に長刀持って来るには来よったが、祭りの踊りには絶対入れざった。それが、昭和三十四、五年ごろになろーか、最後の花取り踊りを踊る時、どこ（どの集落）もその踊りを忘れっ（忘れて）しもーて、久保川の北原の岩兄《いわにー》が知っちょって久保川に花取り踊りを踊らしたが。白い着物の女のかまえで長刀持って踊りよったのう。

②学校へは行ても家の仕事を思いよった

手洗川は娘の時ぢゃけん。学校へは行たつーばー、（というだけ）のことよ。学校へ行ても家の仕事を思いよった。水汲まんといかん、牛の草刈らんといかん、米も踏まんといかん、下のきょうだいの世話をせんといかんと、帰ってからの仕事の段取りを考えよった。勉強にはなるかえ。偉い人になろうとは考えちょらざった。今の子は、乳飲み終わったら学校ぢゃのう。

わたしらは姉のはた（端。長女）ぢゃったけん、学校へ行く時きょうだいを連れても行た。わたしが大将で、食べるもんも分けたが、

「まっとくり（もっとくれ）」と言うておごる（駄々をこねる）子もなかった。子どもら（弟妹）がよかったがよ。

2　お父さんはうんとえー人

①節季のととのえに荷籠にのーておまちへ

お父さんは、うんとえー人。昔の人ぢゃけん、真面目な人ぢゃった。

むかしゃ（昔は）正月前には、節季のととのえ（年の暮れの買い物）にお父さんらが辺りの者、三、四人か四、五人がみな荷籠[1]にのーて、歩いておまち（旧中村町）へ買いに行たけんね。下駄から足袋から、いろいろとどっさり買うて来た。じふ（肉類で味付けする雑煮料理）には鯨の黒皮を、ようどっさり買うて来たことを覚えちょる。黒皮はうんと出汁《だし》が出るけんね。

『竹治翁』腐らん家を建てるこつの一つに、鯨の黒皮があっと。石口石《いしぐちいし》（礎石）と柱とのあい（間）に鯨の黒皮を一寸角ばーに切って、柱の真ん中に敷いと。その鯨の膏《あぶら》がじーっと（次第に）溶けてそれを柱が吸い上げたら、木虱《きじらみ》（シロアリ）が来んかっと。

『三男さん』昔は鯨を食うと。黒皮はうんと脂が出るけんね。

当時は鶏は食うても四足は食わんかったけんど、わしんくら（うちの家は）正月料理に親父が牛肉を百匁（三七五グラム）か、二百匁買うてきて、それをサイコロに切ってじふいうすき焼きを炊いたぜ。ご飯も入れ、言やー（言ってみれば）おじやよ。牛肉食べるがはその時と、なんかの拍子に金儲けした時だけ。世界の人が牛肉食える時代が来るろーか。

②ぽんぽん下駄連れて寝た

お父さんに「ぽんぽん下駄（台の下を刳《く》り抜いた女下駄）買うて来て。ぽんぽん下駄買うて来てよ」と頼んで、ぽんぽん下駄の高いがを買うてもろーた。うれしゅうて連れて寝た。お正月にゃそれを履いて遊びに行った。中村へ付いて行た時は遠かった。後にはだれ（疲れ）て「まだかえ、まだかえ」と言うて。その時、きれいなぽんぽん下駄から赤いショールを買うてもろーてうれしかった。昔は、井上（大きな雑貨店）らでうんと買うたね。

靴ができだして、五年ばーの時、靴を買うてもろーてうれしゅうて学校の裏をグルグル、グルグル走ってまーった（さかんに走った）ことを覚えちょる。

③お父さんは難儀してはよーにみてた

お父さんは、はよーにみてた（亡くなった）。五十二でね。昔いうたら、九人きょうだいでうんとおるけんねえ。まだこあらい（子育て。乳幼児にいう）最中でね、お父さんが死んだ時にゃ、まだ一歳の男の子がおった。その弟の端《はし》は、いま大阪でやりよる。それがふとって（成人して）大阪でやりよる。お父さんは難儀してみてたがよ。

杉病院に入っちょったけんど、ふといこと（たくさん）の子どもらで、お父さんは自分が、大将が死んだら後がいよいよ（とても）困ると思うて、うんと（たいへんに）考えたがよ。兵隊に行ちょったけんね、そんなことを考えるかしらん。たかんで（なんとまあ）、「今日は呼びにいかんといかん（行かなければならない）」ぢゃ（だとか）、何ぢゃと言うた。

杉先生が、「おぢー（父親のこと）よ、今日はいかれんぜ。いくにゃよばん（ゆく必要はない）」と、やっぱし（いつも）あげに（そんなに）言うてくれた。

「おかあも、おぢー（祖父）も、連れていかんといかん」と言うて、夢現《うつつ》にいろいろ言うが。あの時は、目も見えんようになっちょった。昔のことなら（だから）、白内障ぢゃろーか、手術もせんづく（ず）じーっと（次第に）見えんようになっちょった。

『三男さん』昔いうたら、大正から昭和の初期の頃ぢゃろ。わしらその親父は知らん。末の子はハルいう人のえー子。あのきょうだいにはうんとおとなしい子らがおらーえ。次男が家《うち》取ってカラオケやりよる。

④うちに用事があるけん二、三日みてくれんか

杉病院のお母さんから、「代わりに来てくれ」言われて。「どーひたち（どうしても）うちに用事があるけん二、三日来てくれんか」言われて。お母さんは家も見ならん、おぢーさん（祖父）が一人おるがぢゃけん。

ここの姑がおごって（腹を立てて）、「うちもせわしいに（忙しいのに）いかなー（ゆかんと）ども（どうにも）ならんね」とおごって。

昼過ぎてからここから歩いてね、塩塚のとうげ（山頂）へ上がるとトラックがおって。こりゃ歩いたら遅うなると思うて、手を上げて聞いたら「便貸しちゃる（乗せてやる）」言うてくれて。大きな荷の上へ便借って町がしら（町の入口）まで行てのう。あの時はうれしかった。昼から出たらよかったが、昼過ぎて出たがに（ので）遅うなるとこぢゃった。

『三男さん』塩塚の坂は馬車の馬の爪から火が出るばーの坂ぢゃった。とてもぢゃない（並大抵でない）、馬がえりがみ（たてがみ）立てて、力入れて引っ張り上げよったぜ。昔は全部馬車ぢゃったけん。終戦の際にゃ、兵隊が松山の方から引っ張って来た大砲をわしらーあの坂を引っ張らされたがのう。

⑤百姓して炭を焼いたお父さん

お父さんは百姓して、炭を焼いた。うちの山が、ぼっちり（ちょうど）一人で炭を焼くばー（ほど）あって、やっぱー（やはり）うちの山で焼きよった。他の人のように山（山林）を買うて焼くがぢゃない、うちの山ぢゃけん、とり（取り分）は焼いたばー（だけ）あった。百姓もふとかった（大きかった）。四反ばー（ほど）の田んぼがあったらふとい。[2]

まあ、一生難儀して。人のえー真面目な人ぢゃった。わたしら叱られたことがなかった。お父さんは好きぢゃった。

『三男さん』一人で炭を焼くいうたら、山が一町ばーないとのう。それを十年から十三年ばーのあいい（期間）でぐるぐると（順々に）焼きよったのう。炭は木がこまい（小さい）ほどえーけんねえ。直径が五、

▲広大な白砂青松の入野海岸

六センチぐらいが焼きごろぢゃね。焼いて締まって三センチそちこちくらいで焼き上がるけん、ちょうどな炭にならーね。

簡単に「炭を焼く」いうけんど、今は木がふとっちょるけん、焼いてもなんともかんともならん（どうしようもない）。よい炭にならない）。焼いたところでござござ（ばらばら砕けやすい）、えー炭にはならんぜ[3]。

田んぼが四反あったら、あこらぢゃふとい。今は反で十俵ばー（くらい）とれるけんど、当時は五、六俵とれたらえーとこよ。

⑥お父さんに修学旅行に行かしてもらう

川登の学校へ行く時に、修学旅行で入野《いりの》（高知県黒潮町。遠浅の海岸がある）へ行くことになっちょった。

「行けん者は無理して行かんでえーが、行ける者は行てくり（くれ）」と先生が言うて、お父さんが「行け」言うてくれた。お父さんを手伝うて米を踏んでから、明くる日、行かしてもろーたことよ、とやっぱし考える。

・大きいシイを、たまるもんか

おとろしや（驚いたね）、珍しいもんぢゃ。シイ（磯岩に群生する二枚貝）ねえ、修学旅行で食べてから食べたことない。まこと、あい（間）でいっさんばー（一度だけ）食べつろーか。シイは何か（道具を）持って行て、こねたり叩いたりせんとなかなか採れんぜ。珍しいもんを、たまるもんかのうし（感謝のことば。「のうし」は「のう」より丁寧）。大きいシイを。

▲シイ。磯岩の割れ目などに群生し、固着する二枚貝

・岩の上でシイを採って遊んだ

弁当持って入野まで歩いたぜ。同級生はえっころ（かなり）おったが、どればー（何人ぐらい）おっつろー。

まあ、遠いや遠いや。途中のトンネルでちょっと休んで行たがぢゃった。だれ（疲れ）てだれて、たまらざったん（耐えがたかったが）のう。

宿屋へ泊まって、朝潮が引いたら、えらい（すごい）もんね、浅う（遠浅に）なって、浜の岩の上へ上がってみたらうんとシイがあるが。岩の上でシイを採って遊んだが。うんとシイが好きぢゃったけん、シイを起こしてまーった（次々とシイを引き剝がした）。叩く道具持っちょったらなんぼ（いくら）でも採れちょった（ていた）がよ。シイはおいしい。

また、歩いてもんて（戻って）うんとことーた（疲れた）。先生は男の先生ぢゃなかっつろーか（だったのではないか）。もう、ちゃんと（まるで）覚えちょらん（忘れる）ようになった。

『三男さん』わしら修学旅行は片島（高知県宿毛《すくも》市）へ行た。昭和十七、八年ごろぢゃ。入野より遠いぜ。腰には藁草履を付けて背中には握り飯を風呂敷で包んで、「ブンブン荒鷲ブンと飛べ」と歌いながら行た。「見たか銀翼この雄姿、日本男児の名誉だぞ」と、今の北朝鮮そっくりよ。川を渡ったとこにあった旅館は今もあるいうのう。

翌日は林有造先生（後の有力国会議員）の自宅を見たりして、そのあくる日、片島港で軍艦や水上飛行機を見た。宿毛湾の宇須々木には飛行場（水上飛行艇基地）があった。飛行機が飛ぶとパンパン音がしたがは、プラグがいかざったがぢゃね。学徒動員の女学生がヤスリかけて造りよったがぢゃけん。えらいしこう（すごいことよ）、今ぢゃ子どもが外国への修学旅行に飛びだしたぢゃーか（ではないか）。

3　おぢーさんはうんと頼りになった

①毎朝何人もの子どもの履物を三足も四足も作った

おぢーさん（祖父）は、うんとお父さんの頼りになった。背がこまいが、いよいよ元気な人ぢゃった。夜はよー（早く）寝て朝はよーに起きて、毎朝学校へ行く何人もの子どもの履物を三足も四足も作った。うちらもおぢーさんにぢき（すぐ）に継ぎ（布切れ）を持って行て、鼻緒の横を巻いた草鞋《わらじ》を作ってもろーた。継ぎを巻いたらまちっと（もう少し）ふう（恰好）がえーし、足も痛うない。

②梶を桶で蒸し乾燥して束にして売った

梶《かじ》蒸す時は、山の梶場（梶の生えたとこ）から梶を拾うて（集めて）来て、水に浸けちょいて桶で蒸して、乾かして束にして売っちゃって（売ってやって）、お父さんに小遣い取っちゃった。

『三男さん』梶とは楮《こうぞ》のことよのう。「梶を拾う」いうがは、なし（どうして）ぢゃろーか。「命を拾う」いうたり、値打ちのある物に対して使うことばよね。梶は金になりやすいもんぢゃけん、大切なことばを使うちょるがぢゃろーか。ただ「伐って来る」ぢゃという雑なことばを使うちょらん。

梶場は高低があって段々になっちょる。昔は畑へ作りよった。一時期作らんようになっちょったけんど、

▲梶蒸す桶。蒸すと梶の皮が剝きやすくなる［高知県立歴史民俗資料館蔵］

また作るようになって、ここらには梶は山一面にいっぱいあるけん、山へうんと拾いに行た。山の雑木のある中でずーっと梶を一本一本拾うて来た。梶を束にしちょったら町の方から買いに来よった。

梶蒸す時は、島の宮の加用の丑小父んく（渡し守の丑小父のとこ）の梶釜に集まってやりよった。おーけな桶で蒸さんといかんけん、梶場におーけなくど（竈）を据えて湯を沸かす。おーけな桶を万力で吊り上げるようにしちょった。そうやって蒸したら皮が剝ぎようになる。水へ漬けちょっても剝ぎようなるけんど、蒸す方がきれーに剝げらーのう。梶の上へサツマイモを十ばー載せちょったら、梶が蒸せた頃には子どもらも集まった。一、二時間かかりゃせらっつろーか（かかったのではないか）。妙に芋がうまかったぜ。

皮を剝いでハギトバシ（渋皮がついたまま。それ以上は手を加えない）よ。桶で蒸して渋皮もとらんづく（ず）に干しちょって束ねて、束にしたものを売るがよ。ここらの特産物よ。木はたきもん（薪）よ。特産物の主《おも》（中心）は木炭ぢゃった。他に生糸から黒文字《くろもじ》（トーシン。芯は燈心に、木部は楊枝にする）、梶、三椏《みつまた》、そういうもんが阪神へ行きよった。

兄貴ら学校卒業した年に、丑小父に付いて梶を伐りに行たり、トーシン（黒文字）を伐りに行たりした。伐って川端へ出してセンバへ積んで下田港へ出して、機帆船に積んで大阪へ向いて持って行たけんのう。骨折って銭にはならん。商売人が儲けるばー。まこと苦労したのう。土にまみれて汗にまみれて、死ぬような労働をしたが。ほんまに、今は、これ天国ぜ。米子ねーが「昔しよったことで今しよることは何ちゃない」言うように世の中豊かになって、あーんしたら（口を開けたら）食べ物が口に入る世の中になっちょる。平和に暮らせたらえー。金に執着せん方がえー。無理しよったらろくなことない[4]。けんど、今の政治見よったら怖いような。

③さえんもうんと作った

さえん（菜園。転じて野菜）は、向こうひら（側）の道からちょっと上がったとこの畝で茄子、胡瓜、瓜、大根やボフラ（南瓜）、人参や牛蒡らーもうんと作った。あんなえー白菜は昔はなかった。野菜作りはみな、おぢーさんぢゃった。

ちょっとした梶場を風のない、かまん（差し支えのない。条件のよい）時に焼いてね。焼いた後ぃ蕎麦をほうたり（放り）蒔いとったら、よう萌えて太ったぜ。うんとできたけんねえ。

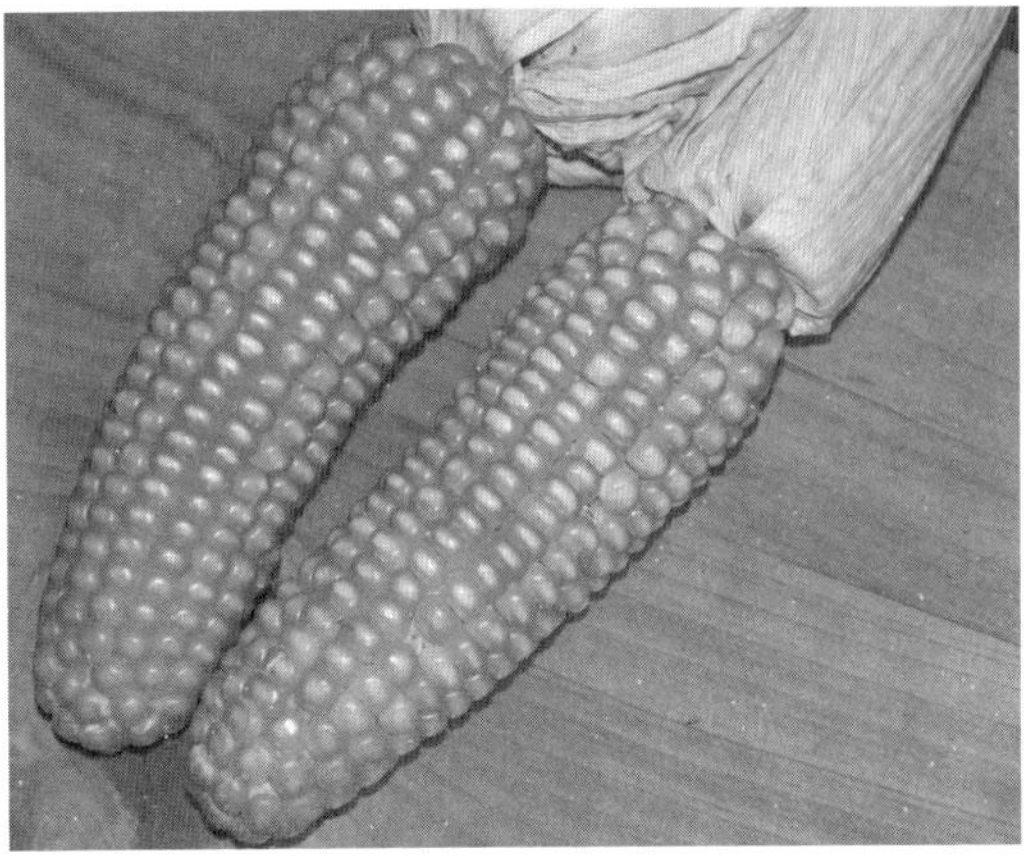

▲昔ながらのウマキビ

『三男さん』焼き畑よのう。溝を切ることをあご、といった。あご（種を蒔くため畝の上に作る溝）を切って蕎麦をべったり放り蒔いた。そしたら、野の草のように芽を出して育つけん、作りよい。

キビ（トウモロコシ）は（一粒一粒）植えた。昔のウマキビはわしら七輪で焼いて食うた。ポンマメにもえーぜ。昔はフライパンでポンポンはぜよった。

④おぢーさんの田楽

田楽《でんがく》いうたにかーらん（言ったようだ）。長い串をこしらえちょいて、田芋（サトイモ）を煮いちょいて（煮ておいて）、竹の串に差して囲炉裏でそのお芋を焼いちょったね。それにお味噌やらつけて、ひやい時の「おひる」から子どもらみんな食べたがねえ。手洗川では、おぢーさんがうんとこしらえた。こっちではせんけん、ここへ来てからはせんね。

『三男さん』そうやって焼くことをあぶるいうた。あぶって食べるいうたら、ゆとりがない忙しい生活の中では贅沢のうちに入るがぢゃけん。

「おひる」はおこんまのことよ。今りゃ、三時のおやついうけんど。おこんまにご飯を食べるとこもあった。雑穀を食うちょるけんね、腹が減りよいわけよ。それと労働がえらいけんのう。機械はないし、全部人海戦術で腹が減らーえ。若いもんは特のこと、一升飯を食うつーもんぢゃけん。そんで、おこんまいうもんを食いよっとーえ（食べていたよ）。古いことよのう。けんど、人間は古いことを聞いちょかんといかん。昔から温故知新いうたがね。

⑤おぢーさんに頭疼きをひやしてもらう

わたしは頭疼きして、九時から十時ごろは痛うて痛うて、十五、六の時は鉢巻きをしちょった（していた)。「頭痛いけんひやして」言うて、おぢーさん(祖父)にぎっちり(いつも)ひやしてもろーた。おばあさん(祖母)の代わりをおぢーさんがみなしてくれよった。それが、子どもができてからちゃっくり(ぴたりと)治ったがよ。

⑥お大師さんを信心

おぢーさんはお大師さんを信心して、二十日と二十一日のお大師さんの日に、平田の寺へ行きよったけん、おぢーさんに付いて行たことがある。手洗川の山伏というしこ名(あだ名)のとうげ(山頂)を越えて有岡へ出て、かたひら(片方、一方。吉芳方面側)へ出て平田の延光寺へお参りした。

『三男さん』宿毛へ修学旅行へ行くに山伏峠を越えとー。峠へ上がったら苔を被った墓が七つあった。先生が、ここで七人の山伏が斬り殺されたけん、しこ名を山伏峠というと説明してくれた。今のトンネルの奥、谷に沿うて畝へ行くと獣道があった。当時はうれしゅうてルンルン気分よ。山を越えることは何ということもなかった。けつ(腰)へ草鞋《わらじ》ぶらくらかし(ぶら下げ)て行とーえ。

・平田山延光寺でのお接待とお砂踏み

店屋《みせや》がどっさりいたよ。お遍路さんは来るし、えらいしこう(たいへんな賑わい)ぜ。二十一日さんはお接待するが。そのお接待にも行《い》た。お砂踏みもあった。八十八か所のお砂を順々に踏んで行くが。戻りしなに(帰りがけに)おぢーさんはお酒を一杯きゅうっと飲んで、わたしはお菓子が欲しゅうて、

▲（参考）香川県坂出市瀬居町お大師祭りでの四国八十八か寺のお砂踏み

買うてもろーたら、おぢーさんが「それ一人食べたらいかんぞ」言うて、食べんづく（ず）にもんて来た。

おぢーさんは後まで生きた。八十まで生きてくれて駄目になった。弟は川登へ養子に来て、百まで生きた。伊与田の家を立てて（盛んにして）百まで生きた。

うちのぢーちゃん（竹治翁）は無信心ぢゃったけんど、石鎚さんは信心して二、三回お山へ行った。

『竹治翁』勝間川の萬太郎さん（鉄砲の名人）はえらかったぜ。元気ぢゃったけん、百まで生きたち（ても）かまな（かまわない）。まことまこと（本当に）、わしらみたいに二人が長生きいうたら滅多にないぜ。おおかたかたひら（片方）が死んだ。

4　おばあさんの流行病

①おばあさんはちーと過ぎちょった

おぢーさん（祖父）は背のこまい十人並みの人ぢゃったが。おばあ（祖母）さんは江川崎（旧西土佐村）の方から来た言うが、ちーと過ぎ（少々でき過ぎ）ちょったが。「ずんやりとした人のきれいな人ぢゃった」言うのう。けんどわりー（悪い）病気を持って死んだけん、ちっとも（全然）いかん。

『三男さん』「過ぎちょった」いうたら、賢かったがやね。「ずんやりとした」いうたら、痩せ形の細身の、今はスマートと言わーね。

②避病舎で死んだら墓も別

わたしが学校の三年ばーのこまい時、手洗川へチビス（腸チフスが）流行ってきて、それに掛かってかき（担ぎ）出されて避病舎で死んだ。子どもらにもみんなうんと臭い消毒して、後は病気を継がざった。避病舎は昔から手洗川のそら（上。高いところ）にも、川登のそらにもあった。言うたら捨て場みたいなもんやった。そこで死んだ人は、その辺りの別の墓地へ入れられたね。

家から看護人が避病舎へ行った。おぢーさんは風邪ひとつ引かん元気な人で、看護人になってもかまん（差し支えなかった）もんね、後を継がざった。

『竹治翁』流行病《はやり》（伝染病）はコレラぢゃペストぢゃ外国の伝染病ぢゃった。皆が嫌うた。流行病で死んだ人は、人の行かんようなとこへ持って行て、かいて（サシアイで担いで）行て捨てと。[5] そういうとこへはお参りにも行かれざった（行けなかった）。

もう何代も前の大昔よ、わしらの講組[6]で大時化の時に二人死んだ。コレラぢゃった。講組がしてくれんけん、うち（わが家。ここでは死者の出た二軒）の家族らでせぐった、と。いっさん（一度）草刈り場へ箱（棺）をかいて（担いで）行て、そこへ据えちょって、また後のがを草刈り場へかき（担ぎ）に行た。それからまた、西土佐との境の畝のショウダイガ森というとこの、うちらの山の大川（四万十川）のひら（側）にせぐって行て、いけ（埋め）て捨てた。お参りにも行かん。そこには昔、西土佐の下表《しもおもて》へ行く道があっと。

「せぐる」いうたら、重い荷物を運ぶ時、いっさん（一度）かいて途中の適当な場所へ行て置いちょいて、また後のがをかきに行く。休み休み遠い目的地へ順繰りにかいて行くことよ。一通りの難儀なことぢゃないぜ、家内（家族）が（身内を）かき捨てないかんつー（という）もんは。

『三男さん』ほんまにえらい（たいへんな）世の中ぢゃった。川登の村外れ、田出ノ川との境に避病舎があっとーえ。死んでも皆と同じ墓（共同墓地）へは入れてくれざっと。わしらの時は、避病舎のあった後へ忠魂墓地があった。

　昔は、肺病とかは世間の疫病神みたいなもんぢゃった。治らん病気と思われたけん、人は寄りつかんようになるけん、村外れのとこへ小屋建てて住まされとーえ。うんと肺病が多いムラもあっとーえ。だれやら（誰それ）は肺病に掛って「もう死のう」思うて、たかで（なんと）石油を飲んだら治った、と。

　わしがほんまにこまい折、ある家に行たら、神経病みになった人が牛小屋に住まわされちょった。昔は、そういうこともあった。今やったらしまい（たいへん。容易ならない出来事などに発する語）よ。そういうことがあっちゃ（ては）いかなーえ（いけないよ）。ほんまにえらい世の中ぢゃった。[7]

③悪い夢見は獏に食わす、ホトトギスの初音は便所で聞かん

おばあさん（母親）が教えてくれた。誰ぞ死ぬような、胸の悪いような夢を見たと思うたら、南天の木の元へ行て「やぜん（昨夜）の夢は獏《ばく》に食わす」と三回言う、と。呪《まじな》いは、えーがぢゃけん（よく効くよ）。あぢな（変な）夢を見たち（ても）、誰っちゃに話さん。

ホトトギスの初音を便所で聞くもんでない。もし便所で聞いたら「ホトトギス、昨日が初音、今日は古声ぞ」と呪い言いかけたらえー(8)。

『三男さん』家の母親が「わりー（悪い）夢は獏に食わす」言うた。「『ない、なりてん（南天）山の獏に食わすぞ』言うて、『アビラウンケンソワカ、アビラウンケンソワカ』と言わにゃいかん」と言いよった。ない、なりてんは邪気を払う、難を逃れる、縁起のえーもんぢゃけん。昔の人は、なにかに頼って生きていかにゃいかざった。

昔の人はいろんなことを言う。子どもの折からいろんなことを聞いてきたぜ。テレビがあるわけぢゃなし、ラヂ（ジ）オがあるわけぢゃなし、話以外にないがぢゃけん。地引網の長屋（四万十川の川原にあった）で年寄りらがいろんな道具を作ったりなんだりしながら、暇つぶしにする話が耳に入っちょる。

5　ムラのこわかいしと結婚

①喧しい親には根性わるーやる

こわかいし（小若衆）が、夜も寝んづく（ず）に喧《やかま》しいばっかし（ばかり）、ひとのんく（他家）を走

り回った。やっぱり世が開けちょらん（開化してない）がぢゃ。娘は親のはた（近く）へ寝る子もありゃ（あれば）、おぢーかおばあのにき（そば）に寝よる子もある。別々に寝よる子もあらーね。まちまちぢゃのう。

娘の親らが喧しいことを言うたら、こわかいしらがうんと根性わるー（意地悪く）やるけんね。どんなこと（ひどいしっぺ返し）もしつろー。親らこらえちょらんと（我慢してないと）いかん。よっぴと（一晩中）寝んづく（ず）にわりー（悪い）ことしたけんのう。昔の人いうたら開けちょらんことよ。

『竹治翁』年の順に十二、三から十七、八まではこわかいし、三十までがわかいし。それから中年にならーね。わかいしの頭《かしら》は人がそう言うばーで、実際に頭（頭領）となった遊び人とは違う。頭は結婚したら引退したね。結婚してもやっぱり問いに（教えてもらいに）来られる人もおった。器用さを利用されたのう。わかいしの好きな人は結婚してからも泊まり屋に来て、いろいろな話をして仕事の話も聞かせよった。

『三男さん』こわかいしは若い衆組に入ったばかりの褌《ふんどし》かたぎ（担ぎ）よ。わかいしの先輩らが家の中をうかがいよる時にゃ、こわかいしら外でわいわい笑うて騒ぎよる。夜遊びいうたら、そうやって昼間の疲れをとりよったがよ。けんど、親には「夜も寝んづくに」とおごられ（叱られ）らー。

娘の親らが喧しいこと言うたらしまい（たいへん）よ。井戸の中へスリ糠を放り込《こ》うだり、親父がおごって出て来りゃあ、木戸のとこへ大きな丸太を置いてその上へ雨戸を敷いて、親父が乗ったらコロコロすべくる（滑って転ぶ）ようにしちょく（しておく）。

まだひどいがになったら、牛をだや（牛舎）から出して来て、おばち（尾）へバケツを括り付けてすっ

（ひっ）叩く。ガランガラン音がするけん、牛はいちばい（いっそう）驚いて跳んで逃げらーの。親父は一晩中おわえんと（追いかけまわさんと）いかん。田野川から奥の方ではあんな悪さをした。

はかんど（墓場）が近けりゃ石塔をかたい（担い）で来て庭に据え置いた。ふとい（ひどい）迷惑よ。昔はえらいしこう（たいへんよ）。それが嫌ならわかいしが娘のとこへ遊びに来ても黙っちょけ（黙認せよ）というわけよ。今ならおおごと（大問題）よね。

②鉢割りしてもらう人も

嫁に行くまでに鉢を割ってもらわんといかんという人もおった。電気もない山奥では、誰でもかまわんようなとこぢゃった言うねえ。ここらの人らは、あんなことをせざっつろー。

『三男さん』「おなごも鉢を割ってもらわんと一人前ぢゃない」、「嫁に行くまでに鉢を割ってもらわんといかん」言いよった。ところによるがぢゃないか。ムラの女の子に「お前も鉢を割ってもろーたか」言うたら、「ばか！」言うておごられた。

わしは親父から「嫁に貰わん者を傷をつけたらいかんぞ」と、母親からは「女の十九は陰も跨ぐな。種が付きやすい。三絶対《みつ》にいかんぞ」と言われちょった。親の言うたことは守った。親がしっかりしちょかんといかん。

③十八で嫁に来る

うちらは十八で嫁に来て、十九で子どもができた。今の人らは、はよー（早く）行かんけんえーが。うちら学校すんでひとときして来たけん、何ちゃ知るかえ。手が付いちょるかえ。

『三男さん』昔は口減らしぢゃったけん、貰うてくれたら誰ぢゃち（でも）かまん。はよー嫁に行た者が得な人ぢゃと言われよったけんね。「はや、誰やらちゃんは嫁に行たつーぞ」言うたね。島の宮の誰やら（某）小母ら十五で行て、まだ家で毬つきよったと。早すぎるにもほどがあるぜ。

「手が付いちょらん」とは、男女の関係のことよ。ここらでもみな言《ゆ》いよったね。「あの子は手が付いちょらんかえ、嫁に貰いたいがぢゃ」と言いよったね。よそのムラぃえー子がおるけん、そこぃ行て知り合いに聞くわけよね。そしたら、「ありゃ、たかで（なんと）無傷よ」と。

手が付いちょると、「ちょっとそれは、男とのあれがありゃすまいかねや（あるかもしれないなあ）」とか、「誰かと仲がえーことはないか」と言いよったね。そういう子を貰うたら、そのうち大騒動になるということを言いよったけんのう。それで、行てもんて（戻って）来たもんもある。

うちの母親がそれで相談に乗りよったことがある。泣く泣く嫁に行て、できた子をひて（捨て）てもんて来た。えーとこへ行ちょったけんどね。相手はなかなか理解のある人ぢゃって、「なんとかしてもらえんろーか。わしゃ（わしは）子がむごうて（かわいそうで）いかん」と、やっぱり相談に来よっとーえ。

ほんで、おなごを呼んぢゃ「いんだら（帰ったら）どうぞ（どうか）。子がある以上はひてるわけにゃいくまいが」と勧めたけんど、いかざった（駄目だった）。そのあい（間）に、昔の男との間に子ができと。

そんで昔の人はそういうことをうんと気にかけちょった。うちの親父はわしに、「博打を打つな。借金すな。身に付かん銭は持つな」と、「おなごを傷つけたらいかん」と厳しゅう言いよったわけよ。

④家内貰うたら引き締まって家を立てていかにゃ

ぢーちゃん（翁）もわかいしと混じって寝起きしよったがぢゃろー。家内貰うて仲間入りしちょっちゃ（わかいし組へ留まっていては）、どもならなーえ（どうにもならんよ）。家内貰うたら、引き締まって家を立てていかにゃいかん。そんな考えをせんで、わかいしと一緒になったち、どもならなーえ（どうにもならんよ。どうしようもないよ）。子ども（こわかいし。若い衆組の見習い）みたいに。

『三男さん』嫁を貰うちょらんもんは嫁を探して走りまわる。あこにえー娘がおるぞと夜這いに行て、わしら褌担ぎよね。

連れ合い（翁）は嫁を貰うちょるがぢゃけん、もうわかいしの組から外れて家をきちんと守っていかんといかん。もう若いもんとあまり夜出歩いちゃいかん、何か間違いがあってはいかん、と。言《ゆ》やー（言ってみれば）、ちょっとりん気を混じえちょる。焼き餅焼きよる。わしというものがありながら夜外へ出歩いてまーる（あちこち出歩く）、と。また、主人（翁）はうんとわかいしらに慕われちょったがぢゃのう。

三　嫁は苦労した

1　えらいお父さん（舅）のこと

①えらいことがあったぜ

えらい（たいへんな）ことがあったぜ。うんとえらいお父さん（舅）にかかって苦労した。仕事もことーた（疲れた）が、仕事はせにゃいかんと思うちょる。

この人はよう寝る人ぢゃった。今でも、朝も昼も晩も寝る人ぢゃ。まあ、よう寝る。いつでも寝よる人ぢゃ。苦労したち言《ゆ》うてのこたーない（話にならない）。

お父さんはめっそな（大した）しごとし（精出して仕事する人。勤勉な人）ぢゃなかった。何ぞ言わー（何かといえば）人を使うてする人ぢゃった。

『竹治翁』夜中まで田んぼで鰻をとったり、猪を追いよるがやけん、眠たいがよ。

親父はわしよりかさ（体）が太うて、ひと頃は百キロ越しちょった。商売をして労働せんかった。初めのうちはうちで蚕も飼いよって、自治会と婦人会を代表してうちでちーとんつ（少しずつ）売りよったが、昭和五、六年ごろぢゃろーか、店を出したが。

不景気ぢゃった時は、米らも配給しよったけんど、配給もよう受けんような人も出よっと。やっぱり芋を買うたり、野草を採って食うたりいろいろなことをしたね。戦後よりたいへんぢゃった。

わしんくは、営林署の供給もやりよったが、勝間川の奥へはよそから炭焼きがほんまによーけ（たくさん）来ちょった。炭焼きしよる人の中には、米を食わんづくカボチャばっかり煮いて（煮て）食うて、体が青うになったり黄《きい》になったりしちょる人らがおったぜ。

『三男さん』「言うてのこたーない」とは、苦労しがいがない。話にならんということよ。主人（翁）はおーどーな（大胆な）人、呑気な人ぢゃけんのう。「あわてるな」とゆったりしておるけん、米子ねーも自分で心の整理をつけるしかない。

②こりゃばったりしもうた

わたしが目を覚まさんとこの人は寝入って知らんぢゃろ。ある朝、子どものおしめを替えたりお乳を飲ませたりしよって、寝過ごしてしもーた。

お父さんらへや（隠居屋）におるがぢゃけんど、向こうのおりや（居り屋。居宅）の上がりはな（家の上り口。）で蜜堂《みつどう》（巣箱）で蜜（蜜蜂）を飼いよった。朝飯にお父さんが来て（用意ができていなかったので）、たかんで（なんとまあ）腹立ちまぎれにその蜜堂のトタンの覆いをダンダン、ダンダン叩いて叩いて。それでたまげて飛び起きたら、こりゃばったりしもうた（取り返しのつかない大失敗した）。外はまっこうなっちょる。

『三男さん』「ばったり」でも「ばったりいた」でも失敗したこと。「ばったりしもうた」は、してはならん

▲蜜堂とトタンの覆い

失敗をしたわけよ。外が真っ赤になっている。陽がだいぶ昇って高うなっちょる。陽が差して昼になっちょるわけよ。

③二度とこんなことして起こされりゃせんぞ

「お父さん（翁）、はよー起きて。しゃんしゃん（さっさと）起きんか。たかんで（なんと）朝飯が遅いがに、腹立ちまぶれ（紛れ）に木でトタンをドンドン、ドンドン叩いて叩いて、近所にもおーけな損（とてもみっともないこと）になったぞ[9]」。

覚えちょけ（覚えておれ。無念なことをされた時に発する）、絶対に起こされんぞと思うた。わたしはさどい（敏感な）がぢゃけん。ちーと音がしたら、今でもぢきに目覚ますがぢゃけん。

それからは、いっさん（一度）も起こされたことはない。このぢーさん（翁）は、夜が明けてもひとっつも（ちっとも）知らん。わたしが起きにゃ知らんけんね。

・あればー腹が立ったことはない

わたしは、あればー（あの時ほど）腹が立ったことはない。「くそ、二度とこんなことして起こされりゃせんぞ」と思うちょるけん。

ひと朝お母さんが、「もう起きにゃいくまいがよ」言うて、「はいはい、何にもできちょるけん、いつでも来たや」言うてやったことがある。

　このぢーさんは夜が明けても知らん。わたしが起きにゃ知らんけんねえ。昔は時計はなし、向こうの鶏が歌うて起きるばーのことぢゃった。


注・「くそ」（接頭）主としていやしめ、ののしる気持ちをあらわす。（『高知県方言辞典』）

④みな懐へ持って走りかけて行く

へや（隠居屋）は、おりや（居宅）の向こうから井出《いで》（水路。溝）の方へ戸が向いちょるけん、「わたしらがまだ仕事に行かん、まだ仕事へ行かん」思うて、こんなに腕を組んで、顔こうして見よるがぢゃけん。そりゃ、昔の人はえらかった（強かった）ぜ。いつになったち（ても）、あの人にはこたわん（かなわない）。

　叱られて、てご（手甲）も掛け（身に着け）ん、足袋も履かん、手拭いもかずかんづく（被らず）に、おしめらこい（など）を洗いあげて出にゃいかん。

　男と一緒に出にゃいかん言うがぢゃけん。ちょっと難しいわえ。おなごはうちじまい（家事の片づけ）しちょいて、子どもらを学校行かして出にゃいかんろ。一緒に出ないかんつー（という）がぢゃけん、無理なことよ。

　それでわしらも、何ちゃ掛けんづくに、みなここ（懐）へ持って木戸走りかけて（走り出て）行くがよ。向こうで履いたり着いたり。それば一の目におうてきたが。えらいもんで。

『三男さん』「えらいもんで」いうたら、ようここまで続いた、生きちょることが不思議なぐらいという気持ちよ。

掃除、洗い、洗濯と家事の終いをつけちょかにゃ仕事に出れんぢゃーか（出られないではないか）。だいたい、男には一足遅れらーね。やれやれやっと一段落ついたと、一息つきながら旦那に付いて行かんといかん。何も持ちあわす暇はなかったわけよね。着いた着のまま、仕事着をつかんで旦那の仕事しよるとこへ駆けつけるわけよ。[10]

男は鍬かたいで（担いで）ぽっと（何も考えずにさっさと）出るばーよね。仕事師は、出る前にヨキ（斧）やエガマ（柄鎌）ら刃物を研ぎよらね。エガマは雑木を伐ったり木の枝を払ったりするに使う斧。

⑤百姓はふといにぢーちゃんは猟で家におらん

ぢーちゃん（翁）が猟師で家におらざったけん、苦労した、した。親ら猟が気に入らんけんね。百姓はふとい（大きい）し、親らは百姓せんけん、なかなかえ（具合）が悪かったが。骨が折れらーね、わたしが。

猟師というものは朝、「ちょっこり（ちょっと）」言うて出て行たち（ても）、昼になるけんねえ。「ぢきに戻るが」言うて行たち、当てにならん。撃ち損のうたりなんだり（などと）、食わんづく（ず）にでも走り回っておわえたい（追いかけたい）がぢゃけん。

それもみんな、親らが気に入っちょったら、しよい（たやすい）。難しくない）けんど、「まだ戻らん。まだ戻らん」で、待ちかねて、「もんたら、まくっちゃらんと（ひどく叱らんと）いかん。しでまくっちゃらんと（制裁を加えんと）いかん。おごっちゃらんと（怒らんと）いかん」言うて。親が怒ったち、もう聞くかえ（聞くはずもない）。あれで、なかなかやりにくかったがよ。四月いうたら百姓が忙しいけんね。今りゃ田んぼを植えちょるけんど、昔はまだぢゃけん、準備はせにゃいかんし、遠い山田がよけぢゃけん、骨が折れた。

『竹治翁』わしばー（ほど）猪をとったもんでないと、猪の正体はわからなえ。やっぱ猟に掛って二十歳からおおかた九十歳までやっちょるけんのう。猪の生態は自分の子どもよりもっとわかっちょる。

猟ばー（だけ）にのぼして（熱中して）ひとっつも（少しも）家のことをせんかった。家の仕事は骨が折れるけんね。ふといことの（山のような）仕事。山田からふといことの仕事ばっかし（ばかり）ぢゃったけんのう。それを、こあらい（乳幼児の子育て）するする（しながら）やったけん、家内がうんと骨が折れたと。

⑥よときが変わったー昔しよったことで今しよることは何ちゃない

えらい（たいへんな）ものねえ。よとき（時世）が変わったら、世の中が変わったら、えらいもの。昔しよったことで今しよることは何ちゃない。植えるもんから食べるもんから何にも、みなちごうて（違って）しもーたけん。

今の子ら、しよいわねえ。今の田植えは、うちの家の辺りのしよい（作りやすい）とこ、えーとこばっかり作って。はしは嫌ぢゃったら、今年遊ばしちょって来年植える。「よーけ植えると機械が傷むばっかりぢゃ」言うて、植えんがぢゃけん。ここの奥らも広いがを遊ばしちょる。奥のひら（方）も遊ばしちょる。えーとこばーちーと（少し）植えちょる。それで止めるけん、早いことは早いが。今ごろ、暗うなるまでばたばたし（じたばた働き）よるもんはおらん。

『三男さん』ほんまに、昔しよったことで今しよることは何にもないろーのう。ほんまに。

2　お父さんを看取る

①転びこけたお父さん

お父さん（舅）。ありゃ（あの頃は）えっころ（かなり）若かったのう。二階へ寝よったがのう。おばあさん（姑）は夜明け時分、下ひら（家の下側）のお婆さんと二人で釣りに出るが。おばあさんが釣りに出た後ぃ、おぢーさん（舅）が二階から降りてきよって、その時に頭が変になって転びこけた（落ちた）か、降りそこのうて落ちたかしらん、上からまくれこけ（転げ落ち）てきて、下の間《ま》でぐっしゃり（ぐったり）しちょるがよ。

わしがぢきに（すぐに）行てようで（呼んで）、うどうど（ブツブツ）言いよるけん、うちの子へ、「へんしも（急いで）おばあさんへ死んだと言うてようで来い」言うて、行てようで来さした。

おばあさんは、死んだち（でも）かまん（かまわない）が、今おら（おれ。わたし）酒がみてちょる（なくなっている）が思うて、「もう惜しいことはあるまい、年寄りぢゃけん」言うて、後から大笑いした。

『三男さん』命がみてたか、ちょうど酒もみてちょる。命も惜しいとは思わん。えー往生ぢゃということよね。八十という年代になって死んだら、えー往生ぢゃと言うたけんねえ。人生に思い残す未練はない。最高ぢゃと。

②姑はもえぬけ、はえぬけの人

ここの親（姑）は夜釣りに行った。うちは行けるか（行けない）、嫁に来ちょるがぢゃけん。姑は家のもえぬけ（土着。はえぬき）の人ぢゃけんねえ。自分放題（思い通り）になったけん、思うたようにやるけん、しよかっと。よその家から来たもんは朝も晩も釣りに行けるかえ。おーけな部屋の掃除せにゃいかん、炊事せにゃいかん、水汲みせにゃいかん、掃除せにゃいかん、一通り（並大抵）ぢゃないぜ。

▲旧居の一尺角の立派な大黒柱

柱も戸棚も自在も毎朝水で拭いたり湯で拭いたりしたけん黒光り

しよった。スダジイ（大粒の実のなる椎）の大黒柱は一尺あって、自分の顔の痣がきれいに写ったけんね。人が来たら、「立派なもんぢゃ」「顔が映る」ぢゃ言うて皆なぜ（撫で）ていんだ（帰った）ぜ。

もえぬけいうたら（と言えば）、そこの家のはえぬけ（そこで生まれ育った人。家付き娘）よ。養子娘（婿を貰った娘）はえらい（強い）わ。思うたようにやれるけんね、えらいわ。うちの子らはどこへでもぬし（自分）の思うたようにやりよるが。ひとのく（他家）の嫁になったもんは（そんなことしたら）三日もおれるかえ。

『三男さん』自然に種が落ちて生えてくるがもえぬけぢゃけん、普通は「もえぬけよね」とやんわらと話す。はえぬけの、生やすいうことは、種をまいて人工的に生やすわけよね。生やすいうたら、強いことばよね。よその血を受けちょらん。

③舅の最期の日々はしんきにあっつろー

それからあげん（あのように）なった。ぎっちり（いつも）あんなにして腰かけておった。あの時分はテレビがないけん、しんきに（退屈に）あっつろー。見るものがないけんのう。

ぎっちりラヂ（ジ）オ掛けて、折節レコードを掛けて浪曲やら掛けて、やっぱり聞きよる人ぢゃったがのう。そのレコードはどこやらの保育園が貸してくれんか言うて貸したのう。盤は母屋に箱一杯いなり（そのまま）になっちょる。

テレビがなかったけんね、レコード聞いたり、ラヂオ聞いたりしちゃー座りよった。何年も難儀しとー。あれで、おぢーさん（舅）は死んだが。ここで死んだけんのう。ここへ来たがはいつか忘れっしもーた。おぢーさんはこの間《ま》（部屋）で死んだ。いつぢゃっつろー（いつだっただろう）、もう忘れっしもーた。頭ごてつき（ごたごた混雑し）よるけんのう。

今でも人の死んだことはわりー（よくない）もんぢゃねえ。おぢーさんにゃここで死なれたけんのう。

ぢーちゃん（翁）のおらん時は、大きな灯をあかしちょって（灯しておいて）寝るが（のよ）。ここで死なれたけんのう。

おぢーさんは、昔の日にちから「今日はなにごとがある。明日はかにごとがあると、そんなことばっかり調べたり考えたりする人ぢゃった。自分の末期の水まで汲んぢょった。

注・「今日はなに、明日はかに」は「なにかに（なにやかや）」を分けたことば。

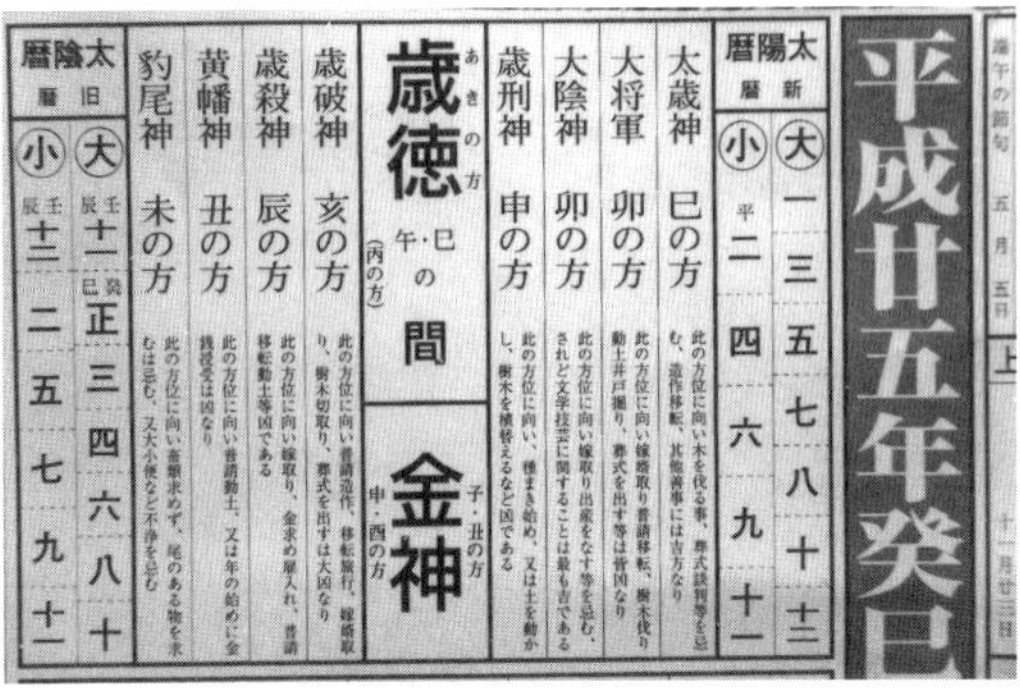

▲金神の記載のある現代のカレンダー

『三男さん』昔は「とき」によって、していいことと、してはいかんこととあった。

金神《こんじん》さんがどこ行ちょるかということをうんと言いよっとーえ。ほんぢゃけん（だから）、金神さんのおるとこで木を伐ったり泥を掘ったりせられん言うた。金神さんは今年は南におる言うても、一日かけて回りよるがぢゃろー。昔の人は、「今日は何の日ぢゃけん西向いて行かれん」とか、「外へ出られん」とか、いろんなことを言いよったぜ。自然を相手にしてその日の生活をせにゃいかんろー、うんと「とき」を言うて、「金神さんがどこへおるか」言うた。

集まりでも「誰やらは来ちょらん」と言うたら、「今日は何やらの日ぢゃけん、絶対に出て来ん」と言うたりしよったけん、そういう人がおった。

くど（かまど）をしたりするにも、「金神さんが舞《も》うて（回って）来ちょるけん泥を取られん。取っても、塩摑みに三握り戻したら罰《ばち》は被らん」と言うた。

④最期はこっとりいた

「なんどきぞ」

「まだ、十時過ぎ」

「へー、おーごと（たいへん）なものぢゃねや（なあ）」言いよった。

おしっこぢゃ、そりゃ水ぢゃ、おごせ（起こせ）ぢゃ、ねらせ（寝かせ）ぢゃ。妹も来てくれて、二人がそろりと寝させたり起こしたりして。

おばあさんが「おぢーさんが寝たけん、皆もいっとき休めや」言うけん、みんながいっときかやっちょって（横になっていて）、そんでおばあさんが一番に目を覚まして

「こりゃあ、おぢー死んぢょるけん、起きんか」。

「おぢーが死んぢょるぞ」。

「まあ、今ちょっこりのあいい（少しの間）に。毎日寝ちょらんけん。二、三時間寝つろーか」言うて。

こっとり（安楽に）いたね。

⑤昔の嫁さんは頭下げてまーらんといかん

嫁が舅親を世話をして看取るがが当たり前。一生懸命親孝行をちゃんと（きちんと）せんといかんがよ。

一生懸命親孝行をする人もある、せん人もある。朝も晩も叩かれんばかりに叱られて、孝行しとーない人もおっつろ。あこの姑はだいじゅうに（大事に）する。あこの嫁さんはえらい目にあいよるという。うちらえらい目におうた組ぢゃ。

昔の親は今の姑さんとは全然違うけんねえ。昔の嫁さんは、親のえらい人は泣いた。今の姑さんは、嫁には居着いてもらわんといかんろー。

昔の嫁さんは、頭下げてまーらんと（いつも頭を下げていないと）いかんろー。骨を折りまろーで（とことん骨を折って。「まろぶ」は強調）こんなになった。今の嫁さんは姑さんよりはえらいけん、泣いてまーりより（泣いてばかり。「よる」は継続）はすまい（しないだろう）が。

『三男さん』「えらい目にあう」いうたら、これはひどい目にあう。えっぽど（余程）どうぎめられたがよ。結局、体の胴にこたう（打撃を受ける）ばー、ものをやらされたり、ものを言われたりすることを「胴決められる」という。「わりゃ（お前）遅かったぢゃないか」。「あの糞ばんば（老婆）に胴決められよっとー」。「何のわりー（悪い）ことをしたぞ」というような使い方よ。

「頭下げてまーらんと」いうたら、敗戦で男女同権になるまでは、おなご（女）は男の下手におるわけよのう。いつも土間におってしょたい（台所仕事）しよった。言うたら、「土間ウサギ」よ。いつでも食えるように手元に置いちょった。ウサギは鶏と同じに一羽、二羽と数えよった。昔は四つ足は食わざったが。

3　山田には一番苦労した

今の子らあんきな（気楽な）もの。みな機械揃えちょるけん。田んぼも何もかにも機械で思うとこ（作りやすいところ）ばー叩いて（耕作して）。

①山のはたから上のはたまで三反あまり

山田いうて、山の中へ田んぼがあるがよ。山にちいとばー（少しぐらい）ならえーけんど、三反あまりも山のはた（傍。そば）から上のはた（山頂）まであって、その山田のはた（そば。周り）をぐるぐる刈らにゃいかん。畔を揃えにゃいかん。あんなとこへ牛を連れて行かにゃいかんが。

『竹治翁』山田には一番苦労した。昔の谷はほとんど、谷の水を利用した田んぼぢゃった。谷をなんぼ（いくつ）にも切ってつき上げた田んぼぢゃっと（だった）。上のはたまで四、五百メートルあったけん、肥料もみな、肩の上で担い上げ、担い下ろして苦労した。

昔のは人はえらいねえ。わしんとこに山田がよーけあったがは、土地があったがと、先祖代々器用にあったがよ。どっから水を取るかよう見ちょいてから、山のひらみ（傾斜面）のおーけなだば（広い平坦地）

▲ふごと天秤棒［東かがわ市歴史民俗資料館蔵］

を拓いとう。谷間を掘って石を石垣にして、土は作り土にしとー。(11)

山田は周りが雑木ぢゃったけん、陰になって稲ができんけん、人を雇うて周囲をきれいに刈って、日当たりのえーようにせんといかん。それを、「刈り寄せ」いうた。刈ったもんは田んぼに牛馬ですき込んで、腐らしてつくり（農作物）の肥にしとー。山の草らも刈ってかしき（元肥）に入れとー。

山田は猪が来て食う。はたを刈らにゃいかん、陰にならんように刈り寄せせにゃいかん。そんで、仕事が何倍もかかって苦労しとー。

『三男さん』山田はなかなか作れんぞ。骨が折れる。小さい田がこせこせ、こせこせ（あっちこっちに散在して）ある。中にゃ数株ばーの田もある。泣いて、こらえてやらにゃいかん。昔の人はほんまに骨折っちょる。

②牛も骨折りぢゃけんご馳走

ひとに牛を借って代《しろ》をかいた（代掻きした）時にゃ、こっちが牛に昼と晩とを食わさんといかん。朝、ご飯炊く太い釜いっぱいに、コカス（小麦粕）に藁切って芋切って入れて煮いた。牛に対するご馳走ぢゃけん、麦を煮いてうまい糠《ぬか》をもぶって（まぶして）食わす。牛も骨折

▲大小の箕（唐箕に対して「手箕」ともいう。三男さんは大きい方をミ、小さい方をテミとよぶ）

りぢゃけん、ふご（藁で編んだ運搬用かご）かてみ（手箕。もみ殻をあおって屑を取り除く竹製の道具）に入れてぢーちゃんらおとこし（男衆）が持って行く。

『三男さん』※うずむ・かたぐ・になう・かく・さしあう

ふごかてみをうずんで（両手で抱えて）行くわけよのう。

かたぐいうがは、単独で米俵や炭俵を肩へかたい（担《かつ》い）だりすること。

になういうがは、あんまり重荷をかたぐ（担ぐ）がぢゃなしに、軽い荷物をオーク（天秤棒）で前後ろに荷を付けて担《にな》う。木をこって（伐って）束にした物や藁の束なんかは、両端がとんぎった（とがった）サス（担い棒）で突き刺して担うわけよ。

かくいうたら、二人でサシアイ（重い物を二人で担ぐ担い棒）で縄を通した物を担いでいく。なかなか一人で担いで行けん物を二人でかく（かつぎ合う。重い物をかかえ持つときもいう）。サシアイでかくことをさしあういうた。サシアイはどんな重い物でもかるー（負う。背負う）たけんねえ。昔は、製材するに十馬力、二十馬力という発動機のざまな（すごく大きな）車輪を山の畝までかき上げて行た。サシアイで、縄を十文字に通して四人がきでざまな車輪をかいて行たりしよったね。あれは重いぜ。人が敷かれたら死ぬるぞ。それを山の畝までかき上げたりしよった。とてもぢゃない（容易ではない）、わしらにこたうかえ（とてもできないよ）。昔の人はえらい。

ショイコ（背負板）はあんまり使わざった。木馬道《きんま》（下りだけに使うソリ型の運搬具を通す道）のないとこは、天秤棒でにのーたりかるーたりしてもんて来た。おなごぢゃ、天秤棒でにのーて帰ることはこたわん（できない）けん、炭俵そのものへ縄を二か所掛けて、それに手を通して背負うて山からもんて来た。かるーともいうたね。

結局、力のない男は男のように言わざった。昔は力仕事ばっかり。山で木を伐ったり、その木を鳶口で出したり。その木を川で筏に組んで下田まで出したり。まことえらい世の中ぢゃった。力仕事ができんとおなごも頼れんけんねえ。

③雇い人のご馳走をにのーて行く

人をよーけ（たくさん）雇うがは、えちゃーわりい（容易でない）ぜ。昼は山田で食べさすに、飯をソーケ（ざる。夏季の飯籠）に天秤棒で前後ろににのーて行かんといかん（行かなければならない）。田植えの時にゃ、普通の飯ぢゃったら腹が減るけん、もち米蒸して、煮いた豆（小豆）を入れて混ぜて、言うたら赤飯よ。栗も入れたりしちょる。その赤飯もにのーて行かんといかん。片ひら（側）はソーケへ赤飯、片ひらはご飯（白米の飯）の好きな人のためにゃご飯を入れたソーケをにのーて、お茶も下げて山田へ行たがね。昼からご馳走せにゃいかんけん。それこそ、一人は弁当持ちよ。

注・柳田国男『妹の力』玉依彦・田植のおなり
「女性が田植の日の飯を炊ぐ役だけでなく、自らそれを携へて田人におくって来るのも女性への信仰だ」。

『三男さん』ここらぢゃ、里芋やサツマイモを入れたりした腹持ちのえー芋飯よ。三時になったら、おこんま（おやつ）食べよった。伊予でもおこんま言うたね。

④山田へ何でも持って行かんといかん苦労

家からみな坂ぢゃけん、ごとりごとり（ゆっくり）にのーて上げにゃいかなーのう。なろ（広い平担地）ぢゃったら家へ（食べに）来るけんかまん（差し支えない）けんど、山田ぢゃろ。何にも、牛の食《は》みも人間の食うがも、持って行かんといかん。一通りの（並大抵の）苦労ぢゃなかったぜ。今、足が難儀しよるけんど、あんなことしちょるがぢゃけん。のせるかえ。

注・柳田国男『妹の力』妹の力・女人の特殊性
女性が多く田植にかかわるのは、「女は生産の力のある者だから、大切な生産の行為（その最もいちじるしいものは田植）は女に頼むがよいと云う趣旨であった」。

『三男さん』「のせるかえ」とは、堪え忍んで我慢することができんわけよ。「のせんぞのう」とも言う。こんなことばはもうないのう。

えらいもんよのう。人を当てにするという気持ちがあったら、当時はつとまらんけんね。どうしても自分がやらにゃいかんという気持ちがあるがぢゃけん。けんど、昔の女の人は、まこと辛かっつろーのう。

子の守はせんといかん、煮炊き、洗濯、何もかもせにゃいかんが。その上、せんばがあって下田から棹さしてもんて来くる。たまるか（たいへん。感嘆やねぎらいの気持ち）のう。一寸の暇がない。

⑤虫に食われていなりおれるかえ

田畑へ行くには手には手甲をし、足には古い足袋を履いて股までの白い靴下を履いた。山田ぃでも行たら虫がうんと食い付いて、あれ（その靴下）でもやっちょらざったら、虫に食われて、いなり（そのままでは）おれるかえ。昔は、おこし（腰巻）ぢゃったけん、たまるかえ（とても堪えられないぞ）。うちら、上《かみ》（奥。上流）のおばあさんらを、くろ刈り（畔道の草刈り）するに雇うちょった。もう虫に食われて、食われて。またくら（股間）が腫れたつー（という程度の）もんぢゃない。あんまり虫ばかり（気に）しよったら仕事にならんけん、後には苦にならんがのう。食われ放題。むごい（かわいそうな）もんぢゃった。

『三男さん』下から履く木綿の長い靴下があっとーえ。ばっち（長い股引）とは違う。

おっとろしや（驚きの声）。そんなにまたくらまでいっぱい食われて、かまん（かまわない。差し支えない）もんよのう。昔の人はズロースを履いちょらざったけんのう。田植えしよるとむと（かつんぼともいう。ぶと・ぶよ）が股をはち（陰部）まで食うけんね。はちきん（男勝り）のおばあの人ら「はちが腫れてかゆうていかん」言うて大笑いしよった。まける（かぶれて炎症を起こす）人はうんと腫れるけんねえ。

⑥おばあさんら虫が食うたち少しもににならん

かいーて（痒くて）何日も治らん。腫れるぜ。かいーけんのう。昔のおばあさんら虫が食うたち少しもににならん（苦にならない。気にならない）。食い放題。昔の人間は、あげんな（そのような）えらい（忍耐強い）人らぢゃった。前が開いちょるけん、きれーに下まで食われてしまうが。

ズボンでもあらー（あれば）ね。まだうちらの山田世話する時にゃ、ズボンがなかった。それまではおこしで食われ放題。たいへんち（といっても）、話になるかえ。

『三男さん』もんぺは戦時中も終わりよね。十九年ごろか、いよいよ負けるきわぢゃったけん、竹槍を構えんといかん、と。ここらは刀がおも（多くの家に）あったけん、竹槍を作る必要がないけん、刀を竹につけて長刀みたいにして、来たら切るようにしちょった。向うは自動小銃を持っちょるけんのう、静かにしちょるが（やりすごすの）が一等。

刀がおもあったいうことは、家ぜり（ごと）あったこと。ムラに十軒あれば七軒までは刀があったということ。武士の流れがおいー（多い）けんね。長曽我部に付いちょったがも、山内家もみな家に一本か二本の刀があった。あるとこになったら、刀櫃《びつ》に入れて十本も十五本もあったぜ。櫃の長さは一メートル五〇センチ、幅八〇センチに高さが八〇センチ。それに蓋があった。うちらーにもあったけんど、親父がやり損のうて九州へ逃げよるあい（間）に盗まれてしもーた。たった一本、大事な「関の孫六」を家のつし（屋根裏の物置）ぃ隠しちょったがあった。

昔は、酒飲むにも武士の仁義で、まず自分が毒味してから、客人に勧めたもんぢゃった。

⑦味噌や醤油の実をとっていなす

雇うた人らが夕方いぬる時に、入れものに味噌をいっぱい取って行かしたが。醤油をすくうた後（醤油の絞り粕）もやりよった。その醤油を絞った粕を「醤油の実」といいよった。「醤油の実に生姜でも刻んで入れて、おじゃこ（雑魚《ざこ》。小さい煮干しの魚）と砂糖でもちいと振りかけたらおいしいぜ」言うたら、「そんなこと、しどころか（するどころでない）。何ちゃ入れるかえ。いなり（そのまま）食べるがが、うもうてたまらん（とてもうまい）」言うて取っていんだがのう。むごいことよのう。

『竹治翁』田んぼと山田を一町ばー作りよったらおおごとよ。昔は一家に七、八人の家族がおったけんど、それでも人を雇うてせにゃならん。田植え前にゃ山田の刈り寄せ（周囲の雑木を刈る）やら、田のはた刈りやら、田の畔を刈るやらこいい（など）に二、三人雇うと。そんなひやく（日当）仕事をする人らや奥の人らに、「来てくれんか」言うたら来てくれた。米は少々人に分けてやれるぐらい持っちょったし、味噌、醤油にいたるまで分けたけん。

4 ぬしが難儀にゃ仕様ないー子どもを頼って生きて来ちょるがぢゃろー

水は、夜が明けたら毎日四万十川から汲まにゃいかん。あれにことーた（参った）。こんなとこへ来てしもーた（しまった。失敗した）よと思うた。いのう（里へ帰ろう）かしら思うても、子どもをひて（捨て）ちょいてはいいねん。ぬしが難儀にゃ仕様ない。

『三男さん』そこよ（そこだよ）。自分がつらいことは仕方ないと諦めちょる。自分を犠牲にしちょるわけよ。今の人は、人を殺したち平気の平左、子でも殺す。それで裁判になって後悔しよる。なんで。ほんまに。

昔は、田んぼがあるだけでは女は一人ぢゃ暮らせざった。土方するいうたち、女のする仕事がないわけよのう。男のとこへ嫁に行かんと女は生きていけん。ほんぢゃけん、ああいうできた（有能な、器量のよい）おなごが、まああんな男のとこへまで行ちょるという嫁入りもあったがよ。辛抱して子どもを頼って生きて来ちょるがぢゃろーと思うが。

まこと、おなごは苦労しちょるぜ。かわいそうなものぢゃ。むごいことよ。アメリカは男女同権ぢゃけんねえ。[12]

5　山田で怖い目におうた

①ぢーさんが山田のさおへ鋏を掛けちょった

ぢーさん（翁）が山田のさお（さお田。年中地下水がにじみ出る湿田）へ、いっぺん（あるとき）鋏《はさみ》（猪罠）を掛けちょった。あれに掛ってくびられ（括られ）たら、どげんに（どのように）なっちょったやらわからんのう。死んだか足が片方なしになっちょったのう。

あれにはことーた（参った）。今でもぞんぞん（ぞくぞく。悪寒）する。おなごし（婦人）一人で取れる（外せる）もんぢゃない。おなごしぢゃったら二人で掛かったち（ても）取れるかどうかわからん。このおぢー（翁）に付いて、いろいろなことがあった。

『竹治翁』二人でも取れんのう。猪鋏《ししばさみ》を山のぬた（猪が寝ころぶ水たまり）らぃ（などへ）ずーっと揺り込んで（揺すり込んで）入れちょったけんど、鋏がつおいと（強い場合）掛かった猪の足が折れと。足が切れて逃げよった。あれにくびられたら猪の足でさえ折れてないようになって、逃げてとれんがぢゃけん。

②焼き米搗いてくりゃー箕ができにゃ嫁はつとまらん

死んだおぢーさん（舅）がめっそに（たいへんに）焼き米が好きな人ぢゃった。「焼き米搗いてくり（くれ）や」言うけん、山田の下のはたのじる田んぼ（水のたまる湿田）へ刈りに行たがよ。焼き米にするがは、まだ稲の青い時に刈って作った。あんまり稲が熟れたらいかんけん。

『三男さん』焼き米は匂いもえーし、うまかったのう。百姓は新米がとれたら早速焼き米を搗きよったけん、わしらも食いたかったのう。たまたま知り合いが「搗いたけん、食えや」言うて一升ばー持って来てくれることがあった。

あれは今りゃ、売れりゃせんろーか（商品化できはしないか）。新米を熟れきらん（まだ青い）うちに刈りとって、モミのまま釜で煎って、いなり（そのまま）だいがら（踏み臼）で搗いた。搗いたら焼き米はひしゃげ（ひしげ）ちょら。それを、唐箕《とうみ》にかけたり、竹で編んだ箕《み》で米とかす（籾）を分けよった。

籾を飛ばすには手箕《てみ》でやる。女の人はあれをうまいこと使うぜ。縦も横も一メートルぐらいある箕を腹の臍《へそ》の下へ当てちょって煽《あお》って、米とかすを分けるになかなか上手ぢゃった。かすを小口のとこぃ集めて、そいと（そいつ）をポイッと捨てる。かすと一緒に米を一粒も落とさざったけん、女の人の手品のような。あこまでやると見事な技よのう。都会の人らに見せたらたまげるぜ。太い手箕で米のかすらを、こんまい方では大豆かすを取った。

　箕ができにゃ嫁はつとまらざった。生活しよるうちにお姑や他人に習うて上達したわけよ。


注・八朔の日の焼き米はオサバイサマ（田の神様）へ祀る。また、家の若嫁は焼き米を重箱に入れてオットメ（里帰り）する。（『高知県方言辞典』）

▲唐箕（中国から伝来し、元禄ごろから使用されたという）［高知県三原村教育委員会蔵］

③ざまな鋏が口を開けちょる

　さお（沢田）のこっから刈ろうかと思うたけんど、こっちは稲の穂があっちゃ（向う）へかやっ（倒れ）ちょる。畔つとうて（畔伝いに）行て見たら、向こうはこっちへかやっちょる。さおいうたらやっぱり水の出よるやおいとこ（ぬかるみ）よ。穂がかやりやすかったね。

　どっちから刈ろうかと思うたが、えーあんばいに、鋏の掛かっちょらん下ひら（側）から入ってみたら、木がしもうちょる（沈んでいる）。おっと妙な木がある、こりゃ何ぢゃろ思うてよう見たら、ざまな鋏が広がっちょる。二尺もあるざまな鋏が口を開けちょる。それ踏み込んだら、カッタリ（カチッと）やられるが。おーけな鋏よ。おっとろしや（怖いことよ）。それぃ踏み込《こ》うだいうたら、足がないようになっちょるがぜ。とっから（ずっと前に。早くから）ちんば（不具者）になっちょらえ。

『三男さん』怖いこと。足は折れるぞ。「おっとろしや」とは、驚いちょるが。当時は山の中には、猪鋏《ししばさみ》がどこにでも見れよったけんねえ。「ここへ掛けちょるぞ」と人は言わん。掛かった方が悪いがぢゃけん。

それから、「毛糸落とし」いうて「引き筒」というもんがあっとーえ。毛糸を鉄砲の引き金へ括りつけて猪の通り道へ仕掛けちょっとーえ。それに人間が引っ掛かったら、とてもぢゃない（とんでもないことよ）、脛を撃ち抜かれるけんのう。それも当たり前にあった。

④あの時のことを考えたら、今でもぞんぞんするぜ

こっから入ろうか思うた時に入っちょったら、ぢきにやられて、なんぼ（いくら）おろうだち（悲鳴を上げても）誰っちゃ来てくれんがよ。おなごしが来たち（ても）よう上げんぜ。おなごしが二人かかっても外せん。わしの足がないようになっちょるか、死んぢょる。今でもぞんぞん（ぞくぞく悪寒）するちや（ねえ）。ぞんつく（寒気がする）ぜ。

そこは下に家があるけんど、うんとしゃけったら（叫んだら）聞こえるかもしれんけんど、聞こえんかったら、いっときしゃけるかもしれんけんど、こたわん（かなわない。できない）ようになるけん。晩までそこぃおって、「なしぢゃろ（どうして帰って来ないのだろう）」と皆がたんね（探し）て来るまで

そこで食われ（挟まれ）ておるけん。

あの時のことを考えたら、今でもぞんぞんするぜ。えらい（すごい）鋏ぜ。こんまい（小さい）ことはないぜ。このおぢーはてんぽうな（無鉄砲な）ぜ。あそこへ掛けちゃる（掛けてある）言わんで。おーけなが（大きな猪鋏）が口張らしてしもーちょった（沈んでいた）がぢゃけん。あれ踏み込んだら、シャップンと食われて、わしは足がないようになっちょるがぜ。


『竹治翁』猪鋏は掛けられんことになっちょった。掛かったら死んぢゃおらんが、足が片一方なしになっちょら。昔、猪をとる据え銃（猪の通り路に毛糸や針金やカズラをセンサーに張った毛糸落とし）と一緒よ。やられんがぢゃけんど、据え銃をしよったけん、みな怖がっちょっと。どこに掛けちょるかわからんけん、怖かったねえ。据え銃は尺五寸の猪のヒジズリ（前足の付け根）を撃つようになっちょったけん、人間が掛ったらちょうど向こうずねを撃ち抜かれるようになっちょった。掛かった人らがおったね。

　鋏はかやった（倒れた）おーけな木ぃくびり（括り）つけちょった。猪が鋏を引っ張って行ても、その木がどこかへ引っ掛かって猪がとれるがぢゃ。けんど、掛かっても足が折れて逃げたがばっかりぢゃった。

『三男さん』シャップンとは、切れる刃物で、何のためらいもなく一息にシャッと切ることよのう。

「おろうだち」の「おらぶ」も「しゃけったら」の「しゃける」も叫ぶという意味ぢゃね。「しゃける」は大声で人を呼んだり、人に合図を送る時。「おらぶ」は「せんぎいっき（精いっぱい）」の時、追い詰められて最後の戦いをするような時に「せんぎいっき（詮議一揆か）の戦いをした」という。追い詰められて悲鳴を上げるがぢゃね。

⑤カチンと食い込まれたら脛の下からない

鋏にカチンと食い込まれたら足首よりか上に掛からー。こっから（脛の下から）ないようになっちょるね。いっぱいに広うに口張ってかやっちょって（倒れ込んでいて）。あんなもんに掛かったらたまるか（たまらない）。おとろしい（恐ろしい）ね。今考えてもぞんぞん（ぞくぞく悪寒）する。怖いことしちょったぜ、この人は。

『竹治翁』猪鋏は鵜ノ江の人が鍛治屋に注文して打たしたがよ。それを東次郎小父が借ってきちょって、それをまたわしが借ってやっちょったわけよ。「踏み落とし」いうもんぢゃけん、さお田から猪が転ぶ（寝転がる）ぬたへ掛けるがやけん。そりゃあ太かっと。椅子の腰掛けばー（ぐらい）あっと。二尺ばーある板で止めちょってね、その板を足で踏んだら掛かる。

『三男さん』カチンいうたら、ゴムで縛るように何の容赦もなくサッと縛ることぢゃね。

⑥叱るも叱らんもあるかえ

このぢーさんに付いて（従って）から、えらい目におうちょった（たいへんな目にあってきた）。わしゃ何べんも川で死によったけんど。これはもう太い鋏ぜ。肩へ掛けたち重たいぜ。わしに言わんづく（ず）に、あんなことしちょったがぢゃけん。叱るも叱らんもあるかえ（ものすごく叱った）。

あんなとこへ掛けて黙っちょる人があるかえ（あるものか）。もう太い鋏ぜ。このぢーさんはめっそ

（あまり。そんなに）えー人ぢゃない。

掛かっちょったら、わしに懲らされらー。にきに（そばまで）刈って行たら、こげんな（こんな）ものがしもーちょる（沈んでいる）。わしゃ、よーに（よく）目が見えるけん、見りゃ、ああこりゃおーけな鋏よ。えらい目におうた。めっそえー旦那さんぢゃと思うちょらん。


『竹治翁』まあ、掛からざってわしも幸せ、家内も幸せよ。

わしはいっさん（一度）使うただき（だけ）。ぬたへやるもんぢゃけん、そんな危険なものを使うたがはいっぺんだき。猪はじる田んぼがえて（得意。好き）ながぢゃけん、その田んぼへよーけ来よったけん。じる田は鼻で起こしやすいけん、ぬた打ったり（ダニ駆除のために寝転がって体に泥土を塗りつけたり）、土ぃ入って土をまくって（掘り起こして）いろいろな昆虫を食べたり。稲も半がやり（半倒伏）になっちょるけん、実が入った時分にゃ餌が食いよいわけよ。ありゃー（あれは。猪は）、きれいに食うちょら（食っていたら）えーけんど、稲を巻き倒してしまう（倒伏させてしまう）けんね。それを刈り取るいうたらおおごと（大仕事）よ。わしばー猪をとったもんでないと、猪の正体はわからなえ。


『三男さん』家族がそういうことをしちょったら、一応は「あこぃは行かれんぞ。おらが鋏を掛けちょるけんねや（よ）」と言わにゃいかん。それは、おごらー（怒るわけよ）。命をとられるけんのう。えげるぜ（泣き叫ぶわけよ）。

猪が入って食うた田んぼは、刈り取ったち臭《くそ》うて食えんぜ。この上の田んぼに来てべったり（一面に）耕しちょるぜ。人間が田んぼをいろいろと囲《かこ》うたち（ても）入って来ちょる。

今ではそれより鹿がえらい（すごい）。ざまな（すごく大きな）群れが回りよって、一週間に一回ばー来るのう。うちの庭の土手ら草一本ないぜ。灯《ひ》つけたち爆竹鳴らしたち平気。えらいしこう（たいへんなこと）。人間のとこぃあれほど出て来る。高知県ら山ばっかりぢゃけんど、山に食うものがない。食うものがあってもそれ以上に増えるけん。ほんぢゃけん、ここの野へ出て来ておさまりがつかん（手に負えない）。昔はトラバサミ（罠）があったもんぢゃが今はないけんのう。

6　黒光りに焼ける猿のドゾウヤキ

①泥で握った握り飯

昔は、「あんなものとられん」言うて、誰も彼も嫌がってめっそ（あまり）猿をとらざったぜ。猪罠に掛かったら仕様ないけんとって来て、「産後の女の人にえー」言うけん、頭は泥で握り飯にして握って固めて、囲炉裏を深うに掘っちょって埋めて、上から炭の火をどっさりくべ（燃やし）てうち（私。女性語）ら焼いた。

　囲炉裏いうても、家の外へおーけな囲炉裏を掘り込《こ》うぢょいて砂なり灰なりを持って行てこしらえちょった。そこへ、泥の握り飯をどっぷり（深く）埋めちょいたら、おーけな、ざまな（すごく大きな）焼き飯になるがぢゃけん。上からえっころ（よほど）土を入れちょかにゃいかん。きれーに焼けたら、光るように、黒光りに焼けちょるがぢゃけん。はよー（早く。短時日で）焼いたらきれーに焼けん。

　そのおーけな囲炉裏の中ぃ頭を入れて土の焼き飯にする。おーけな泥の焼き飯になるぜ。あげに（あんなに）してぎっちり（いつでも、十分に）焼いた。いよいよきれーに焼かんといかん。なかなかえちゃーわりい（楽ではない。たいへん）ぜ。

②一週間は夜昼と焼かんといかん

さいさい（度々）とったけん、わたしぎっちり焼いた。何日もかかるけんね、わたしが焼いた。炭からすばい（炭窯にできた灰。窯出しした炭に掛ける灰）をいっぱいくべ（火に入れ）ちょいて、こんがらっと（こんがりと）焼かんといかん。一週間は夜昼と焼かんといかんね。すばいくべちょいたら、種（火種）が朝まである（火持ちがいい）けん、また朝炭をくべたらえー（すばいは本章注3参照）。

注・血の道には「猿の頭が効く」という伝承は広く聞かれる。（野本寛一『民俗誌・女の一生　母性の力』文藝春秋）

③先へ先へ注文があった

うんと買い手があった。産後から婦人病に「いよいよえー」言うて、猟師の家へ「ないか。ないか」言うてどっからでも来たね。まあ、あれはよかった。あんなもの、めったにようとらんけんね。猪罠へ掛かるが。罠掛ける人でないと、誰まーり（誰でもは）ようとらんけん。

この辺りの人らも「今度とったら分けてくり」言うて来て、先へ先へ注文があった。きれーに焼けて、黒光りに光りよるがぢゃけん。焼きくさしたら（焼きかけにしては。完成前の途中の状態）いかん。

真っ黒に焼けて光りよった。それを突いて粉にして、ちーとんつ（少しずつ）飲《の》うだらよかった。猿の頭がとれたら、あげに（そんなに）してやったね。うんと注文があった。

『三男さん』ドゾウヤキいうたら、姿がどこにあるかわからんばー（ほど）深うに埋めて蒸し焼きよのう。

　わしがいっさん（一度）行た時は、五、六匹の猿の頭を串に刺して囲炉裏の傍で焼きよったぜ。じわりっとあぶって、お握りにしたようなこんまいもんになっちょった。猿ということがはっきりわかるがぢゃないと薬局は買いとらんけんね。

7　谷で肉をひきさばく

わたしは山の肉はほん（とても）嫌いぢゃった。山の肉いうたら猪ぢゃ。

山鳥、兎は食べた。せつき（触り）よったら慣れてきたがよ。谷でひきさばいて兎を一つばー（ぐらい）りょうる（料理する）ことはいっとき（暫時）ぢゃった。タッタ、タッタ毛をむしって身だけとるが。

『三男さん』「ひきさばく」いうたら、左手で肉を握っちょって右手で握った刃物で切りながら、引っ張り裂いていく、原始的なやり方よのう。結局、引き裂いた方が、煮いても味がしゅみ（染み）込むわけよね。

「ザクッときれいに切ると、味がしゅみ込みにくい」と言いよったけんねえ。

　山の猟師らみな、「千切るように切っていけ」と言いよったぜ。ほんぢゃけん、野菜ら入れるにも「ねじ切《ぎ》る」言うたね。葱でも何でも束ねて持っちょって、ギュッとねじ切っていくほうがおいしいと。握ったら長さが十センチぐらいにならー。全部ねじ切ってやりよったのう。軍鶏《しゃも》鍋をしょうが、何を煮ろーが。

　テレビの「龍馬伝」（ＮＨＫ大河ドラマ）で坂本龍馬が「軍鶏鍋ぢゃ」とよう言いよる。龍馬は特別軍鶏好きぢゃというが、そうぢゃない。終戦なるまでは、みな軍鶏鍋ぢゃった。みながそれを楽しみに軍鶏を飼いよった。ムラの人が喧嘩をやらして負けたがをいぼる（首を絞める。鶏の料理をする）と。闘鶏やって負けたがを食いよった。そうでたらめに軍鶏を食えんけんねえ。[13] 今りゃまた、闘鶏やりよるぜ。

8　水のあるへやぃ移り住む

①おばあさんの世話、とぎにこっちへ来た

ここ（隠居屋）もみなうちの土地ぢゃけん、勝間川の大工さんに家を建ててもろーて、おぢーさんとおばあさん（舅と姑）が住んぢょった。

あっち（母屋）ではわかいし（婿）貰うて、仕事へ行かんでえーようになったけん、うちらはおばあ

▲軍鶏の闘鶏を見る人々（旧中村町内）

▲軍鶏

さん（姑）の世話に、とぎ（連れ。仲間）にこっちのへや（隠居屋）ぃ来た。

まあ、じゅー（勝手）がえー。水もある。道路からいなり（そのまま）で上がり下がりがない。「こればーえーとこはない。なんちゃ（何にも）持って来んち（でも）かまん。ここへ来るぞ」言うて、いなり居った（そのまま居着いた）が。

うちのものは何もかにもすべてあっちへ置いちょいて、これで上等。うんとあんきな（安楽な）。水もあるし、高い木戸がないけんのう。

②あっちは水汲みにあんまり骨が折れと

あっちはあんまり（ひどく）骨が折れと。四万十川から水を汲まんといかんがぜ（のよ）。夜が明けだしたら、ご飯炊き付けちょいて水汲みに走るが。水汲みいうたら昼までかかるけんのう。風呂を沸かさんといかん、飲むの汲むのいうたらおーけなたご（桶）ぃ入れてのう、昼までかかるぜ。夜が明けるとご飯炊きつけちょいてぢきに、薄暗い時に川へ水汲みに走って。あげな（あんな）骨折りよっと。

田んぼの時（田植えの季節）は、水を朝汲んぢょっちゃ（汲んでおいては）、田んぼへ行かにゃいかん。水がない時にゃ、もんちゃ（戻っては）また水汲み。それが夜にならー（なるよ）。

③汲む水つーもんは使いでがない

汲む水つー（という）もんは使いで（十分な分量、使用量）がないぜ。たんご一杯ばーの水はぢきに使うけんね。水のかんりゃく（倹約、節約）もせにゃいかん。いよいよ骨が折れたねえ。

「ここへ来たら楽なけん、ここがえーが。もう（母屋に）いなんぞ」言うて、ここへ来たが。こっちへ来る前にゃ、向こうでもぢーちゃん（翁）が竹樋で水引いてね。うちの田んぼのずっと向こうから、川渡しに水を引いてね。うちの下のお便所の下の段まで水が来よった。はよー取ったら（早く引いていたら）よかったが、それがこたわん（できない）けん。昔はホースがないろ。竹のつつんぼ（節）抜いちゃ（ては）するがぢゃけん、えちゃーわりい（容易ではない）ぜ。
長い、うちの山から川渡しにうち上げんといかんがぢゃけん（のだから）。ホースがない時ぢゃけん、たろばー（ことばにならんほど）難儀した。もう昔のことは話にならん。今言うたち（ても）馬鹿みたいなもの。

『三男さん』高いとこへ上げることを「うつ」と言わーえ。差し上げることを「うち上げる」と言わーえ。昔でも水車ぐらい据えちょったらよかった。太い水車ぢゃったら、樋を掛けちょったら上まで水が行かーえ。三里にはすっぽん（木や竹で作った旧式の揚水ポンプ）いうて水汲むもんがあっとーえ。

9　しょうたれ牛がどこから跳うで来るやらわからん

①しつけどきにゃ、こまい子らを道路のはたで遊ばせられん

怖いことぢゃったぜ。しつけどき（田植え時分）にゃどこから牛が跳《と》うで来るやらわからんけん、子どもらを道路へ「追い放し」に（自由に遊ばせて）おかれざった。牛が腹立ててどっから来るやら、何が来るやらわからんけん。

牛がしょうたれて、鞭でパンパンやられ（叩かれ）てやりよるけんね。あれも腹を立てるけんね。鞭でパンパンやられるけん、骨が折れる（仕事がきつい）と牛も腹も立たー。走りだしたらおさまりがつかん（手がつけられない）けんね。

まこと、しつけどきにゃ、こまい子らを道路のはた（傍）で遊ばすがは、怖かったねえ。何が跳うで来るやらわからん。

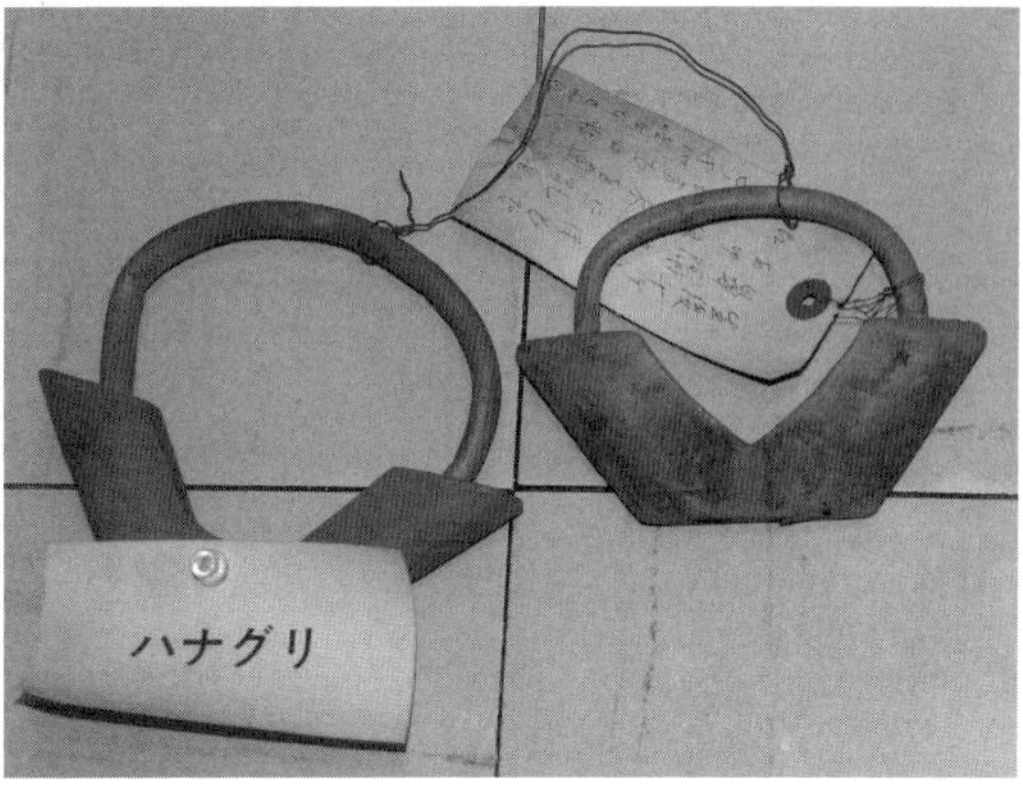

▲檜のハナゴ（熊野市ではハナグリとよぶ）［熊野市歴史民俗資料館蔵］

『三男さん』「しょうたれる」いうたら、弱ってくるわけよのう。人間いじめられたら、いじめる人を見て怖がって片隅の方へ寄って萎《しぼ》みよる。それを「しょうたれる」と言わーえ。男の子でも、何の抵抗もようせずに、弱って泣かされてもんて（帰って）来たら、ぢきに母親が「しょうたれの（だらしない、見苦しい）すが（弱い奴め）。男の子がしょうたれてまーって（本当に意気地がなくて）。やられてたまるか（やられっぱなしではなさけないぞ。「たまるか」は堪えられない。我慢ならない）。やりまくらいで、（とことんやり返せよ。「まくる」は強調。「で」は念押し）言うて、逆におごられ（怒られ）よった。親父には頭を叩かれる。親によっちゃ、母親がついて来るがもおって、

「やってみよ。負けてまーんな（絶対負けるな）」言うて。相手もおぢ（恐れ）て逃げらーえ。そんながは、二度とせつかん（触らない。相手にしない）。

普段はしょうたれちょる。それでもおごっ（怒っ）たらえらい（すごい）。体へ道具をつけちょろーが（つけていようが）なんぢゃろーが（なんだろうが）突っ走るわけよのう。牛も人も同じよのう。えらいけんのう。それこそ、棕櫚《しゅろ》縄の粗い毛が鼻に立つ（刺さる）ハナゴ（牛の鼻に通す鼻輪）で止めちょざったら、止めることはこたわん（できない）。

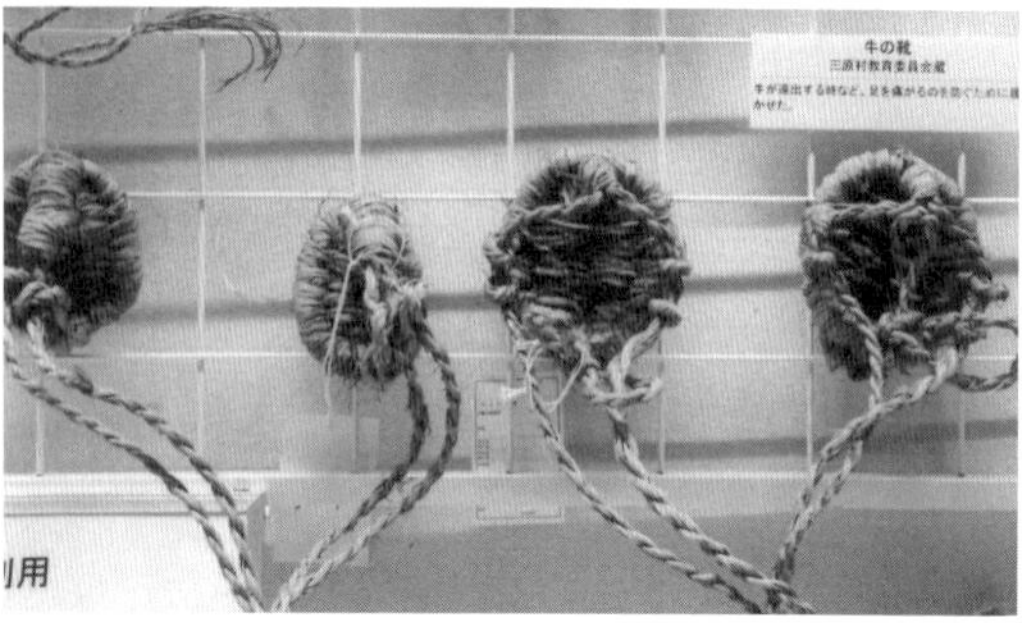

▲アシナカ（牛の草鞋）［三原村教育委員会蔵］

②ぢーちゃんがいっぺん牛をすっ跳ばす

ぢーちゃんが牛に綱付けて引っ張らしよって、いっぺんすっ跳ばしたがよ。牛がたまげて、跳び上がって人から離れて跳ぶことがあった。牛はたまげよい（びっくりしやすい）もんよのう。たまげたら、あげに（あんなに）跳ぶ。おとろしいぜ。

『三男さん』牛を使う時分は子どもを自由に遊ばせてはおけん。牛が鋤鍬でも引っ張って走ったいうたらおおごと（たいへん）よ。子を殺すようになる。めったにないけんどね。

わしがここへ養子に来た時は、川原に行て一生懸命牛を使うことをした。川原へ行たらまず、足を痛めんように草鞋を履かせた。牛の足のやおいとこばーぃ（やわらかいところだけに）履かすアシナカ（踵部分のない短小な草履）を履かせた。人間も土踏まずまでのアシナカを履いたぜ。それから鞍を負わして材木を引っ張らしとーえ。広いとこでないとどこぃ向いて行くやらわからんけんのう。まこと苦労してきた。

10 うちら二人、三人どっちが先にいくかわからん

ぢーちゃんの妹は、こないだ（この間）連れてもんちょったが、いかんいかん。うちの物もよう食べんようになっちょる。軟らかいもんに、お寿司も好きなが（もの）をこしらえたが、もんたばー（戻ったただけ）のこと。ぐっしゃり（ぐったり）してうんと弱った。八十七ばーになっちょら。

あの子は四つの時に痈で引き付けちょったが。足も悪い、手も悪いが。指もいかんようになっしもーちょる（なってしまっている）。

こないだひとっつも（少しも）かなわん（手足が思うようにならない）ようになってもんて来て、家で泊まらすこともできん。よーよ（やっと）こないだ戻した。こわいけん、家で世話できんけん。

うちら二人、三人どっちが先にいくかわからん。困ったもんよ。なかなか長い。

『竹治翁』わしらみたいな年の開かん夫婦はいかん。やっぱり十四、五ちごうちょかんと（年の差がないと）いかん。昔りゃ、十二、三でも結婚しよったけんねえ。昔の人は嫁に行くまでには、一通りの生活の型になっちょったね。今の人はまだ子どもぢゃけん。今の高校生の年でも、昔なら子が二、三人おった人

があるぜ。

『三男さん』昔の人は「引き付けを起こしちょる」とか、「かんき」いうとのう。わしら行たらよろこー（喜ん）で、うんと人のえー人ぢゃった。

11　キビを叩いてキビ飯に炊く

①雪の降ったような時にキビをうんと叩いた

勝間はうんとキビ（トウモロコシ）を作った。学校の前の方の、水の浸からんでき（洪水で堆積した泥土）の畑でキビを作ったね。おーけな鞘《さや》になってうんと実がつく。皮を剝いぢょいて、三本なり五本なりの束にして稲木《いなぎ》のようなもんに掛けて日の当たったとこへ干しちょるけん、それちぎって、納屋にみいしろ（筵）ひいて（敷いて）、飛ばんようにはた（周り）へ目隠しして、上もみいしろで囲うて、タンタン、タンタンやらー。きれーにキビが落ちた。雪の降ったような時にうんと叩いた。晩になると棒で叩いて、叩くと芯からキビが落ちる。

キビの落ちた芯、殻はゆるり（囲炉裏）に入れて焚き物にしてあたったりした。キビ叩く棒は何でもかまん。こんまい、薪のえー（よい）ようなもんでもかまん（結構）(14)。

手洗川では食べるばー（だけ）ぢゃった。だいがら（踏み臼）で搗いて皮を剝いでご飯に入れて炊いた。きれーにご飯になっておいしかった。うちらキビ飯が好きぢゃった。

『三男さん』上の覆いいうたら、割り竹を輪にして、その上へ継ぎ合わせた古い布切れを掛けとー。キビ叩くような日は、いごか（動か）にゃひやいけんのう。

「食べるばー」いうたら、キビを焼いて食えざったわけよ。焼いて食ういうたら、贅沢のうちになるけんのう。キビはほとんど主食にするがぢゃけん。キビ飯、芋飯、麦飯いろいろあっとー。

昔のキビはウマキビいうて、焼いてみた（ごらん）。うまいがちがう（とてもうまい）。今のキビはやおい（軟らかい）。食うてのこたー（食う値打ちも）ない。

ウマキビは匂いがうまい。昔は茎ごし（ごと）馬に食わしよった。昔の種がなかろーか。

▲タカキビの手箒そっくりのものを売るウイグル人（中国新疆ウイグル自治区カシュガル）

②ここではタカキビは作らん

ここではタカキビは作らん。できの畑では出来すぎて作れんが。うんとそら（上）へのぶ（伸びる）けん、木がうんと高うなる。タカキビは赤いこんまい粒でなるもんぢゃけん、あんまり出来すぎて鞘がつかん。あれもこんまい殻を被っちょるけん、だいがら（踏み臼）で踏んで、きれーに中の実にして、洗うて、臼で搗いて餅にしたね。

『三男さん』タカキビの実をとった後は手箒にしとう。

四　であとのきょうだい―九十四歳―

1　正月のとある日

①　鍬初め

まあ、ひやいにしょうたれて（だらしないさまよ）。このぢーちゃんには、もう問うたち（尋ねても）いかん。毎日忘れるけん。

うちは正月うち（元旦の二、三日前から小正月まで）はなにもかにも（あれもこれも）祭るとこ（家）ぢゃった。「鍬初《くわぞ》め」も、この下のしゃえんば（菜園場。野菜畑）でしたね。うちらみたいなとこでないとするかえ。一臼鏡（一臼で搗《つ》いた鏡餅）をソーケ（ザル。夏季の飯籠）に入れて持って行《い》てしたね。

うちほど祭ったとこはあるかえ。昔から祭ってきた家ぢゃけん、いよいよごだをいう（御幣をかつぐ）けん、そこもここも祭った。

注・「鍬初め」明《あ》き方《ほ》の田畑などへ松、樫、椎などを立て、お神酒、餅、注連縄などを供えてサイワイさまを祭り、主人が二鍬、三鍬打つ。正月二日に行うところが多い（『四国の歳時習俗』高知県の項〔明玄書房〕）。

・「一臼餅」〔忌〕一臼餅を搗くなという禁忌が広い（旅傳一三ノ三）。餅を搗くときは二臼以上搗くものである。東京都南多摩郡では葬式後の四十九日の餅を一臼餅といい（旅傳一三ノ六）、鳥取県八頭郡西郷村（河原町）では節分には一臼餅を搗く（『改訂綜合日本民俗語彙』）。

『竹治翁』正月二日に鍬初めをやって今年中の作を頼んど。二升なり三升なりを一臼にまとめて搗いて桶に丸こうに入れちょった一臼餅。それを一斗ゾーケに入れ、なまぐさもの（魚類。生の魚）のじゃこに塩、升に入れた米、譲り葉からこんまいおしめ（注連縄）、お神酒を入れて、重いけん主人が持って、家の近くのしゃえんばへ行て、明《あ》き方《ほ》（その年の歳徳神のいる方角。二〇七頁カレンダー）へ向いて地を初めて掘った。お供えを埋めて、みなが地を打って上へ土を掛けて、「今年もえー作をさしてください」言うて頼まー。

▲サイワイサマ

それから、正月飾りに余した譲り葉三枚ばーを広げて、ちーとんつ（少しずつ）重ね合わしちょいて、それに一臼餅を削り、じゃこ、塩、米、柿、熱心な人は栗も入れて、その譲り葉に包んでやま（紐）でくびった（括った）。それを松の割木のサイワイサマの頭（先）に巻き付けと。

昭和十三、四年ごろまでして、戦争が激しゅうなってからやまった（続いてきたものが絶えた）。それに、わしがおらんようになったら、おなごしばっかりでは明き方がどっちやらわからんけんね。

注・「サイワイギ」幡多郡でサイワイ様または幸木というのは、大阪府の泉南地方、また香川県の小豆島などのサイギと同様に、門松の根元に立て掛ける三本の松割木である（民族二ノ二）。（『改訂綜合日本民俗語彙』）

『三男さん』正月の道具休めがあってから鍬初めをする。鍬初めには鍬をかたい（担い）で持って行て、畑をコツコツ打って、それだけで終わった。サイワイサマは雌（左）雄（右）の門松の元へ六本づつ立てかけとー。

餅は蒸すにも搗くにも一升餅よのう。「一臼餅」はわしら聞くには聞いたが、どういう意味を持っちょるか知らざった。一臼というと何か半端なもので、それ以上もいかんという意味よのう。それには何か因果が込めちょらせんか。ここらも、四十九日が来た時に「一臼餅」を搗いてそれを出刃包丁で細切れに、一口大に切って出刃の先に突き刺して人の口へ渡して食わしよったのう。そういう儀式をなんというか聞いちょかんといかん。

②舟玉様と荒神様

水どこ（水源）へ行かにゃいかん。舟玉様《ふなだま》へ行かにゃいかん。舟玉様のご神体はあるもんか。舟の舳《へさき》の方へ榊のおしめ持って行て祭るがよ。舟の神様を拝んだら、お願がほどける（一年中の無事のお礼になる）がぢゃろー。うちらごだを言うとこで、何もかにも祭らにゃいかざった。


『三男さん』漁舟は艫《とも》へ祭るけんど、せんばは艫がないけん舳に祭るわけよ。その時が来たら、榊をならし（ねかせ）て座を作り、お餅を供えてお酒を上から掛けるわけよ。

昔は、お願を立てて「何それを食わん」とか「何とかをせん」いうて守りよって、願いが叶ったり何事もなく無事に過ごせたら、お礼参りに行きよった。

ある日お梅ばあのとこへ行たら、「三《みつ》よ来たか。われ（お前）は絵が上手ぢゃけんねや（ねえ）、おらは丑の年ぢゃけん絵馬に寝た牛の絵を描いてくり（くれ）。観音さんにお願を立てに行くけん」言うて絵馬を持ってきた。描いてやると、「われはやっぱり上手ぢゃ。付いて来い」言う。わしが八つか七つの年ぢゃった(15)。何のお願立てたか知らんけんど、その寝た牛を描いて板越《いたごえ》の観音さんにお参りしたことがある。

お梅ばあがわしをうんと可愛がってくれた。わしの親父音次郎を「音よ、音よ」と言いよったけん、親戚ぢゃったがぢゃろ。養子娘で高瀬から婿を貰うちょったが、仲が悪かったものよ飯を別に食いよった。

ひらがなを女字ぢゃいうて、きれいなひらがなを座布団にさらさらと書く人ぢゃった(16)。わしとおない年のおなごの子が遊びに行ちょったら、「おなごぢゃけんねや、われも　女字をよう覚えちょけ（ておけ）」と言うた。また、「おなごは嫁に行かんといかんけん、針仕事これを覚えにゃいかん」と言いよった。

③荒神様を祭る

荒神様は田んぼへ祭った。人の真似して、昔からしよるようにして祭りよった。石を川から拾うてきて、田んぼのまぎらん（邪魔にならない）すまっこ（隅）に置いてあったが。

サナボリ（田植え終いのお祝い）になった時は、その石の周囲はまるこうに（丸く）かずらを巻いて、栗の枝も差して置いちゃる（置いてある）。自分がお餅と赤飯とを持って行《い》ちゃー（行っては）祭らんといかんけん、よう覚えちょる。

『三男さん』ここら辺りではオサバイサマ（田の神様）いうて、穂の出る前に平たい、広くて薄いお盆のような石でオサバイサマを祭りよった。なんぼ厚いち（厚くても）三、四センチばーで、直径十センチから二十センチばーの石を拾うて来た。広いほどよかって、お供えのお盆の代りにも置いたわけよ。栗の枝を

▲田んぼの隅のオサバイサマ（勝間川）

さして餅やご飯やお酒やらを祭って拝みよった。念の入った人は赤飯を蒸して持って行たりしよっと。その石は田んぼのすまっこにあったぜ。稲の虫を追い払う虫供養の前よのう。

虫供養は稲の穂の出る前の五月末か六月初めにに、小学校一、二年ばーの子が先頭に立って太鼓叩いて、こんまい子らが後について、「サイトーベットーサネモリ、稲の虫は送ったー」と言いながら畔道を歩いた。後で区長さんらがお菓子をくれた。昔は、病気にやられんように神様にすがらんといかざったがよ。昭和三十二、三年ごろ終わったのう。


注・オサバイサマ（田の神様）＝門松の添木「サイワンサン（門松の根元に立て掛けた割木）」で作った飾り物を苗代のミトクチ（水の取り入れ口）へ立て、酒肴を供えて祭る。期日は旧五月五日、六月一日、或いは種もみをまく時、苗を本圃へうえる時、田植のすんだ時など、各地で異なる（『渭南のことば』）。

④家の神様、仏様、床の神様、神殿いうて大神宮様

毎朝、わしがご飯を祭らんといかんが。あれもずるいもんぢゃない（容易なものでない）ぜ。かまや（炊事場）へ祭って、仏様へ祭って、床の神様へ祭って、神殿いうて床の高いとこへ祭った。

毎朝、わしがほりめしして（掘り飯。雑穀や芋をのけて米のところを掘り取って）、みな祭るがよ。かまやはえべす様よ。かまやは一番しよいわ。ご飯出したち、ちょいとに（すぐに、簡単に）祭るけん、ず

ーっと祭って今に祭りよる。
仏様、床の神様。神殿いうて大神宮《だいじんぐう》様はずーっと高いとこぢゃけん、あこへ上げるに敷居のとこへ上がって、まあみんなが寝よるとこの床前らもずーっと祭りよった。[17]
そんなことしよる人は勝間にもよけおらんぜ。びっしり（いつも）祭ったぜ。祭ったら、また下げに行かんといかん。あれも世話なもんぢゃけんど、「世話な」言われな。神様ぢゃと思うて、持って行て祭りよるけん。家によってはひとっつも（まったく）祭らんとこもある。まあ、ごたいう（御幣担ぎする）人らで難しかった。

注・「祭祀祈禱の宗教上の行為は、もと肝要なる部分が悉く婦人の管轄であった。（中略）以前は家々の婦女は必ず神に仕へ、ただ其中の最もさかしき者が、最も優れたる巫女であったものらしい」。（『改訂綜合日本民俗語彙』）

『三男さん』「ほりめし」いうたら、一番先にお釜の真ん中の一番おいしいとこを掘って取って、それを仏さんに祭るわけよね。雑穀が混じらん米ばかりのとこを掘り取ったわけよ。自分らが口を付けんうちに先祖さんにお供えする。今でもうちの子ら一番先に祭りよるぜ。昔みたいな掘り飯はせんけんど。

⑤もう毎日はこたわん

もう毎日はこたわん（できない）けん、ひいとい（一日）替えぢゃと思うてやりよる時もあるぜ。果てん（が）ないけん。いよいよ難儀なわえ。
今りゃ神様はあっち（新しい母屋）でお祭りしちょるけんど、よう行かんけんここでお供えして、仏様は時々きれーに（美しく）祭りよるが。もうたろばー（十二分に）祭ったけんね。もうこたわんけん、

「母屋へ持って行てくり（くれ）や」言いよるが。私たちがみんなおらんようになってからえー仏壇を買うて、それから祭るさんにょー（算用。段取り）しちょるにかーらん（ようだ）。

・あんまり高い仏壇を買うても水上がりが高い時には困る

きれーにして祭ってもらえる。えーことはえーけんど、あんまり高いもんを買うても水上がりが高い時（大洪水時）には困るけんねえ。たいがいなが（適当なもの）でえーが。

ここの道路が浸かったことがあるけんのう。この家の座（床）から二寸ばー上がったことがあるぜ。もうずーっと前、何年の水ぢゃったろーか。えらい雨が降ったら浸かると思う。そんな時があると思うちょらんと（心掛けてないと）いかん。

昔、うちにゃ道具のないものはないばー（何でも）構えちょったけんね。よそへ行た（嫁いだ）子が、昔あった珍しいものを集めてまーる（あれこれさかんに集める）ような時期があって、みな取っていんだ。徳利のざまな（すごく大きい）もんもあった。五升も三升も二升も一升もあった。

⑥かまやで仏様を祭ってみんなに食べてもらう

わしゃ今にひょろひょろして、朝も表（表座敷）へ祭っていかんといかんが、もうこたわん（できない）けん、ここ（かまや）でみんな（先祖さん）に食べてもらうように、このあかい（明るい）とこへ祭りだしたがぜ。もう水を持ち、ご飯を持ちして、あちこち開け閉《た》てしてよういかんが。こたわん。自分が祭ってもらうようになっても、誰っちゃ（誰も）祭り手がないろ。

仏様を母屋へ持って行ちょらんけん、ここへ置いちゃる。自分が祭ってもらわんといかんようになっても、まだびっしり（いつも）自分がやらんといかんろーか思うて祭りよる。

『三男さん』床のあるとこが表。その反対側が奥座。ご飯食べるとこが下座。そこは「あかいとこ」よのう。茶の間とは言わざった。

⑦死んだ人の夢を見たら水を祭る

今りゃ、「ここで食べてください」と祭りよるぜ。自分が死にだしただん（段。間際）でこたうかえ（とてもできないよ）。このぢーさんら、何ちゃ祭らんぜ。たいてー（たくさん）妹ら若い子らがみんな死んぢょるが。水でも祭っちゃろーかという夢を見たことがひとっつも（まったく）ない。わしゃ、たろほど（ことばにできないほど）尽くしよる。死んだ子らがむごい（かわいそうな）けん。やっぱし（やはり）、気が弱いというもんぢゃろのう。

今でも祭りよる。仏壇見てみた（ご覧なさい）。店（行商の車）が来たら、お菓子も切れん（切らさない）ように、果物も切れんように今でもやっぱー祭りよるぜ。どっさり祭っちょる。果物ぢゃち（でも）、お菓子ぢゃち。まあそのお陰でこればー生きたがぢゃろーと思うちょる。そう思うたらえーわ。わしが死んでもこのぢーは祭っちゃくれんぜ。

『竹治翁』ばあがおらんようになったら祭り手はないわ。わしゃ自分にも祭ってもらうによばん（には及ばない。する必要がない。しなくてもよい）けん。

『三男さん』死んだ人の夢を見たら、水を祭るということが風習になっちょる。「誰やら（だれそれ）の夢を見たけん、仏さんにお茶を祭っちゃろーか」ということを言《ゆ》わーえ。主人（翁）はおーどーな（豪胆な）男ぢゃけん、気にかけんがぢゃろ。そういう人を、ほーやくな（ぞんざいな。折り目切り目のない）人というぜ。妹の一人は従軍看護婦ぢゃった。敗戦当時、看護婦がふといこと（大勢）もんて来ちょったが。紺の制服着いた体格のえー立派な人らぢゃった。

2　おばあさんはでき役者

①おばあさんと虎おばとはセメンを切るにえらい

わしゃ、寝られん時はいつも昔のことを思いよる。

近藤の虎おばという人がおった。うちの上《かみ》でしゃぼう（砂防工事）で堰堤《えんてい》をやる時、うちのおばあさんと虎おばとは上賃《じょうちん》を貰うて、一生懸命セメン（セメント）を切ったよと思いよった。上賃いうたら、仕事がえらい（きつい）ばー賃もよけ貰えるがよ。セメンを切るにえらい（強い）二人が、チャッチャ、チャッチャヤ、セメンを切りよった。今日もそんなことを思いよった。

注・セメンを切る＝鉄板の上にセメントと砂を盛り、その山に穴をあけて水を入れ、向かい合った二人がシャベルでその山を切るようにして、素早くセメントと砂を混ぜ合わせる作業。

『三男さん』おっと、これは男の仕事で骨が折れる。ミキサーの代わりをやらにゃいかんぜ。まこと、今思やー（思えば）こんまいばあさんがおった。姑は背は低いが横に張った太い人ぢゃった。

②算用もえー。算盤もする

うちのおばあさんは体のこまい人ぢゃったが、痾癪持ちであったけん、うんとえらかった。人に負けるかえ。算用もえー。算盤もする。店するぐらいぢゃけん、算盤もえらかったぜ。なかなか「でき役者」ぢゃった。なんにも（何もかも）できた。

『三男さん』かんき（気力。元気）があったもんよ。優れた役者のような何でもできる人を、あれはなかなか「でき役者」ぢゃと言うたのう。

・婦人会の商売をだいぶした

婦人会の商売をだいぶした。うちら船乗りよるけん、井上（中村の雑貨店）から仕入れてせんば（木炭運搬船）で運んで来ちゃー（ては）、婦人会に砂糖から何買いかに買い（あれこれ購入）してやった。婦人会が安うに取るようにやっちゃった。うんと便利を図ったぜ。あんなことはうんとよう（よく）やった。

『三男さん』裕福な家ぢゃった。猪とって金にしても遊んだりせん。男はそうぢゃなかったらいかん。家族に貧乏させとーなかったわけよ。

③うちら駄賃はこたわん

あんまり仕事がえらい（たいへんな）とこぢゃけん、ここ勝間へ嫁やるなという噂があったが。うちら駄賃しよる時に来たら、おるかえ（おるものか）。駄賃はこたわん（かなわない）。わしゃ牛馬がうんとおとろしい（恐ろしい）けん、あんなことしようとは思うちょらんけん。絶対こたわんけん、とっくにいんぢょる（里へ帰っている）。牛馬引っ張るがはおとろしいけんねえ。おとろしいことはようせん。

駄賃は牛馬の鞍へ八貫（三十キロ）の炭俵を三俵付けて、元気な人はぬし（自分）もかるーた（背負った）ぜ。馬のかじ取りだけでもおおごと。おかあさん（姑）の駄賃の時にゃ、おばあさん（祖母）が泣き出す子を背負うて行て、会い次第に乳を飲ませてもろーてもんて来た。馬には鈴を吊っちょったけん、チーン、チーンと鈴の音がしよった、と。

ここは、そればーえらい（仕事のきびしい）とこぢゃった。それで難儀して、牛馬みたいに使われて、たろばー（ことばにしきれないほど）骨折った。今りゃ痛うて、痛うて。脛も痛うて動けんが。今日らしい（あたり）、びったり（一面に張り薬を）張っちょる。

『竹治翁』駄賃いうて奥の勝間川へ木炭の搬出に行きよっと。昔は八貫俵（三十キロの炭俵）で、「三俵付け」いうて、馬の背の左右と上の三俵しか付けれん。元気な人はぬしもかるーと（背負った）。道は一メートル幅しかなかったけん、馬のかじ取りだけでもたいへんぢゃっと。

『三男さん』駄賃持ちは一荷《いっか》なんぼ（いくら）で運ぶ、言《ゆ》やー請負よね。請け負うてその日に終い付けるいうたら、荷物の十なら十、二十なら二十を晩までに船に積むいうたら、なかなか辛いけんね。なかなかタフでくたびれん人間でなかったら、とてもそういう仕事は請け合われん。船に積んでその日出航いうたら、その日にやってしまわんといかんけん、それこそに（荷物も責任も）が重いけんね。

おなごが牛馬に言うことを聞かすがは、難しいけんねえ。女ぢゃと牛になめられる。男は怖いけんねえ。鼻をねじあげられるけん。えらい（すごい）。人の言うことを聞かない）牛になったら、棕櫚《しゅろ》縄のハナゴ（ハナグリ）を入れてそれで鼻を上へねじ上げらーえ。ハナゴには木（杉の枝をまいたもの）も鉄も棕櫚もあった。棕櫚をあろーに（粗く）のーて（綯《な》って）毛が鼻に立つ（刺さる）ように、意地の悪いことをしちょった。それは馬にははせざったのう。主人の言うことを聞かんがは雄がおも。中にゃ田んぼに寝る牛がおる。そいと（そいつ）の耳に水入れたら跳び上がらーえ。

3　であとの心配

①わしは目が痛い、おぢーさんも足が立たん

目が痛い。かちかち（ちかちか）痛いが。夜おしっこに起きたち、時計を見たいち（見たくても）目をよう開けんばー痛いが。けんど、ざんじ（すぐに）向こうへいくけん、かもーか（かまわない）思うておるが。はよー向こうへいきゃー楽になるけんえー思うが。なかなかいかんのう。

こないだ（この間）から、えっころ（だいぶ）かやり（引っくり返り）そうになりだしたが。おー、かやりよったよ思うちゃまーり（思っては歩き）よる。ぢーさんも一緒ぢゃけん、手伝うてもらえん。おぢーもいよいよ足が立たんが。起きてきたら着物を着せちゃらんといかん、脱いぢゃらにゃいかん。わたしは実際、人のだん（人のことどころ）ぢゃないが。ぢゃけんど、「やってくり、くり」言うけん。

おぢーちゃんに「もうつんだきの着物（窮屈な着物。上げもない着丈いっぱいの着物）を着いたらいかん」言うて。食べるにうんと食べるけんのう、服がなんにも（すべて）こもう（小さく）なる。「ぢーちゃん、これは古いがぢゃない。いっさんばー（一度だけ）着いて干しておいちょるがぢゃけん」。服はおいー（多い）もんぢゃけん、ぬくいもんを子どもらに貰うて精出して着んと。「置くことはない。ぬくうに着いたらえー」言うて。来年は、うちかおぢーちゃんがおりゃせんぜ。

『三男さん』同い年のもんを見たら、おっと、これも歳とっちょる。うんと歳とって杖ついて這いよるがもおる。歳をとったら、わが身の守《もり》に一生懸命で人のことどころでなくならーえ。

②であとは親子の男所帯

であと（里）は手洗川の口ぢゃ。今りゃ家《うち》取り（跡取り）がぢゃんと（きちんと）やりよるけんね。こないだ（先頃）ちゃんと（残念なことに）嫁が死んだ。まだまだ、今からぢゃに、ばったり（残念）。ちゃんと（ついつい）息子も嫁貰うちょらんし。親子が男ばっかりのしょたい（台所仕事）をやりよる。手洗川の子らにぬくいもんの、毛糸の上着から持って行こうか思うたら、うちの子らに止められた。仕事に着いて行くにはなんちゃ（少しも）かまんもんぢゃけん。家にはおいー（多い）もんぢゃけん。

『三男さん』「ばったり」は、残念ぢゃが、無念という気持ちも入っちょるのう。何より嫁がないわのう。ここらで百姓したち成り立たん。嫁が来ん。なんとかせにゃいかん。

③家取りがちゃんと足を折って一人座りよるが

その兄の、長男の家取りがちゃんと（残念なことに）足を折って一人座りよるが。うんと字は見たいがぢゃ。新聞かたけ（なんか）ぎっちり（いつも）見よるにかーらん（ようだ）が。そこへ持って行てうったつけ（着せかけ）てやったら、新聞らを見てもえーがぢゃなかろーか（具合がいいのではないか）と思うけんど、「やられん」言うけん、みな置いちゃる（そのままにしてある）が。

その子は耳がうんと聞こえんようになってのう。前（昔）、水を浴びて（水泳して）水が耳に入って、それをしゃんしゃん（さっさと）言わんけん。えっころ高いことを（大声で）言わにゃわからんが。

それがうとい（ばかな）、困ったことをしたことよ。中村（町）で脛から下を切ったがぢゃ。ぬし（自分）もわりー（悪い。事故の原因がある）にかーらん（ようだ）。おーけなトラックが来ちょる（来ている）けん、うんとおか（山側）へ避《よ》けちょらんといかんがを、めっそ（あまり）避けちょらざったかもしれんがね。それにやられたがよ。ぼったり（すっかり）脛をこれから切り落とした。もう五年ばーになろーか。

あれ一人（一人暮らし）ぢゃけんのう。あれが家取らんといかんけんど、耳が聞こえんしするけに弟が家取って、べっつ（別）にしわけ（財産分け）して嫁さん貰うちょったが、嫁がちゃんと死んでのう。

『三男さん』しげ兄は正直でいちがいな（いちずな）けんのう。「おらがわりかった（悪かった）。トラック乗りぢゃないぞ」と。警察へも「おらがわりかった」と言うた、と。いちがいぢゃけん、自分が思い込んだことは曲げなー（曲げないよ）。

▲老いても記憶確かに語る米子さん

④世話してくれる人が来てくれよるろーか

兄は一人おるけん、誰か見てくれよるろーか（だろうか）、世話してもらいよるろーかと思うが。松葉杖突いて、座ったらいなり（そのまま）ぢゃけん。兄弟が見てくれよるろーか。世話してくれる人が来てくれよるろーか。むごいけん、そいつにやろうか思うが。これら家で着いて座るにゃ上等ぜ。

自転車に乗ってここらへも遊びに来よったが。自転車に乗ってのさな（用心しない）避け方をしよったに、かーらん（ようだ）。自転車に乗ってさいさい（度々）町の方へ行きよったがのう。「耳が聞こえんけん、用心せにゃいかんぜ」と、行く度に言うたけんど。

わしは写真撮るような顔ぢゃない。いくかいな（だめだよ）。鏡持ていて日向むいて見るが、これほど顔ぃこたえ（疲労）がきた。たまるもんか（ひどいもんだ）思うて自分ながら見るが。めんどいわ（恥ずかしい）思うわ。

うんと口がからから（乾いて）、唇の皮も剝げるけん、びっしり（絶えず）紅付けよるが。付けたちいかん。まあ、困ったことよ。

五　年の功、年の功―九十六歳―

「はよー、ぬくいもん持ってきたけん、起きにゃ」言われても、ここ（居間）へ火（ストーブ）を付けてもらわにゃ起きてくる気がせんが。「そこぃ火をつけちょいてくり（くれ）や」言うて、ぬくいとこへ出てくりゃまっと（もっと）来よいがのう。ぬし（自分）が起きて火をつけるがはしばらくぬくうならんけん、よう起きんが。うんとはよー起きて八時ぢゃ、困ったこと。年の功、年の功。ぢーちゃんら百ぢゃ。わしも百が近うなったもんのう。そんげ（そんなに）いつまでも元気でおれるかえ。

今ら（は）、ちょっこり（ちょっと）なにやら（あれこれ）取ってこうか思うたち（ても）、目見えにゃたんねたち（たずねても。探しても）わからん。どうなりゃ（どうしようもない）。なにやらかやしてまーっ（あれこれ引っくり返し）たり、落としてまーったりするばーのこと。はや（もう）迎えかしら。無理しよったらかやりそうなぜ。両膝が痛いけんのう。立っちょったち、グシャーッとつえ（つぶれ）込んでいく。足が弱っちょるけん、ひとっつも（ちっとも）えーことはない。

病院の先生も「来い」言うけんどのう、どひても（どうしても）いかんように（駄目に）なったらお世話になりに行たらえーが思いよる。一人はうんとあんだいな（不安な）、怖いような気がする。先生が、おぢーさん（翁）のにき（傍）ぃ一緒に来い言うけんど。

先生はこの奥の人ぢゃけん、知っちょるけんのう。今までも何べんも行ちょるけん、行たらえーけんど、二人が行くいうたらこれもずるいこっちゃない思うて、まあまあ思うて。ちいとかーり（変化）があったらまた連れて行てもらわんといかん思うておるが。

『三男さん』「ずるいこっちゃない」は、容易なことではないということ。ふーたいがはる（費用がかかる）ことを心配しちょるがぢゃろ。「まあまあ思うて」とは、様子を見ながら入院の時期をうかがいよるということぢゃな。

1　ご本尊さんのお陰ぢゃなかろーか

①ご本尊さんは日蓮さん

朽ちだしたこのご本尊さんは、わたしが拝みよる日蓮さんよ。昔からぎっちり（いつも。しっかり）拝みよるが。ひとりで（自然と）破れてしまいだした。若い時に入ったがぢゃけん、長いことよ。古いぜ。わたしら一番先。中村の築地（百笑《どうめき》）におった人らが先頭で、「入れ。入れ」言うけん、これやったがぢゃけん。ここのおばあ（姑）さんは弘法大師さんを拝みよったが、「入れ。入れ」言うて。

向こうは田出ノ川に二人か三人、幹部はおおかた中村（町）におるが。秋の最中に、稲を担いよる最中にえらいいて（お偉方）らが来てくれて、東京の人らふといこと（たくさん）来てくれてねえ。勝間川の方からも来てくれて、うちで話してくれて安堵して。

おばあさんら反対したらやれるかえ。「年がいて（年とって）もうめっそ（あまり）長いことないけんのう。おら、どっちぢゃち（どちらでも）かまんがぢゃけん。えーつー（いいという）ものは入ってやらにゃいかん」言うて。おばあさんがわたしに「拝まんといかん」言うて信心勧めるが。それからまあ、勝間でもわたしが二、三軒は折伏《しゃくぶく》して。みなやめたり死んだりしつろー（ただろう）。もうわたしが一人ばーぢゃ。中村におったえらいて（お偉方）ら、今ら東京へ行て一生懸命やりよるが。

②家の祭り—神様、仏様、ご先祖さん

もうぎっちり毎朝、祭りは祭らされた。かまや（炊事場）の神様は近い。ちょっと上へ棚があるけん、そこでお釜からご飯とってぢき（すぐ）に祭れるけんど、仏様へ祭りに行かにゃいかん。高いとこの神殿、何いう神様祭っちょるやらわきゃ（訳は）わからんけんど、あこの高いとこへ祭らにゃいかん。それから表の、おぢーさん、おばあさんらの寝よる枕元へもお札が掛かっちょるけん祭らにゃいかん。

そんで今に祭りよるけんど、もうこたわん（かなわない。できない）けんねえ。「お前らやってくりよ」言うて。先祖代々の位牌らこい（など）は表へ祭っちょったけんど、「もうこたわんようになったけん、お前らに任すぞ」と言いわたしした。あの子らが離れに仏壇買うて置いちょるけん、「ばあちゃんはこたわんけん、お前らに頼みたいが（のよ）」言うて、位牌を持って行ちょるが。正月においしいもんでも祭っちょろーか（祭っているだろうか）。あの子らも（母屋から）離れへ毎朝持って来るいうたらえっころ（だいぶ）遠いが。

・よいこらしょ

今りゃえらいもん。われ（お前）らちったー（少しは）祭ってくれた（よ）も言わん。わたしもまこと、自分がよいこらしょ言いよるがぢゃけん。いっさい言うちゃる（言ってある）けん、それでわからにゃ、

祭らんち（でも）しょうがないわ思うて。

『三男さん』「えらいもん」とは、あきれたことを言《ゆ》いよるがぢゃろーか。ちっとは祭ってほしいが、今のわかいしにはそういう信仰は少ないわけよのう。

「よいこらしょ」とは、思い切って言うたということ。言いにくいことを思い切って言うこと。言いにくーても言わにゃいかんけんねえ。そういうことを、「よいこらしょ」と言わーえ。「よいこらしょ、どっこいしょ」と、何か一つ高いとこを越える気持ちになるわけよ。なかなか言えんぢゃーか（言えないよ）。やっぱー昔の人は愛情がうんと深いけんのう。死ぬまで子や家族を思いよるけんのう。昔の人が親の心子知らず言うが、親になってみんとわからんわけよ。

③ご本尊さんに頼む

ご本尊さんはあっち（母屋）持っていても置くさき（場所）がないけん、まあこんなとこ（隠居部屋）ぃでも祭ってご飯から水から、おいしいもんがありゃ祭りよる。子どもら、若いもんがうんと死んぢょるけん、ご本尊さんに訳を言うて、「お供えを分けちゃって（分けてやって）ください」とたのー（頼ん）でここで祭りよる。ご本尊さんに上げたら分けてくれるいうけん、自分の食べるものをここで祭って「みんなに分けて、一緒に上がってください」と、ここでたのーで。それでえーかのう。

夜も寝れん時はご本尊さんにやっぱー頼むよ。「どんなことしてもねれん（眠れない）けん、朝の五時、六時ごろまでじらん（焦れない）ように休ましてください」言うて。ご本尊さんをあっち持っていき、こっち持っていきして寝よるあい（間）に、ちゃんと（申し訳ないことに）下へ落ちちょる時もある。ころばー（これほど）長しゅう生きて、ころばーにおれるがはご本尊さんのお陰ぢゃなかろーか。

・松様

なかなか親ら難しかったけんねえ。盆も彼岸も、なんでも（いろいろに）こしらえて祭らにゃならん。お正月にはなにもかにも（何もかもに）松様を立ててぢゃんと（十分に）祭らにゃいかん。三が日、お神酒も祭り、雑煮も祭りしてやってきた。

『三男さん』雄松《おん》と雌松《めん》の門松とは別に、オサバイサマいうこんまい一本の松様を田んぼのはたや庭の隅の方ら、あちこちに立てて祭りよった。

正月過ぎてから、「土用さまし」というものをする。とべらの葉っぱにイワシの頭括りつけたものと、ばらの付いた十センチばーのたらの木とまたたびをとべらの木にくびって（括りつけて）ぶら下げちょく。猫が来て食わーえ。

注・トベラ＝この木がまじないに供せられることは、全国的な現象であったかと思われる。壱岐でも神職の家には特に植えてあり、柊はあるにもかかわらずトベラを用いている。この木の起こりは比比良岐（トッペラ・和名鈔）も同じで、一方はとげで刺し、これは香りで刺したのであろうと思うが、なおこれを門戸に立てるようになったのには、扉の語に近い感じも参與しているか。（『改訂綜合日本民俗語彙』）

①ぢーちゃんを連れ戻して

うないどし（同年。おないどし）は、二、三年うちにぽんと（すべて）死んでしもーた。電話するところもない。夜さぶしいぜ。ほんぢゃけん、ぢーちゃんをあんなとこ（特養）へ連れて行て、考えものぢゃよと思う。死んだら、諦めて待ちよらんけんど。

まあ、あこはえーとこはえーとこ、ちょっとわりー（病気だ）なと思うたらぢきに病院のひら（側）へ連れて行てくれ、治ったら戻してくれる。えーとこぢゃけん、うんとつかえちょる（満室になっている）けん、だればれ（誰でもは）入れんが。はよーから頼んぢょいて、部屋が空かにゃ入れんろー。あこばー（ほど）えーとこはない。

ぢーちゃんはあこへ行てどんな状態ぢゃろーに。お薬飲まにゃいかんけん「水汲んでくりや」言うて、汲めるようになっちょろーか（なっているだろうか）。自分のひった（放尿した）おしっこでも持って行てひいて（捨て）て洗うことができるろーか。それができにゃ、もんたち（戻っても）いかん。

②正月のあいもんて来て

ぢーちゃんこないだ（この間）もんて来て、それが全然できん、馬鹿になっ（なって）しもーちょる。えーことを言う時も折節ある。こりゃなかなか頭が冴えちょるよ、と思う時もある。昔のことはちったー（少しは）覚えちょるろーかのう。新しいことは駄目。目を開けちょる力がない。「テレビを見んかえ（見なさい）。人間、目を開けちょらにゃ、何ちゃ見えんぢゃーか」。

うちの嫁は、「ぢーちゃん連れてもんたち（戻っても）いかん。もんちゃ（ては）いかん」言う。「正月ぢゃけん、正月のあいだけでも連れてもんたらえーわよ」言うて、わし連れに行てもろーたが。もんた晩、どんげ（どう）言うろーか、「ばあちゃん、ばあちゃん」言ううろうか思うたが、全然言わん。言う力がない。よういごか（動か）ん。宵から晩まで左を下にしたままぢゃった。ソータ（綿入れの袖なし羽織）着いた（着た）ままいなり（そのまま）転びこんぢょる（横になっている）。あろばー（あれほど）なにかに（あれこれ）着いて寝たらよう起きん。十時ごろから十一時ごろまでうんとしゃけび（大声を挙げ）よったがのう。ぐだぐだ（くどくど）人をおごったり（叱ったり。怒ったり）しだしたのう思うて聞きよった。あこ（施設）がえー。楽なが。

おいしいもんがありゃ買うて食べらそうと、娘がふといこと（たくさん）おこし（寄こし）てくれた。せっかく状袋へ「おじいさん、おばあさん」と書いて五万円づつくれちょるけん、ちゃんと（きちんと。すべて）見せちょかにゃ。「わしにも一枚くれ」。「持って行たや。持って行たや。娘がおこしてくれたがぢゃけん」言うて一万円やったら喜びよった。

『三男さん』人をおごったりしだしたがは、気が短うなったがぢゃのう。話とぎ（仲間）もないと孤独になる。それが積もり積もるとねせくれて（ひがんで）て短気になる。それを「いぢぶこうなる」というが。

相手を信用せんようになるわけよ。

③ぢきに連れて行た―世話ならわしがするに

四日ぶりに、ぢきに連れて行た。「いかん」言うて。世話ならわしがするに。おしっこもひて（捨て）にゃいかん。ひてて洗うてぢゃんと（きちんと）する。ここ（かまや）へ出てきて座る。洗面器へ湯を入れてきて「汚いけん、拭いた（拭きなさい）よ」言うて顔を拭かす。手も洗うてうがいまでさせる。ご飯を食べらす（させる）。食べたらまた歯を抜いて洗うてやらんといかん。

町でそんげ（そのように）しよる。そんげしよるけん、お金もいるけんのう。あこへ連れて行ちょったら世話ない。わりー（病気）思うたらぢきに病院へ連れて行てくれる。こないだも二度ほどあぢな（具合いが悪）かったかしら、病院へ連れて行て治った。うんとえーね。

うちの子ら「ちゃんと（きちんと）してくれよるがぢゃけん」言うけん、あこへ食べるものを持って行かざった。「持って来られん言うけん、ただ来たぜ、ぢーちゃん」。連れて行てもろーても、ただ行くがもわりー（調子がよくない）もんぢゃね。

④わしはうんとさぶしい

わしはうんとさぶしいが。「さぶしいことあるか」言うけんど、ここで誰やらも誰やらも死んだねや（なあ）思うたらさぶしいぜ。あんなこと考えたらよう寝んが。そんでぢきにご本尊さんを頼みだす。「休ませてください」言うて朝の五時ごろまで休ませてもらう。お陰ぢゃよ、と感謝しよる。

困ったことになったものよ。おぢーちゃんよりおらが先にいきゃーせんかと思いよる。いついたちかまん思うちょる。わたし明治四十四年生まれの九十六、歳に不足はない。おぢーさんは九十九。二人ともえかげんな（よいあんばいの）歳になったけん、いついたちかまん思うちょる。よう生きたことよ。もう自分の歳も忘れださー（忘れだすよ）。

『三男さん』昔は、「かげん（具合）はどうぜ」と言いよったが、すたってしもーた。「じらん」（焦《じ》れない）も使わんようになった。ものを指してことばは出る。目的を指してものを言う。時代によってことばは変わっていくのう。変わってきちょるが、近頃はあんまり極端ぜ。横文字ばっかしになって、何を言いよるやらわからん。古い人ら、日本人が日本語を話さんようになりゃせんろーか、と叫びよるぜ。

3　親はえらい

えらい（きびしい）人ぢゃったぜ。親らはめっそに（あまり）お金くれる人ぢゃなかった。買い物で残ったらさんにょー（算用。計算）して戻さにゃいかん。人に話されんことはまだおいー（多い）もんぢゃけんど、そんなこたー（ことは）言われん。いよいよえらい目におうた。

①おぢーさんらちゃんと待ちよる

たんび、たんび（その度ごとに）、ゆるり（囲炉裏）のにき（傍）へ子どもを置いちょいたら怖いけん、子どもを抱えて。こまいが（幼い子）をよこし（横）に抱えて部屋（隠居屋）のひら（方）へお膳を持って行かんといかん。おぢーさん（舅）らちゃんと待ちよる。

『三男さん』「ちゃんと」いうたら、時間通りに座って待ちよるという意味ぢゃろ。重うてずぼる（ずり落ちる）子を右手で小脇に抱えて、また左手にはお膳を持って行てみたら、おぢーらが時間通りに待ちよる。それが辛かったわけよ。嫁の辛さはそこにある。ねぎらいのことばもないわけぢゃろ。そういうふうに、辛かったことがことばでやっぱりにじみ出てきちょる。そういう生活を「えらい目にあう」と言うたが。

②部屋にぽんと持って行く

おぢーさん（舅）がよう魚を買うてくれちょった。お魚買うたち（ても）よけ買わん。「びんび（魚の幼児語）みな持って行くな」と子どもらがあげ（そう）言うた。「まあ持って行ちょったら、ころ（これ）ほど持って来てくれちゃいかんに言うてくれるけん。それから、歳がいちょるけんいつ死ぬかわからんけんね、うんと食べさせちょかんといかんけん」言うて、ぽんと（すべて）言い聞かせちょいてから持って行たら、まことそうよ。「これほどふといこと（たくさん）持ってきていくか（いけない）。子どもらにも食わさんといかん」と言うて、分けてくれちゃー（ては）とってもんた（戻った）がね。あれはよかった。

・ぽんと言うて聞かせちょるけん心配することはないが

子どもらにぽんと言うて聞かせちょるけん、今りゃ朝なにかに（なにやかや）おかずを持って来る。火もつけてくれちょる。油も自分が買いよるけん、心配することはないが。おーけな缶一つ持って来てくれるけんど、ストーブに入れることはこたわん（できない）。ぢーちゃんでももんちょりゃ（戻っていたら）そんなこともする。もんてもろーた方が、食べたち飲うだち（でも）話ときがあるが。薬飲うだちえーが。

あんまりさぶしいときは、夜ポトンという音がしたら、はや（もう）たまげる。近頃はうんとかやり（引っくり返り）そうになりだした。目がだいたい見えんけんど、こればー見えりゃえーわ。「買うてきてくりや」言うて一万円ばー渡しちょったら、みてる（なくなる）までしばらく、うんとおいしい物も買うて来てくれる。年金から、他所へ行ちょる娘らがおこし（寄こし）てくれるもんを持っちょるけん。財布はぢーちゃんと一緒よ。

このベット（ド）もこの下の敷物らもみなぬし（自分）が出したが。目が見えんけんうんと下が汚れる。「ぬしが買いながら叱られるこたー（ことは）ない」とわし言うた。なかなかいろいろあらー。

③野暮なことは子どもらにも言わん

まあ、親らにこじゃんと（十二分に）やられちょるけん、あんな馬鹿は言わんけん。野暮なことは子どもらにも言わん。貰うて食べにゃいかんけんのう。「ありがたい、ありがたい、おいしかったよ」と言うちょったらそれでえーわ。がいに（きつく）言いよったら、くれて（くれる人）はないぜ、今は。

4　今はどこも嫁がえらい

今の人は横着なけんねえ。どこの人も嫁さんがえらいろー（強いだろう）。えらい（えらそうな）こと言いよったら、親はしでまくられる（とてもいじめられる。「まくる」は強調）。病院へ行ちょったち、どこもみんなうんなし（同じ）嫁ぢゃよ。

わしが病院へ入ってぢきに入って来た浜（浦。漁村）の方の人は、おぢーさん（連れ合い）は宿毛《すくも》のひら（宿毛市の方）の病院へ入って、わたしゃここへ連れられて来たつー（という）ことよ。「なし（なぜ）同じとこへ行かん、おばちゃん。ここもえーが、一緒のとこがに（気がかり）にならんでえーに（のに）。いっときおったら手続きし直してもろーて、おぢーさんのひらへ行たや（促す気持ち）」言うて、わしゃもんて来たが。

「わしんくの嫁は、ふといことのお金を持って行かれん、とられるけん言うてわしにひとっつも（少しも）くれん」と話しよる。どこの嫁も一緒ぢゃのうと聞きよった。なんぼお医者ぢゃお金はいらんいうたち（ても）、二、三千円はくれりゃえーわのう。あんだいな（不安な。心配な）のう。ここへらもなにかに（あれこれ）食べるものを売りに来た。ちーとんつ（ちょっとずつ）なにかに買いよるがのう。「何ちゃ持っちょらざったら買えんのう」。「買えるかえ。買うちゃいかん、うんと持っちょったらとられる言うて、ちょっともくれん。わしが死んだらぬしが使わんといかんけんぢゃないか」。「そうぢゃのう」。

5　夜も起きにゃいかん、朝もはよー起きて水汲みに走らにゃいかん

今の子ら八時にゃ車に乗って出ていくけんど、めっそ（あまり）みな骨の折れる仕事をしよらんがのう。わたしら、夜も起きにゃいかん、朝もはよー起きにゃいかん。起きりゃ子どもが起きてくるけん、すけ（おぶい紐。子を背負う帯）をして負わにゃいかんろー。

それから水がないとこぢゃけんのう。あれに苦労したが。木戸（表口）が高いとこぢゃろ、骨が折れたぜ。ここは水のないとこでみな水を汲んだけんど、うちは特別高いとこで下の三軒分上がらにゃいかんけん、たろばー（ことばにしきれないほど）骨折れたが。朝起きてご飯しかけて炊いちょって、ご飯蒸せるあい（間）にゃ水汲みに走らんにゃいかん。ご飯食べてからあらいあけ（食器洗い）して、おしめ洗うて干したり何だりしよって、水を二、三回汲んだらはや昼になるんぜ。そんげ（そんなに）しよったら、小姑が「仕事に行かんといかん」言うて。

『三男さん』何べんも繰り返してなに（あれ）しよった、かに（これ）しよったいうことは、それだけ忙しい人生を送って、忘れられんがよ。辛かったがよ。たまるか。主人（翁）は呑気な男ぢゃけん、女房は一生懸命仕事せにゃいかん。辛かっつろー。同情するね。わしは貧乏はしたが、都会育ちの女房にはあんまり骨を折らさざった。

男は決まった仕事ぢゃけん、炭焼いて木を伐るばー。土方したり船乗ったりするだけ。おなごというものは仕事が複雑なけんねえ。いろいろかいろ（種々雑多）やって、何もかにもやらにゃいかんぢゃーか（やらないといけないではないか）。あれがすんだらこれ、これがすんだら何と、仕事が待ちよる。こせこせ（こまごま）、こせこせ仕事だらけ。まこと暇はないぜ。たまるか（とてもたいへんよ）。

そんぢゃけん、おなごの人ら、「甲斐性のある人に嫁に行かにゃいかん」と言いよった。甲斐性があるいうたら、商売をして金を取って、女房は働かいでもご飯、煮炊き、洗濯するばーのものよ。野良仕事なんかすることない。

【注】

（1）・荷籠の思い出　八郎さん

その荷籠はザル籠いうて、昔はオークで前後ろに鮎を入れて担いよった。籠の深さは二十センチで直径が六、七十センチあったね。

八郎さんはおなごの中に混じって、ザル籠に鮎をいっぱい入れて中村へ走るようにのーた（天秤棒で荷を後先につけて運んだ）。帰りには味噌、醤油、砂糖らを入れてにのーて来て、「何でもありまっせ」と。行きしなも帰りも金になるものをかるーて（背負って）来《こ》にゃ。

こまい（小さい）けん陸軍ぢゃ役に立たんけんど、海軍ぃ入って縁付き帽子の下士官ぢゃった。終戦でもんて来て天秤棒の先で暮らしを立ててきとう。嫁さんは神戸で洋裁をやりよって、あれは大したもんぜ。わしらもコートもズボンも作ってもろーた。夫婦がうんと働いとーえ。根《こん》を詰めたら大したもの。天秤棒の先で働いてざまな（ものすごい）銭儲けて、深木と島の宮とに二山買うた人ぢゃけん、えらいぜ。

（2）第1章注32参照。

（3）・白炭、黒炭、ござござ

六年ばー（ぐらい）の木なら炭に焼いても締まるけん、白炭《しろずみ》（備長炭《びんちょう》）にする。黒炭でも六年ばーなら木の締まりがえーけん、火が長持ちする。ふとうなった木はござござするけん、いかん（だめだよ）。炭も、簡単にくべ（燃やし）て火づけ（焼い）て炭にしてもいかんけんのう。今の子は、炭窯に木を詰めたらいきなり（すぐさま）火ぃつけて焼き上げるけん、長持ちせん炭になって、バーっと燃えてしまう。壊れやすいガザガザした炭になるけんいかんぜ。

最初に「あぶる」いうて、水分を抜いてしまわんといかん。炭窯の煙突を開けけんづく（ず）に、蓋をして蒸しちょるわけよ。手前の火道《ひどう》（焚き口）のとこから「あぶり木」をくべちゃ（ては）あぶりよら。二日ばーちーと（少し）燃えよったら、水分がなくなって木が締まってくる。締まった木ぢゃったら、炭になっても堅いえー黒炭が出るわけよ。

燃えよる炭を引っ張り出してあく（すばい。炭窯にできた灰）に詰め込んで火を消してできる炭が白炭。あくをうんと被って白いけんね。料亭ぢゃ備長炭と言《ゆ》わーね。

すばいにはがざがざした炭の粉末も混じっちょるけん、そんでゆっくり燃えるわけよ。

「ああ、炭焼きか」言うけんど、炭焼きもやっぱり技術がいるけんのう。ただの炭焼きぢゃいかん。苦労の塊は、米子ねーばっかり（ばかり）ぢゃないぜ。

（4）○平田オリザ『下り坂をそろそろと下る』講談社現代新書（二〇一六年）

日本はもはや工業立国ではない（人口の七割が第三次産業）。若者人口の減少に見られるように成長社会に戻ることもない。成長の止まった長く緩やかな衰退の時間に耐えなければならない。無意識の優越意識を解消していき、「寂しさが銃をかつがせる」ことが再び起こらないように、「寂しさの根源を突きとめようして、世界と一緒に歩いて」いくこと。分かり合えない前提での対話、「対話の空間としての新しい広場をつくる」ことなどを説く。

その「対話の空間創り」に「サンデルの白熱教室」がある。司会のマイケル・サンデルがトランプ派と反トランプ派との討論番組で、「互いに隣人として生きようとする対話空間」を創り出した（BSプレミアム、二〇一七年五月十四日放送）。

○宮脇昭・石牟礼道子『水俣の水辺に「命の森」を』藤原書店（二〇一六年）

（宮脇）「勝った国よりも日本が経済的に発展」したが、「日本人の心、感性、知性を奪われました」。（石牟礼)「情念を失いました」。

(宮脇)かつて雑木林からとってきた薪は石炭や石油に代わり、下草刈り、落ち葉かきをして田んぼにすき込む作業は化学肥料が代替している。そういう状態にいながら「人は心を失ったかのように『足りない足りない』と言っています」。「人類史の中で最高の条件のなかに我々はいます。(中略)それがわからず、まだ上へ上へと、個人も社会も政治も経済も教育も目指すのはおかしい」。「本物の生きものとしての人間の生き方を取り戻すために」石牟礼さんと対談できることは大変うれしい。

(5)谷川健一『黒潮の民俗学　神々のいる風景』筑摩書房(一九七六年)

(徳島県の)舞子島は明治十年頃まで、死人を捨てる島として使用されていたという。他所の港で伝染病に罹って死んだ者の死体は、椿泊りの港に入れずに、この地先の島に捨てた。それは伝染病が蔓延しないための賢明な措置であった。

(6)・「講組は下人」―ここの講組の葬式

棺桶は寝棺で、「一艘分」いうたね。生きちょるあい(間)に準備しちょったのう。早く作ったら長生きするいうて、何年も前から作って縁側の隅に置いちょった。

親父の代にはもう棺桶屋が作りよった。今はラワンの材がなんぼでもあって安うにできる。ところが、昔の人は自分の身分を考えて、やっぱり埋められても何十年も腐らん木に、自分が人としての形を失わんような箱に入っていたいという信念があったわけよ。杉ではぢきに腐るけん、長持ちするように楠木を製材して一寸五分の厚い木で棺桶を作ってのう。重いうたち(いっても)、重いがちがう(重いどころではない)。それから、「松の総身」いうて、松の芯の、これも脂で固まっちょるがでも作る。これも一寸五分で厚かったぜ。とてもぢゃない(並大抵ではない)、二寸もあるがもあった。「火葬、あれだけはいかん」と言いよった。

昭和二十四、五年ごろまで、棺桶は講組が作った。三里の講組は本村、島の宮、深木に一つづつ。その講組が集まって、中にゃ大工もおるけん、朝から器用な連中が集まって棺桶を作った。太平楽を言うて、その人の人生を面白う、おかしゅう語ってね、いつでき上がったかわからん。

それを墓へ上げるいうたら、三人や四人ぢゃ山をかいて（担いで）上がれん。五人も六人もおって、前では縄で引っ張る、後ろからは押し上げる。

女はその講組の食べることをした。お昼には夏も冬もなくソーメンをした。棺桶をかたい（担い）だりするもんは、いわば下人ぢゃけんのう。八丈島へ送られちょったような人らぢゃけん。そんで、土間というて、庭の土の上へ、莫蓙《ござ》をひいて（敷いて）くれたら、えーうちながぢゃった（よい方だった）けん。土の上へ座ってご飯を食べて死者に対してへりくだっちょるが。そんで、おいしい物は食べんわけ。今の人はそういうことを知らん。鳴り物入りで寿司食うたり、刺身食うたり、タタキ食うたりしてねえ。いわば、われわれはもう僕《しもべ》ぢゃけんね、とにかく下の下の人間ぢゃけん、引き下がって従うちょらんといかん。家族には何一つさせん。相手を敬い奉ってせにゃいかん。そうしてやってきた。そういうことが、日本人の心の中へ、形にないといかん。

今の人はわやくちゃ（目茶苦茶）ぢゃ。味噌もくそも一緒よ。わしには国会議員までもわやくた（粗雑）になったように見えるけんどね。行き先がどんげに（どのように）なるろーのう。もうほんまに昔話の国になる。

今りゃムラが衰退して若い腕盛りのわかいしがおらん。墓を掘って棺を担いで行く人手がないようになった。これははっきり言えらーえ。そんで、金でしまいをつけるようになった。商売人（葬儀社）が智恵を出して全部やってくれるようになった。葬式も村祭りも一緒よのう。人がおらんと村祭りもできん。

（7）・人がせん病気をすると世間がせぼうなる

昔は、世間がせばい（狭い）ことは、今のようにない。四百四病、人がせん病気をすると世間がせぼう（狭く）なりよった。

昔は、肺病とかは治らん病気と思われたけん、世間の疫病神みたいなもんぢゃったけん。人は寄りつかんようになるけん、村外れのとこへ小屋建てて住まされとーえ。うんと肺病が多いムラもあっとーえ。

わしがほんまにこまい折、ある家に行たら牛だや（牛舎）におーけな（大きな）おぢー（男性老人）がおって、「にじゅう爺《ぢー》がおるぞ（名前の由来不明）」と、たかで（なんと）「やるぞ」と脅されたことがあった。おかあ（母親）が背中に負うちょる子を揺さぶって、「そりゃ、にじゅう爺にやろーか。食われるぞ」言うて、うんとあやかし（驚かし）よった。わしゃ、それについて行ちょっておとろし（恐ろし）かった。おぢーはおびえたように隅におった。昔は、子どもらみな脅されよったけんのう。

昔はしんけい（神経病）みたいになって、牛だやの跡みたいな中に住まわされよった。昔は隔離しちょったけんねえ。まこと動物飼うように飼われよっと。昔はそういうことをしよったけんね。今ぢゃったらしまい（たいへんなこと）よ。ほんまにえらい（ひどい）。人権無視の）世の中ぢゃったけんのう。そういうことが普通（当たり前）ぢゃけんいかなーえ（駄目だよ）。それから、この上の人が医者しよった。誰でも器用な人なら医者でも獣医でもできたがぢゃね。

滅多におらざったが、ハンセン病の人がおったがねえ、島流しにされた。瀬戸内海の方へ連れていかれたがぢゃろー。独房みたいなとこへ入れられちょったがか。ああそうか、職員宿舎と溝で切り離されちょったがか。

指がちぎれても痛うない言うのう。本人もわが身をさらして見せるがは嫌ぞ。昔の人はうつる思うたがぢゃね。子どもの折、「あれが座った後へは座られんぞ」と言われた。わしら子どもの時分にこの上へおった人は、亡くなったら家ごと焼かれっしもーた。家族は都会へ行たりした。わかいしは立派になったぜ。

注・藤村久和さんの『アイヌの霊の世界』では、アイヌは「末子相続で（中略）末子の家の横に老夫婦の住まう家を建て、二家族の生活をする。（中略）老夫婦が亡くなるとその家は焼いて、あの世へと送ってやる」。「道東では男性が亡くなっても家を焼いた」と。

（8）古川のり子『昔ばなし　あの世とこの世を結ぶ物語』山川出版社（二〇一三年）

ホトトギスは死者の魂、あるいはあの世から死者の声を伝える鳥だと考えられてきた。ホトトギスの初音を便所で聞くと不吉だとされるのは、便所という出入り口を通してあの世に呼び込まれる危険性があるからだろう。また、ホトトギスの昔話に人間が死んでホトトギスに生まれ変わったとする前世譚が多いのも、そのためだと思われる。

◦ホトトギスは杜鵑目《とけんもく》ホトトギス科。五月ごろ日本へ渡来し繁殖し、冬は台湾、華南、インドなどへ渡る。ウグイスなどの巣での托卵性が特徴。

（9）◯「気兼ね」『土とふるさとの文学全集』7の「女の一生（抄）丸岡秀子」（ただし、本文は『村の図書室』シリーズ（岩波書店刊）の『女の一生』からの抄出）

◦農家の婦人の一生は、〝気兼ね山〟への登り下りだといっていい、とある人がいいました。

◦もらった嫁の手紙の中では、姑に対する気兼ねがいちばん多く、それこそ、外出するにも、湯に入るにも、ご飯を食べるにも、すべて気兼ねであるといっています。

◦ある県の知人からの手紙（前後略）

「嫁にきてから二、三年、炬燵にも寄れなかったという嫁さんの話や、過労の末、熟睡し、目がさめたときには姑が起きてしまっていて、イロリに火を燃やしているのを見、おどろきのあまり卒倒して二日間意識不明だったという嫁さん。

妊娠すると、〝自分ひとりでなす（生む）べえから、腹大ぎくしたべえ〟と皮肉られるという話。〝だもんで腹大きいときァ、いつもより働がねばなんがす〟という嫁さん。それでいて子どもの生れぬ前の嫁さんの地位の不安定など」

。意地の悪い姑根性と、おどおどした卑屈な嫁の気兼ねとは、おたがいに呼応したものです。

。漬物の重石のような、重い空気が家の中によどんでいます。その上に小姑たちが大勢いて、年中、嫁の言動を見守っているからたまりません。うっかり思うこともいえず、顔色にも出せません。

だから、腹と口とが違う人間、心にもないお世辞でうまくその場をとりつくろってゆくような人間、自分の考えと判断を持てない、おどおどと人の顔色をうかがうような人間ができ上がってしまいます。

※米子さんは気兼ねしていても、右記の女性たちとは違う強さをもっていたことがよくわかる。

(10)・三男さんの見た女の辛い生活

おなごは取るもんも取りあえず走って行きよっとーえ（たよ）。秋ぢゃったら、ツルイモ（サツマイモ）を懐に入れて出た。ご飯もろくたに（まともに）食べれんけんねえ。女の人ら芋屑を煮いて置いちょっとーえ。おこんま（三時のおやつ）までに腹が減るけんね。結局、女というものは、朝はよーに起きて洗い、洗濯をやらにゃあいかん。懐に入れちょるこんまい芋を食う食うそういう仕事をしよったわけよのう。なかなか辛い生活をしちょる。われわれは子どもの折から、腹が減っちょるがぢゃろーかと思うて、じっと見てきちょるけんのう。見まい思うても見えらーね。

冬になったらみな炭焼きぃ行たりしよったけんのう。せんばに乗って下田の港まで行かにゃいかん時もあったがぢゃけんのう。隣の、のぶしげ小父らせんば乗りぢゃったけん、女の人は朝二時には起きてご飯を炊いて、四時、五時には出かけて行くけんのう。冬の四時、五時いうたら暗うてひやいぜ。

それから、隣が起きたけんうちも起きにゃいかん言うて、山へ行く人らも起きてね。とにかく寝るあい（間）もないぐらい。そこで、「朝は朝星、夜は夜星」ということばがあっとーえ。それくらい働かにゃ食うてはいけん。みな食うことに事欠いちょったけんのう。そんぢゃけん、土地を持っちょるとこへ養子に来たら、人は羨ましがるわけよのう。こういうとこへ来て辛抱せにゃならんと。今ぢゃったら、土地持っちょりゃみな避けて通りよる。

わしら女房を当てにはせざったのう。子どもの世話と家事をしよったらそれでえーと思うちょったけん。
（11）・はったいこで山田を拓いた先祖
昔の人ら、山田を拓くに先祖代々麦を煎って粉にひいたはったいこ（麦こがし）を食うて、コツコツつくったもんぢゃけん、愛着があった。粗末にしよったらおごりよった。また、麦の粉のはったいこは当てにならんもの。たごったら（咳をしたら）煙になって外ぃ出てしまうけん。
・南予の段々畑は食いぶち
南予（愛媛県南部）には山の上まで段々畑があって、座布団ばーのこんまいもんでも田んぼにしちょった。昔の人は、子が一人生まれたらその子の食いぶちを食うや食わずでつくってきたけん、見事な段々畑になったと聞いた。そんで愛着があるがぢゃのう。
（12）・おなごしの苦労と現代の農家の嫁不足
畔の幅を揃えるに、二十センチなら二十センチの幅にずーっと真っ直ぐに幅を揃えていくわけよ。男は慣れたら鍬の先でずーっとしていくけんど、おなごし（女性。女性奉公人）には難しいね。力もないしめっそ（あまり）知恵もないけん、でこぼこになる。ぢゃけん、女の人にとっては何をしても、男についてすることが一生懸命よね。お父さん（主人）がしたようにしちょかざったら、またおごられると思うてね。女の人は苦労しちょるぜ。

そういう思いがあるけん、現代の農業しよるとこへは嫁がないということよ。政治家はそういうことがわかっちょらん。これは、後にゃ農業するもんがおらんようになって、国民が食うことができんようになるのう。農地も宅地化してしまいだした。ここらも農業しよるわかいし（青年）がおるが、嫁も来ん、子もできん。これは困った。なんとかせにゃいかん。

やっぱり今の百姓つぶしたら国がつぶれるけんね。そうかといって土建が農業やるいうても、農業というものは機械でドンドンやるもんぢゃない。今日ここまでやったら明日はこればーと、「いこないこな（少しずつ。ぼつぼつ）」とやっていかにゃいかん。そういうことがわかっちょらん政治家の集まりぢゃけん、ＴＰＰで国を開くぢゃ言いよるぢゃーか（ではないか）。

(13)・昼休みや夕方、おとこしらが寄り集まって闘鶏やらしよっと

島の宮でも三里でもやった、やった。そういう組がおっとーえ。わしんとこの兄貴はうんと好きながで、今でもやりよるぜ。

以前この三里に、明治生まれのチュウいう人がおって、毎日軍鶏やチビ（軍鶏に似た小柄な鶏）をうだい（抱い）て、「喧嘩やらそう、喧嘩やらそう」言うてムラを回りよったそうな。

それで、兄貴がぢきに鶏を小脇にうだいて喧嘩やらしにとぎ（友だち）のとこへ行きよったら、母親が「ああ、またチュウが喧嘩やらしに行きよるぞ」言うて笑うて。

チビいう小型のが（鶏）があっとーえ。うんと喧嘩早いが。こいそしゅうに（こまめに。懸命に）蹴りやい（蹴り合い）やるけん、それが楽しみで。軍鶏の足の爪は剣になって出ちょるろー。それで蹴るが。その爪に刃物を付ける人もあったね。相手は頭を蹴られて一発でちゃがまる（駄目になる）がもあった。昼休みや夕方になったら、よう（よく）おとこし（男性。下男）らが寄り集まって喧嘩やらしよっとーえ。一つの楽しみよ。ムラムラでそういうことをやらしよった。田舎は他に落語があるわけでなし、芝居があるわけでなし、軍鶏らーを持ち集めて楽しみにやるだけよね。それで負けたがを軍鶏鍋にして、みんな集まって酒の肴に一杯となるわけよ。家でもやるけんどね。

庭先で首切って血を抜いたら、ぢきに地面に染み込みよった。毛焼きをして、洗うてひきさばいてやりよっとーえ。そういうような場所へ行きかかったら、誰でもみな軍鶏を食えたわけよ。

また、鶏をいぼり（首を絞め、料理をし）よるとこへ、そこの家の母親や姉さんが喧嘩をようせんようになったような鶏を持って来て、「ついでにいぼってくれんかえ」と頼まれたら、きれーにさばいて炊いて食えるようにしてやらーえ。

（14）野本寛一「大井川流域民俗語彙」近畿大学民俗学研究所紀要『民俗文化』第二六号

◦農業―焼畑

クド〔農・焼〕焼畑地の一角に設けた穀物の脱粒場。コナシ場のことで約二間四方ほどの広さで、なるべく平らなところを選んだ。下方と両横を筵を立てて囲み、脱粒の飛散を防いだ。クドに筵を敷き、七・八人が円座となり、蕎麦束などを右回しに送りながら共同作業をした。これをウラタタキと呼んだ。穀束のウラ（先）を叩くことからの呼称である。叩く棒はオオと呼ばれる棒である（静岡県島田市川根町笹間上粟原・成瀬治宣・明治二二年生まれ）。

（15）・絵描きになりたい言うておごられた

こんまい折から画用紙を持っちょったね。いろんな風景を見る毎日ぢゃっつろー（だっただろう）。親父らと魚とったりする時は、とぎはないし孤独というものがあるけん、合間合間に絵を描きよった。九州へおった時には、供給所いう今のデパートやコンビニに当たるとこに掛かっちょった雪舟の水墨画をずーっと見とーえ。それがずーっと高ぜ（高じ）てきたがよ。供給所には拳銃（明治四十三〔一九一〇〕年民間人の銃所持原則禁止）も売りよったぜ。

ほんで（それで）、「絵描きになりたい」言うて母親におごられ（怒られ）たがぢゃけん。「いかん」と。「勧進（乞食）になる」と。延岡の八幡さんや内藤さんという城山のお祭りに他所から絵描きが来て道の傍へ座って、一筆で蛇を描いたりすらーえ。頭ががっそう（もじゃもじゃの髪）になって、それぃ縄の鉢巻き締めてやりよる。「あれを見てみよ。あんなになるぞ」と。子どもの折にあんなことを親に言われると、身にしゅみ（染み込み）こたえるねえ。

ぢゃけんど、絵は捨てざった。二十歳ごろに本を買うてレンブラントの油絵を見た。油絵というものは絵具と油をどのように使うもんぢゃろーに（ものだろうか）と思うて、それに苦労しとーえ。暗中模索よのう。勉強したもせんもない（懸命に勉強した）。

わしゃ金のことは考えたこたー（ことは）ない。女房が全部やる。これが一番の長生きの秘訣ぜ。金というものは必要なだけあったらえー。若い時からそれぢゃ。そうかといって、わしゃあよう働いたぜ。ものすごく働いた。けんど金には執着せざった。何が目的ぢゃったかわからん。まあ、絵を描いたりするがは、もう三度の飯より好きぢゃったけん、なんぶ（どれほど）忙しいし（忙しくても）、描きはじめたら何もかもおっぽっちょって（放り出して）やるけんね、困ったものよ。

（16）・お梅ばあは座布団にひらがなで歌を書きよった
お梅ばあが笹の短冊に、「たなばたの　とわたるふねの　かじのはに　ゆくあきにかきながす　つゆのたまずさ」と、女字で上手に書きよったのう。その歌はみんな知っちょって、七夕さんには他のお願いと一緒にこの歌もぶら下げていた。

母親にゃ勉強をなろうたことはないがのう。お梅ばあが書き手ぢゃったけんねえ、よう家に行たらこの人が鼻眼鏡を掛けて筆のもとを持ってひらがなを書く人ぢゃった。「三男、学問をせにゃいかんぞ」言うて。

始終遊びに行たらつぶ（土佐特産の飴菓子）いう、鋏でチョキチョキ切ったつぶの菓子をくれた。おいしかったのう。今はその観音さんは下へ下ろして卵塔《らんとう》さんと一緒に置いちょらえ。あんなものは下ろしたらいかんがよ。

そのお梅ばあが、短冊にひらがなで歌を書きよった。お梅ばあはなかなか賢い養子娘ぢゃったがのう。筆の穂先をちょっと持っちょって、ひらがなで座布団へぢきにタラタラ、タラタラ歌を書く人ぢゃった。わしが「おばあ座布団へ」言うたら、「よいよい。よいがぢゃ、よいがぢゃ」言うて、どんな座布団にでも歌を書きよった。あのおばあに学問をなろうちょったらよかったが。それよりも遊ぶがよかったけんのう。先祖がわしらんとこと親戚ぢゃったがぢゃね。みな加用姓ぢゃけん。

注・藤原俊成の本歌取りの歌で「七夕のと渡る舟の梶の葉にいく秋かきつ露の玉づさ」（新古今和歌集）。その本歌は上総乳母《かずさのめのと》の「天の川と渡る舟の楫の葉に思ふことをも書きつくるかな」（古代には七夕に梶の葉に歌などを書く風習があった）。
（17）米子さんの日々の祭祀から、多くの神々とともに生きてきたかつての暮らしをうかがえる。それは、神々とともに生きてきたアイヌの方々ともつながる、列島人の姿であろう。

○松井友（著）小田イト（語り）『火の神の懐にて』洋泉社（一九九九年）

。カムイノミ（礼拝）

「すべては神々を中心に動いておりましたから、何事もカムイノミ（礼拝）してから始まり、すべて無事に終わっても、お礼のカムイノミしたのです。

このようにカムイノミは、日常の生活に完全に溶け込んだ祈りでありました。自然界にはさまざまな神々がおりましたし、天上にもさまざまな神がおりました。家のなかにも神々がおりましたし、一族一家には祖先の神々がおりました。一人ひとりにも守護の神々が背後についておりました。

これら一つ一つの神々を疎かにせず祈りを捧げるのは、並大抵のことではなかったことと思うのでありますが、アイヌの方々の場合すべては神々に捧げる祈りを中心に生活が営まれてきたといえましょう」。

第3章　夢に見る―九十九歳―

生まれは明治四十四（一九一一）年ぢゃが、何月何日ぢゃったかふおぼえ（思いだしたり忘れたり）になっちょる。ぢーちゃんのがはぢゃんと（きちんと）覚えちゃるが。

わたしうんとさぶしい。話とぎがないづくに（ままで）一人でやるがはえーもんぢゃない。

・デイケアー生活

わが子（娘）はデイケアーには喜んで連れて行てくれる。そこはうんと世話をしてくれるけんど、お昼まで台を置いて堅い椅子に座らにゃいかん。足がブランコになるがに足が痛いが。足がぼったり（すっかり）腫れるが。ほんで、二時間ほど足をそっち振りこっち振りして待ちよる。それから「風呂へ入れ」と言う。風呂入る者もわたし一人ぢゃ。女の子らがおるけん、丁寧に洗うてくれる。ご飯貰うて（いただいて）帰るばーな（だけの）もの。四時になったら連れに来てくれる。めっそ（あまり）行てのこたー（行く値打ちは）ない。

1　親と水の苦労

①木戸を出て行くとこをちゃんとねろーで座りよる

苦労したこたー（ことは）、昔りゃ親がえらかったけんのう。向こうの部屋におってまだ仕事に行かんと、母屋のえらい（高い）木戸を出て行くとこをちゃんと（しっかり）ねろーで（にらんで）座りよる。昔の親りゃ（には）、いたわりはないわ。ねらまれたら、「まだしゃんしゃん（さっさと）仕事に行かんと思うちょる」と、こっちはとるけんねえ。

②かたひらぃ子を抱え、かたひらぃお膳を持ってぎっちり通うた

へや（隠居所）におるおぢーさんおばあさんに食べるものをぽんと（ことごとく）持って行かんにゃいかん。おいしいようなものを、まあ食べさし（させ）たいがよね。子どもらが、「部屋へばっかし（ばかり）おいしいもんを持って行かんとこっちにも置いちょいた（てよ）」言うけん、「お前らは元気なけん後でなんぼでも食べられるがよ。おぢーさんおばあさんらは死ぬるがぢゃけん食べらし（させ）よるよ」言うて。

誰ちゃおらん時、子ども一人を囲炉裏端へはわし（這わせ）て置いちょけんね。かたひら（片方）ぃは子を抱え、かたひらぃぢーとばあへ食べさすお膳を持ってぎっちり（いつも）通うたぜ。子が泣いてほうて（這って）まわりよる時に、お膳を持って行かんといかんがが一番たまらざった（辛かった）。

③死にもの狂いで水汲みやって

ここは水がないけんねえ。木戸を降りてずっと沖（南側。四万十川）へ出て、藪を通って下へ降りて四万十川の水を汲まにゃいかん。藪もなかなか坂がある。大きなたご（桶）ぃいっぱい水を入れて、にのーてもんて木戸を上がらにゃいかん。飲み水も汲まにゃいかん、風呂水も汲まにゃいかん。うろうろ

しよったらはんやく（長い時間）かかった。日だけて（日が高くなって）汲みよったらほんまに半日かかった。お腹のおーけな時にゃ坂を上へ向いて上がれんけん、沖ぃ向いて上がってみちゃろー思うて、ゾロリィ、ゾロリィと後じさりして上がったこともある。いろいろにしてやってきたがぢゃ。

洗濯ら風呂の後で洗うて、川へ持って行てゆすがにゃいかん。うちの前の谷《たね》へ行くか、本川（四万十川）へ行かにゃいかん。死にもの狂いで水汲みやって、よう生きちょることよと思う。骨はたろばー（飽きるほど）折った。

2 煮炊き

①五升炊きのおーけな釜で炊く

うちら米を作ってたくさんあるけんね、あんまりやけな（雑穀の多い）ものは食べんが。けんど米ばっかしぢゃない。お麦を入れて、あこへある五升炊きのおーけな釜で炊くが。今もやっぱしなにかに（あれこれ）煮るがに使いよる（五升炊きの大釜は前出）。

ご飯は朝ふといこと（たくさん）炊いて、なにかに入れて四升や五升炊かにゃ。あの当時はよーけ食べるもん（もの）。ちいとばー（少しぐらい）ぢゃ足らん。うちら、芋や麦やキビらーのあんまりやけな（食べにくい）ものは食べざった。タカキビも植えるには植えたがあんまり食べんかった。

『三男さん』昔は米を手にすることは難しかったけんど、山田があって米を食う生活したがぢゃねえ。五升炊きの大釜は、何か祭りごとなんかあって、大きな酒盛りする時はご飯も炊いて寿司作ったりにも使わーえ。

米は軍隊へ行って、米のない生活ぢゃった。麦と芋だけの飯もあって、「こんなもの食えるか」と、やけくそで食うた。その「やけ」よ。座蒲団ばーの田んぼに一株でも植えて一穂でも大切にした。

②田芋入れたり、キビも入れたり

そんでも、ひしゃぎ麦（押し麦）も入れる。田芋（里芋）も入れる。おいしかったぜ。ひやいち（寒くても）川へ行て芋こぎ（交差させた竹や広い板）で田芋をゴーゴーこいだ（桶に入れてかき混ぜて皮を剝いだ）。ご飯にその田芋を入れたり、キビも入れたりいろいろして食べらし（させ）た。キビは搗いてきれーに皮をはがして、それをまだ一沸《ひとわ》かしせにゃいいなり（そのままで）は（釜に）入れれん。

『三男さん』子どもの頃、樽へ芋を入れて芋こぎをやらされと。ほかの子がわいわい遊びよるけんおらも行きたいに、田芋が剝げるまでやらされた。母親に「はよーせんか。いつまでたったって遊びに行けんぞー」とおごられる。まあ、おごられて使われたお陰よね。百姓屋へ養子に来たちいやみはなかったけん。仕事が嫌ではなかったという意味よ。

勝間川辺りは、田芋を水で回転する丸い箱に入れて、谷間で水車みたいにコロコロ転ばして皮を剝ぎよったがのう。

③おこげがうんとおいしい

キビぢゃお芋ぢゃつーものは、しばらく煮いてやおー（やわらかく）なってから入れて炊いて、おこ、げ、（釜底に焦げ付いた飯）がうんとおいしいが。お釜の底へおこげがこんがらっ（こんがり）とうんとついちょるけん、それぃ砂糖入れちょいてさいとー（野菜包丁）でゴシゴシ起こしてやったら、子どもら喜んで食べた。包丁は先がとんぎっちょる（尖っている）が、さいとーは平べったいがよ。

『三男さん』田芋やキビや麦やら水につばけ（浸け）てやおーにすることを、よますという。キビ飯はぱらぱらして食えざった。

ご飯炊いた釜には必ずおこげがこがり（焦げ）ついた。それをさいとーでゴリゴリこさいで（こすって落として）お握りにした。おこげには塩を入れてもうまいぜ。たかんで（とても）えーおやつよ。友だちの家で貰うて食うたりした。

なかなかそんなもんを貰うて食えん。隣の子は食いよる。こっちは見にゃいかん。遊びよって、「おーい、おこげができたけん来い」言うて呼んで、わん（わが）子にやっても他人にはくれん。そういう辛い目にもおうちょる。えー人ぢゃったら分けてくれるけんど、滅多にくれんぜ。人によらーね。

今でも昔の友だちにおうたら、意地の悪いおばあぢゃったぞ、ありゃくれざったねや（なあ）と語り草にされらー。食いもんの恨みはみな忘れてない。子どもの時の記憶はうんと残るけん、子どもぢゃ思うてなめて（見くびって。くみし易いと見て）かかられん。子どもぢゃけん大切にせにゃ、同じ扱いをしてやらにゃいかん。あの人はよかった、あの人はこうしてくれたとわかるもんのう。

二人三人集まったら、子ども時分のことが出てくるけん。子どもつーものは忘れんぜ。強く記憶に浸透しちょる。ああいう遊びをした。あれはこうぢゃったがねえ。あの子の親はろくな（まともな）もんぢゃなかったと。根性の悪いが（人。親）はみな知っちょるけん、語り草にされる。ぢゃけんど、あの子の親は他の子も同じ扱いをしてくれたとなるけんねや。わが子とよその子と差を付けられん。絶対にいかん。子どもぢゃけん食いたいぜ。

④ぢーちゃんは畑をし、川魚を焼き、煮炊きもしたえらい人

おかずかい。もうなんでもありあい（あり合わせ。間に合せ）よね。うちのぢーちゃん（翁）らうんと漁をして鮎《あい》もとったりスズキも鰻もとったりするけん、人より余分に川魚を食べたけん、割り合いまずいもんは食べざった。鮎やスズキは酢のもんにしたり、焼いたりおいしいもんにして食べた。川魚はぢーちゃんが焼いたが。

ぢーちゃんはシシ（猪）やらこい（など）専門にとりよったけん、たろ（飽きる）ばー食べた。シシやらこいわたしが煮いた。おいしいがに炊かんといかんけん、お砂糖使うてお酒もちいと入れて味を付けてうまいことにして食べた。ぢーちゃんもシシやウサギらをおいしゅう炊いた。シシもウサギもやっぱり出汁《だし》にせんといかんけん、捨てるとこはよけないねえ。初めてこの家へ来た時は煮炊きがなかなかむつかしかった（できなかった）ねえ。

野菜はうちの畑で作っちょる。畑がおいー（多い）もんぢゃけん、何でも食べるものを植えと。夏なら瓜から（やら）茄子から作りよる。ぢーちゃんら畑もした。煮炊きもした。えらい人ぢゃった。

3　せんば乗り

①炭を積んで下田へ通うたけん、お金には不自由せざった

わたしらせんば乗りもしたけんね。勝間川の奥に他所からどっさり炭焼が入っちょった。ドンドン、ドンドン炭を焼いて、渦（淵。勝間川と四万十川との合流点で船着き場。写真前出）へ持って来て倉庫へ積んで、それをせんば乗りが積んで下田へ通うたがぢゃけん。前はカシャ（荷馬車）いうて馬に引かして勝間の奥から渦へ持って来たりもした。駄賃ぢゃ（では）うんと骨折っちょるが。

わしらここから炭を積んで下田へ通うたけん、ふとい（大きな）お金ぢゃったけん、お金にゃ不自由せざった。なにかに（あれこれ）いるものは買うたり、付けにしたりした。帰りにだれい（疲れ）たら、もう泊まろうかと中村の橋の下へ泊まった。朝起きたら田野浦の方から船の中まで、イワシやらアジやらふといこと（たくさん）売りに来る。ここらでそうした魚を豊富に使うがは、うちばー（だけ）よ。

船乗りよるけん、えっころ（だいぶ）入った。みなまでとれるかえ。もんたら親父さんに見せるか、やるかせにゃいかざった。わたしにくれるがはないねえ。わしらへそくりも持っちょらん。後には、ぢーちゃんが町へ行て太鼓叩いて戻らざったこともあった。

②高瀬の立った瀬で棹さして胸が痛かった

わたしら、もうおーけなお腹になっても、うんとえらい（すごい）瀬の立ったとこを船で棹さしてね、ぢーちゃんが川原で曳き縄《な》を上へ引っ張る。わたしはそれはこたわん（できない）けん、船が川原へ寄らんように棹さしていぬる（帰る）。ぢゃけん（だから）、うんと無理したよ。胸が痛かった。かまざった（体に支障なかった）ことよ。この下の高瀬の瀬いうたら、こんげに（手で直角に示す）立っちょるが。あこが一番骨が折れた。あこでみんながうんと骨折った（高瀬で船を上げる三男さんの描いた絵巻物は一三頁）。

・上げ荷はてがえで瀬を上げる

下（中村）から上げ荷（上流への荷物運搬）をしたら、ああいう立った瀬を上げるいうたらずるーない（並大抵でない）けんねえ。めったにゃなかったけんど、かおって（代わりあって）てがえ（労力交換）をして瀬を上げることもあった。上げ荷をうんとしたら大骨折りよ。力が足らんで後ろの船とてがえせんと上がらん時があった。どんな目（たいへんな目）にもおうた。

『三男さん』女の力で家族をまとめて来ちょるのう。女の意見を深く聞いてみると、それだけ辛い人生ぢゃったのう。女は十人が十人楽にはおらざったね。かわいそうなもの。

ワールドカップ（二〇一一年）で優勝した女子サッカーは確かにえらい。男ばーの先見の明（先を読む力）はないち（なくても）、負けてたまるか（負けるものか）と、自分の身を犠牲にしても勝たにゃいかんという執念があらー。おなごぢゃけんどえらいぞ。勲章もの。けんど、男みたいな力はない。

アメリカの女子は男女平等で、男みたいなもの言い、態度があるがのう。ところが日本人は、女としての立場を忘れんで上下をよう見てもの言いをしよる。へなっとしたところがあって、さらりとしちょる。嫌なことはさっと忘れて次を考える。アメリカに負けてこうした栄えた国を創り上げれたがは、いつまでも悲惨なことにこだわってないけん。こだわったら成功はない。

4　ぢーちゃんと妹が夢にーわしがさぶしゅうないように

弱りが来だした。脛も痛い。足も腫れた。よこし（横）になって休みよったら足にはえー。

ご本尊さんにお水を二つ供えちょるがは、ぢーちゃん（翁）と妹（小姑）と。妹をうんと夢に見る。ぢーちゃんもうんと夢に見る。ぢーちゃんは生きちょる時にかーらんように（そっくりに）話したり高いことを言う、高い声で話す。ああ、夢ぢゃったもんぢゃ。妹のまさ子も腰かけもしたり、話しかけもしたりして話して、おお、夢ぢゃったものよと思う。わしがさぶしゅーないように出てきてくれると思わにゃいかん。

ぢーちゃんの墓はこの向こうの小屋のぢきにとなり。楽なえーとこぜ。人がみえりゃ（お参りに来てくれたら）まだ（もっと）えーとこぜ。

▲ご本尊さんに供えたお水二つ

第Ⅱ部　人と自然とことばと暮らし

▲ヒマラヤ山脈第二の高峰カンチェンジュンガ

・米子さんのことばを聞けた幸せ

　ＮＨＫで世界の三河川が放映されたことがある（プレミアムアーカイブス「大河とともに」）。温暖湿潤な島国の山合いを屈曲して流れる清流四万十川。ヒマラヤに源を発してベンガル湾に流れ込む、ヒンズー教徒の崇拝する長大なガンジス川。崑崙《こんろん》山脈の氷河に発してタクラマカン砂漠のオアシスを潤し、夏期三か月だけ川床を流れてタリム川に合流して消える内陸河川ホータン川。いずれの川も奥山からいのちの水として流れ下る。

　四万十川のほとりに生きた米子さんが九十九歳にして語るのも、四万十川からの水汲みと親の苦労だった。夜ごとに涙で枕を濡らしながらも、「ぬしが難儀にゃ仕様ない」と祖母譲りのずんやりした（スマートな）細身の体で精いっぱい働き、誇りをもって生きてきた。その生き方を、いとこの岡村三男さんが「どうしても自分がやらにゃいかんという気持ちがあったがぢゃ」と解説する。それでも、ある朝寝過ごして舅に叩き起こされる。「くそう、二度とこんなことして起こされりゃせんぞ」と、意地にかけて二度と寝過ごすことはなかった。[1]

米子さんは「よとき（時世）が変わって、昔しよったことで今しよることはなんちゃ（なんにも）ない」と話す。地方もまた高度経済成長によって、エネルギーに頼る暮らしとなり、「ものつくる」暮らし、狩猟、漁労などの「ものとる」伝承知を片隅に押しやろうとしている。三男さんが「方言がないようになってしまいだした」と話す。自然とともに生きる知恵を湛《たた》える幡多ことばもすたれつつある。[2]

▲ホータン川からの恵みの水を汲む少女

▲ホータンのウイグル族の農民

それは、祖先伝来の暮らしとことばを失ってしまう危機に瀕する世界の諸言語の運命とも重なる。K・デイヴィッド・ハリソンさんは、その著書の最終章で「工業化された西洋社会の私たちが、月に人を送り、核分裂に成功したからといって、つい一世代前まで遠い未開の地で狩りや採集の暮らしをしていた人々から学ぶものはないと決めつけるのは、怖ろしい近視眼的考えだ。彼らの知っていること～私たちが忘れてしまった、あるいは知りもしなかったこと～それがいつの日か私たちを救うかもしれない。（中略）しっかりとその言葉を聞こう、その声がまだ聞こえるうちに」と、土地の暮らしに根ざした伝承知からの学びを説く。[3] そのよい例が三男さんで、尋ねるほどに掘るほどに出てくる伝承知、自然知の深さに驚かされる。

筆者は幸いなことに、米子さんの四万十川のほとりの暮らしを聞くことができた。その長い道行きに同伴者の竹治翁が寸言を挟み、いとこの三男さんがその幡多ことばを読み解いて、図らずも三者三様のことばと暮らしを記すこととなった。わたしたちは自然とともに生きた先人たちの暮らしを確かめ、戦前、戦中、戦後の歴史をきちんと胸に刻まなければならない。また、「月に人を送り、核分裂に成功」したとする西洋文明の原爆、原発を克服する道をも求め続けなければならない。

・荷持ちかき持ちの力

かつて『〈田辺竹治翁聞書〉四万十川　Ⅰ山行き・Ⅱ川行き・Ⅲムラに生きる』三部作で、翁の山猟、川漁とムラの暮らしの伝承知の広さと深さ、すべてを手と体で成し遂げる力、語ることばの豊かさに圧倒された。その世界はまさに「小宇宙」だった。[4] もし筆者に、米子さんの暮らしの細部を尋ねるだけの知見があったなら、女性の小宇宙ともいえる聞書きになったことであろう。

二人ながら百歳までも衰えなかった記憶力とことばの豊かさの源には、繰り返しその苦労が語られる「荷持ちかき持ち」、手に持ち肩に背負って「ものはこぶ」ことがあったのではなかろうか。かつては、重い荷物を背負って歩くことは労働の中の労働、仕事の中の仕事であった。二人はともに「ものはこぶ」苦労を重ね、ともに膝の痛みを訴えつつも、鍛えぬかれた筋肉の力で腰も背も曲がることはなかった。記憶力が衰えなかったのも、その筋肉と骨の力が脳の記憶のネットワークの劣化を防いでいたのかもしれない。

そもそも、「ヒト化を起こすきめてとなった最も大きな動因は、直立二足歩行」である。気候変動による森の消滅で樹上生活者の人類が地上に降り立った時、肉食獣を防ぐには棒を振り回したり石を投げたりするしか道はなく、「棒や石を手に持って歩くしか」なかった。[5] その二足歩行によって「脳が大化」し、「手と足の分化を確実」にし、その「手と足の協同」で文化・文明を築いてきた。[6] ヒトは脳と手足の協同する精密機械だといえよう。

その、腰を立てて「ものはこぶ」歩みと言語こそ、人類が地球上に拡散しえた根源の力であろう。そして「人類にとって新天地を目指すことは重要な知的営み」であり、「新奇を求めて旅立つことがなければ人類という存在には至らなかっただろう」との論もある。[7] ベーリング海峡を渡り五大湖のほとりにたどり着いたモンゴロイドの後裔、ネイティブ・アメリカンのイロコイ族の口承史を受け継ぐポーラ・アンダーウッドさんの語りは、知恵と勇気に満ちている。[8]

ヒトはやがて「荷持ちかき持ち」の労苦を劇的に減らす舟運を発明し、列島の民も舟を操って「ものはこぶ」暮らしをする。そのせんば乗りでも米子さんたちは苦労を重ねてきた。

現代人は日々疾走する。高速道路網と新幹線網を拡充し、さらに超高速リニアカー走行へと、列島の自然を切り裂く。昭和三十年代「狭い日本そんなに急いでどこへ行く」との標語が貼られていた。その時代とは比較にならない自動車の普及と高速化した暮らしが、何事でもすぐ思い通りになることを求める感性を芽生えさせ、それが他者の存在を見落としがちな人びとを育てているのではないのか(9)。ともにゆっくり歩むことを忘れてはならない。船旅や歩く人には豊かな時間が流れ、自然の陰影が心に刻まれる。四国遍路が人気を博するゆえんでもあろう。

さらにまた、二人の長寿を支えた豊かな食生活があった。米と野菜を自給し、鳥獣と川魚の蛋白質をふんだんにとり、ともに煮炊き、焼き物の調理に携わる。その食生活が支える強い筋肉と真っ直ぐな背骨が、ゆるぎない人生を歩ませたといえよう。竹治翁と米子さんは仰ぎ見る広葉樹の大木のようだ(10)。

・先人たちへの深い敬意

米子さんの舅と姑にしても並々ならぬ力量の持ち主だった。舅の長馬《ちょうま》は木炭を焼き、せんばに乗り、石を割り、その大石を抱え運んで石垣をつく(積み重ねて固める)技量の持ち主だった(11)。末期の水をも自分で用意し、えーしまい(立派な最期)を遂げる。よく気がつき、何ごともきちんと片づける人物だった。隠居屋から見られている嫁はさぞかし窮屈だったことであろう。

姑もまた、米子さんが「とてもできない」と話した駄賃馬(馬での木炭運送)をし、セメントを切って(スコップでこねて)上賃(高い日役賃)をとる男勝りの人物だった。その上、読み書きそろばんに優

▲長馬がついた見事な石垣（四万十市鵜ノ江の民家）

れ、商才を発揮して「でき役者」と呼ばれる。そういう二人の間に、竹治翁という偉丈夫、猪猟の名人が生まれたのであった。

さらに、翁も米子さんもともに、山田を拓いた先祖たちの器量に舌を巻く。「昔の人はえらいぜ。山の谷間をなんぼにも切って土と石を仕分けて、谷の石を出しちゃ（ては）つき上げて石垣にして、土を作り土（耕作土）にしとー（したよ）」。「昔の人はえらいねえ。みな手と肩でやったがぢゃけん」と、その力量と労苦に言及する。広大な山田を拓くには、見通す力、作業を段取る力、荷持ちかき持ちする手足と肩の力、長い年月の労苦を厭わぬ忍耐力、それらすべてを兼ね備えた器用さを代々持ち伝えていたのである。米子さんもまた「どうしても自分でやらにゃいかん」と働き抜く。そうした力量と意地は、この列島の岩盤文化だといえよう。

東日本大震災を契機に日本に帰化したアメリカの文学者ドナルド・キーンさんは、戦争で、地平の彼方まで破壊され、焦土と化した戦後日本の復活に驚いたという。その列島人の力は、敗戦後の食糧難下の国内原野開拓にも、ブラジル移民のアマゾン開拓にも、高度経済成長にも生かされたにちがいない。

しかし、「よとき（時世）」が変わった。人びとは豊かで便利な暮らしの顧客、消費者となった。人びとがそれぞれの持ち場で発揮していた労を惜しまない、ものつくる力が急速に衰えてゆく。野本寛一さんは、「現代人は苦労少なくいただくものは多くいただこうという暮らしに浸っている」、「高度経済成長期の幻影が身にしみている」、「少し地味な暮らし、褻《け》とハレの循環が生きる暮らし、成熟した暮らしをしなければならない」と指摘し、「肥大化した寸法では現代都市民の再生も山のムラの再生も無理である」と述べる。

本来イエやムラやマチは絆、紐帯で結ばれてきた共同体である。筆者の小学生時代には、家の前のマチ（道路）は子どもが掃除し、年末には夜回りもし、門付けする遍路さんには一握りのお米を差し上げて、小さな共同体の暮らしを身につけた。野本寛一さんは、絆の「結ぶ」側面には「縛る」側面が表裏をもって機能してきたと記す。そして、「イエやムラ、社会の『縛る』側面を忌避していては山のムラの再生も、この国の深い意味での再生もあり得ない」（傍点筆者）と記している[12]。

その「結ぶ」絆とは互いに見守り、いざという時には手を差し伸べる、人びとがともに生きる文化だといえよう。米子さんも竹治翁も他人の不幸を看過できなかった。中世、京都へ上る途次の飢えた南蛮人ザビエル一行に施した人びとに、ムラ共同体を生きる人びととの姿を見ることができる。あるいはそれは、普遍的な人間性につながっているのかもしれない。イエスと弟子たちも無一物で宣教の旅をし、四国遍路たちも無一物で托鉢生活ができたのである。信仰には、持たざる者、差別される者からの視座がある。

徳川時代にフランス軍艦に乗って琉球にやって来たフランス人牧師は、その地の人が「とても内向的であり、やたらに敬遠する反面、物資などをいろいろとサービスする」と記した。吉本隆明さんは、「日本人には昔からそうした気質があったのだなという感じを持ちますね[13]」と語る。

そうした気質はアメリカ先住民たちとも共通する。クロード・レヴィ＝ストロースさんが、「この二元論の原動力は、白人との出会いの際にあからさまに示された、他者へ開かれた心であるように見える。白人のほうではそれと正反対の感情につき動かされていたのではあるが[14]」と。先住民の土地を奪うに、九千万頭ものバッファローをほぼ絶滅させて自然とともなるその生活を破壊し、人びとを居留地に押込めて子どもたちに英語教育を行い、かれらの母語と文化の力を弱体化させた。イギリス人もまたオーストラリアのアボリジニを蔑視し、定住を強いて子どもたちを親から隔離し、英語教育を行った。

ピエール・クラストルさんは、「西欧が一六世紀に技術と道徳と信仰心とをもって熱帯の征服にのり出し、（中略）《原始》の諸文明は一つひとつ消えていった」と述べ、その「野蛮さの背後」に、「西欧文明が異なる文明に対して示す異常な不寛容、他者をそれ自体あるがままに受け入れ認めることの能力のなさ、自己と同一でないものの存在の拒絶があるように思われる[15]」と記す。まさに現代に引き継がれる他者化の問題である。

詩人じっこくおさむさんは、アメリカ流の生き方は「均しからざるを憂へず、我が乏しきを憂ふ」であり、行動は「我《が》を重んじる」ものだろう。これはコロンブスのアメリカ大陸発見、侵略以来、またことに産業革命以後の西欧近代資本主義的なる文化の、先鋭で傲慢な色合いがつよい、と説く。

その課題を「自分の頭で考える」には、「まず五十年つづいた偽善と偽悪の網を破り捨てて平常心に戻ること、次に五百年つづいた欧・米人の知性の世界支配の実体を見きわめ、それをつき破って（赤外線の目で）、日本語で考えること、だろう」と記している[16]。

それはわが国の歴史にも刻まれている。「明治に入って北海道は次々と開拓が入り、良い土地はことごとく和人の所有」となっていく。明治政府は、明治三十二年に北海道旧土人保護法を制定、無償で五町歩の土地をアイヌに与え農業促進を促す」も、その土地は「農業も営めない山や湿地」で、それも「耕作しないと取り上げられた」。

「千歳に土人学校」がつくられ、アイヌの子弟の教育は「結果的にアイヌ語に基礎を置くすぐれた文化や言葉、民族のアイデンティティを否定し、和人化を推しすすめるための同和政策」となる。共同体の所有だった生活の糧の千歳川の鮭は禁漁となり、自由に利用してきた森は国有林となって木一本伐り出せず、「生活自体が脅かされると同時に、アイヌ民族はアイヌ文化とともに差別のなかに押しやられていく[17]」。

アイヌの人びとのことばに耳を澄まさなければならない。

「この世のすべてのものは、人間の所有すべきものではなく、カムイ（神）のものであると同時にカムイそのものである」。「大地に家を建てることはカムイのふところに住まわせていただくこと」だから、「カムイとともに生き、守っていただく」ことに感謝する。まず「将来家の中心となり神々の世界と人間の世界を結んでくださる火の神の場所を決め、火の神様を通してさまざまな神様に守ってくださるように謙虚に祈りを捧げた」のである。

「新しく切られた炉の中にはじめて火の神様が宿り、ゆっくりと煙がたゆたいながら天に昇っていくときに、ようやく家は生命をもち息づきはじめる」。だから「どんなときでも決して火種を絶やさ」さない。夜には炉の火はアクの中に埋めておく。「火の神様の暖かいふところに抱かれることがなければ、生きていくことはできない」し、煮炊きすらできない。しかも、火の神様は「神々の国と人間の国を行き来して、人間の祈りや思いを神々のところへ伝えてくださる大変重要な神様である」（『火の神の懐にて』）と。

囲炉裏をきって火種を絶やさずに煮炊きしてきた列島人の暮らしの原型を鮮やかに語る。

たしかに、三男さんの語るかつてのムラには、不治の伝染病者への差別など時代の限界がある。そうした限界と悲惨を見据え、それらを乗り越えてはじめて、真の知性を獲得できるのであろう。石牟礼道子さんも「水俣の記憶は忘却されたがっている[18]」と記し、その激流に立ち向かって生きてきた。

仲間外れ、それは今も福島から避難した子どもたちへのいじめのように、南から北までの多くの人びとの切実な課題である。司馬遼太郎さんは『菜の花の沖』で「いじめる、という隠微な排他感覚から出たことばは、日本独自の秩序文化に根差したことば」と記した。山折哲雄さんは「この司馬遼太郎の言葉が黙示録的な重みをいまだに荷っていることを思わずにはいられない」と記す[19]。仲間外れという排他感覚は、子どもたちの世界でも、進行する格差社会でも猛威を振るう。丸山真男は、日本が同質的で安心して住める反面、思考様式において他者感覚がないところに人権感覚が育ちにくい盲点があると指摘する。この世界は全部他者の集まりであり、他者を他者として内側から理解することが歴史のイロハで、中国に対する認識が根本的に誤っていたのも他者感覚がなかったからである。ヨーロッパ文化の理解となるとなおさら困難なのにその認識がないとし、カール・マンハイムの「学問的自由の前提はいかなる他の集団をも、またいかなる他の人間をも、その『他在』において把握しようとする根本的な好奇心」

との言を引き、「他者を他者として『何だろう』と『きわめたい』気持ちだ」と述べる。[20]

農村が都市に対して犠牲を強いられて疲弊していく。多様な自然とともに生きた各地域社会の衰退は、それぞれの土地に根付いた作物、種子、肥沃な土、耕作方法、農作業の道具、祭りなどのハレと日常のケの生活リズムなどをも失うことにもなる。それは、列島人の労働と知恵の結晶ともいうべき民俗・伝承文化を失い、ひいては列島の多様性を失うことにもつながることだろう。

野本寛一さんは「高度経済成長のもたらす激動の中で消えていった生業の要素・変容した生活様式は数知れない。（中略）一つの生業の要素・変容は、多大な関連生業の要素・変容、民俗の消滅であり、かかる語彙の消滅は、この国に生きていた言葉の消滅」だと記す。[21]

地域社会が創意工夫してきた暮らしの力、敗戦後の復員兵や帰還者を受け入れた列島の懐の深さ、そのしなやかな力は必ずや、来たるべき東南海・南海地震や首都直下地震、予想もつかない大噴火や巨大台風の被災への備えの基盤ともなろう。

・女の敗戦、男の敗戦

ネイティブ・アメリカンのポーラ・アンダーウッドさんは、話しことばの文化に生きている「年端の行かない子どもたちから学ぶことの大切さ」を語る。「〈新しい目〉をもった幼い子どもたちは、人目を引くことなくいろいろな話に耳を傾けることができる」からである。[22]

三男少年は、近所の広田おばあがひとりごとを言い言い、コマセを使って炭俵を編むつぶやきに耳を澄ます。「風がもの言《ゆ》やー　言伝《ことづて》するに」。その仕事の調子をとることばは、シベリアに抑留された、カーッとなれば見境のないわが子への切ない想いだった。「やっぱー、あれが頭の中にある。戦争だけはしたらいかん」と。少年の〈新しい目の知恵〉が広田おばあの悲哀を今に伝える。前漢時代に匈奴の虜囚蘇武《そぶ》が、自らの生存を絹に書き雁の足に括り付けて漢帝に送った雁書（雁帛《がんぱく》）の故事以上に切ない。

米子さんは戦争終結の玉音放送を語らず、夫の出征についても、その戦地からの帰還についてもほとんど語らなかった。日々の暮らしに息つく暇もなかったのである。

出里（実家）の手洗川では、「四反ばーあったらふとい（多い）」と話す米子さんの肩に、翁が「田んぼと山田を一町ばー作りよったらおーごと」という田畑がかかる。「ふといことの地があるけん、作らんにゃいかん。いつでも、できることはせにゃいかん」と。子どもたちをかかえ、大黒柱のいない日々の暮らしの重圧はたやすいものではなかった。夫の出征がいかに大変だったかを語る証言を注記する[23]。

少年たちは「強く育てよ。お国のために」と忠君愛国精神を叩き込まれ、青年たちは「お国のために身を捧げよ」と戦場へ送り出され、人命軽視の作戦がとられる。負け戦が「玉砕」と美化され、沖縄が本土決戦の「捨て石」となり、本土決戦「一億総特攻」を叫ばせた大和魂。生き抜きたいと口外できない究極の精神主義の背後にも、仲間外れの恐怖があった。そんな中でも、何度も入獄していた共産党員が父親の地引網の手伝いに来て、「音おぢ（若者が中年男性を呼ぶ敬称）、日本はもう負けるぜ」と話し、父親が「そうかのう」と言うのを三男さんは聞いた。国民もマスメディアも指導者も地獄を見る敗戦を恐れた。「アメリカ軍にみな殺される」とデマを飛ばす人を三男さんも見た。戦地での皇軍の語ることのできない振る舞いを知っていたこともあろう。

戦前はラジオのある家は少なく、玉音放送はラジオのある家に聞きに行った。香川県三豊市高瀬町の一女性は、姑から「近所の人びとがわが家に集まるのに、嫁がいないでは都合が悪かろう」と言われ、わが家のラジオを人びとの後ろから聞いた。女性の中には「アメリカに殺されるのではないか、働いてもあほらしい」と働く気力も失せ、主人が復員すると田んぼの畔が草だらけだった家もあった。ところが、地獄と覚悟した敗戦が、「マッカーサーが来て何もかも具合よくしてくれた[24]」。戦前には考えられない自由で豊かな世の中となった。

三男さんは、「おなご（女の総称）は土間ウサギぢゃった」と話した。「土間に立ってしょたい（台所仕事）をして、結局上へは上がれん。町へ行くにも女は男についてまーりよった（男のする通りに行動していた）。結局、男がおらんと女は一人では生きていけんけん、男に従うちょった。男女一緒に歩くと男が笑われて、いい加減な人間のように言われた。きちんとした人間なら、そういうことをせん。要するに、男は白い歯を見せんもんぢゃった」と。その「男より三歩下がって歩いていた女性が、十年おきくらいに（十年たつごとに）近づいて、男と並んで歩けるようになった」と。そして三男さんは女子サッカー優勝に触れて、彼女らが「嫌なことはさっと忘れて次を考える」力があるから、敗戦後の「栄えた国を創り上げられた」のだと話した。

男性と肩を並べたいとの平塚らいてう[25]に始まる女性の願いは、敗戦後の占領政策と憲法で保障された。現今の一億総活躍社会によってそれは実現するのか。テレビ番組では多くの女性たちが各地をぶらりと旅して、美しい景色や珍しい事物に「えー」と驚き、「すごい！」「かわいい！」と感動し、「うーん」とおいしそうに名産物を食べ、表舞台で華やかに活躍する。男性たちもそれをまねるかのように、髪型も眼鏡も服装も軽やかになる。ところが三男さんは、夫婦で重い荷物を担ぐに、女がサシアイの前の軽い方を担ぎ、男が中心に近い重いところを担ぐと、前の女はふらふらするのだから、もう少し女の肩へ重さのかかるようにしてやればいいと言う。ドイツのメルケル首相はその重荷を真ん中で担い切る。

アメリカ大統領選ではトランプ候補のアメリカ第一の咆哮の前に、「調整型リベラル」とされるクリントン候補の主張がかすむ。オバマたちが力を込めて応援するほど、彼女はメール問題にふらふらして見えた。

女性の底力は、「ぬしが難儀にゃ仕様ない」と「切羽詰まったところを切り抜けていく力」ではないか。調整型のクリントン候補は、東ドイツ出身のメルケル首相や苦難を乗り越えたミャンマーのアウンサンスーチーさんのような芯の強さ、次世代のために粘り強く戦い抜く力を示せなかった。

商取引にたけたショーマンのトランプ候補は、グローバル経済下で格差に沈む白人労働者の利益回復を断固として説き、自説の齟齬など一切気にせず、接戦州での全力投球戦略を貫き通した。トランプ支持を隠す白人労働者がいたのは、減税など目先の利益の主張と民主主義的精神に欠けた姿勢への躊躇があったのであろう。

トランプ大統領の治世は、「西欧文明の病根」とクラストルが説いた不寛容な社会へと傾斜する恐れがある。[26] じっこくおさむさんは、「和を重んじる」東洋風仏教文化に対し、アメリカ流の生き方は「均しからざるを憂へず、我が乏しきを憂ふ」であり、行動は「我《が》を重んじる」ものだろう（『ミャンマー物語』）と述べた。まさにトランプ大統領の思想である。

国民に平和に生きる道を示した平服のマッカーサー元帥とモーニング姿の天皇陛下が並んだ写真は、最高権力者の交代を鮮やかに示す。それは、「天皇の世望をひろめ且つ人間化することを極秘裏に援助せよ[27]」との本国指令を受けた司令官と、神様から人間の地位に降り立つみそぎによって過去を洗い流し、「いま」から新たに出発する天皇陛下のお姿である。両者の間に象徴天皇制が誕生し、平和と平等と多様性を内包する民主主義の世となった。やがて国民主権、基本的人権の尊重、戦争放棄の平和憲法が公布され、その薄い冊子が家々に届けられ、子どもたちも幼いなりに平和への希求を持った。

陛下は敗戦直後の勅語で「平和国家[28]」を語り、象徴天皇を模索された。GHQの示唆ともいう全国巡幸は、昭和二十五年三月二十一日高知県中村町にもおよんだ。われら小学生も沿道で頭を垂れて小豆色の御車を迎え、その後塵を拝した。夜には「陛下、この喜びを聞き給え」と歌いつつ提灯行列をした。つい最近、陛下が宿舎二階から提灯を手に、歓迎にお応えになる新聞のお写真を目にすることができた。

象徴天皇制模索の道は、今上陛下と皇后陛下の戦争被災者への追悼、慰霊の旅と自然災害にあわれた人びとに誠心誠意寄り添う旅に引き継がれた。象徴天皇制はいわば帆船のキール（竜骨）のように、深いところで船の横滑りを防いでいくかもしれない。

アメリカから神風が吹いて「土間ウサギ」だった嫁が強くなった。入院患者の老女の、嫁がお金をくれないとの嘆き節はそのあらわれだろう。三男さんが話す女性運転者のマナーの問題は、片手挨拶への躊躇もあろうし、相手一人ひとりに視線を向ける余裕のなさもあろう。ひたすら前を向き疾走する女性に、重荷を背なに米子さんが問いかける。今をいかに全力で生きているかと。柳田国男は「歴史と云うものの舞台には、女性の出て働く数は甚だしく少なかったが、表面に現れた政治や戦争の事業の陰にも、隠れて参加した力は実は大きいのであった[29]」と記している。

戦争や紛争が繰りかえされる地域に、女性の地位の低さが陰を落とし、「女性が戦争に関心を持つまでは戦争は止まらない」との指摘もある。[30] かつてワイマール憲法下のナチズムの台頭を許したものを、エーリッヒ・フロムは『自由からの逃走』と記した。日本人は、自由な意見の表明に伴う責任を怖れているとの指摘がある。その責任からの逃避は、平和憲法下の自由からの逃走につながりかねない。

　竹治翁は戦争末期、宮古島の衛生隊に配属され、蛸壺からの対戦車自爆訓練に明け暮れた。「とんで（まるで）はじまるかえ（なんの役にもたたん）」。特攻は誰一人成功しない。「たかで（まったく）子どもが蛙を踏みつぶすようなもんよ。あの戦争は言うたらおせ（大人）と子どもが喧嘩するようなもんやった[31]」と。しかも、銃こそ自己証明のアメリカに、刀を振りかざして突入する玉砕戦法を取った。太平洋の島々でも、局面打開と称したインパール作戦でも、食糧尽きた身で密林や山岳地帯を踏破し、夜襲をかけては待ち受ける圧倒的な銃火器の餌食になった。その責任は終戦で不問にされる。

　子どもが大人に売った喧嘩との認識は、マッカーサーが日本の民主主義の成熟度について、十二歳の生徒の時代とした主張と重なる。小学三年生の筆者も、シベリア抑留帰りの怒れる教師から日本人十二歳説を教えられ心に刻んだ。物事を本質的に考えるには深化した民主主義が不可欠であり、それは同時にアメリカからの自立の道でもある。その力の欠如は、大津波の可能性を考慮せずアメリカGE（ゼネラル・エレクトリック）社仕様のままで、非常用電源の設置場所など誰も気にかけなかった過酷な原発事故にまで影を落としている。しかも、その戦争や事故の責任主体が明確ではない。熊谷徹さんは、「日本社会の制度疲労、知的劣化の兆候」ととらえ、「これらの現象の根幹」に「理念と倫理観の欠如」を考える。[32] 戦争も、その終結までの戦略を持たずに無謀な開戦をし、原発も巨大地震・大津波の襲う可能性が浮上してもその安全対策を怠った。戦争でも原発でも、広い視野で俯瞰できる専門家や科学者を育ててこなかった。原発に携わる科学者間に異論を生かす知的状況が確立せず、普通の市民の感覚や倫理観が生かされる場がなかった。かつての生命軽視の残酷な戦争の加害性を不問にしたのと根は同じであろう。

やなせたかしさんが「陸軍幼年学校から陸軍大学に進んで、無菌状態で育てられた人たちがまずい」[33]と、かれらが接待遊びを覚えてあっという間に堕落した話を記し、中国侵略を後押しした存在を示している。そして五木寛之さんは、南京陥落に提灯行列をして街中が興奮してお祭りのように沸き返った経験から、中国への侵略は現地の軍部だけの独走ではないとする。「国民的感情の支持があることを、軍部が無意識に体で感じ」、「国民は自分たちに期待している。もっと多く土地を取れ。もっと積極的に進軍しろ。そういう日本国民全体の無言の共感が自分たちの背中にかかっている。（中略）そういう感じで動くんだから、軍部を動かしたのは日本のわれわれだと思うし、国民と言うのは僕自身なんですよ」と述べる[34]。そうした目先の利害損得で動かされる国民性は払拭されたのか。

オバマ大統領の広島慰霊が実現した今、南京をはじめ各地で甚大な被害を及ぼした中国と、植民化した朝鮮半島、そして戦場とした多くのアジア諸国民に、熊谷さんの説く「道義的責任と真摯な反省の心」を明確にし、歴史認識をめぐる対立が外交関係や経済関係に悪影響を与える「歴史リスク」[35]を減らすことができるのか。旧西ドイツのヴィリー・ブラント元首相が熊谷さんに「若者たちが過去のことに無関心になるのは当然」としつつも、「若者も自国の歴史の流れから外に出ることはできない」と語ったことばを、日本の若者たちも重く受け止めなければならない。三十数年前、中国新疆ウイグル自治区のシルクロードの旅に参加し、カシュガルからホータンへのバス旅行の途次立ち寄った集落で、年配の男性から「自分は日本兵と戦った」と話しかけられた。突然のことでとっさにことばが出なかった。せめて、一体どこでどんな戦闘だったかなど聞くべきだったと、今でも後悔している。われわれは中国をはじめ多くのアジアの民に先の侵略戦争の加害責任を赦されたにしても、決して忘れ去られることはない。そのことを肝に銘じていなければならない。

　メルケル首相が、イスラエル議会で「過去に対して責任を持つことにより、初めて人間性を持つことができる」と演説し、「多くのドイツ人にとって、過去との対決はアイデンティティーつまり国民性の一部となっている」と語る。空気を読み、流れに乗る日本流の生き方だけでは、世界と向き合うことはできない。

　さらに、やなせさんは「僕は戦争はきらいだから、早く忘れたかったんです。なかったことにしたかった」[36]とも記している。緻密な戦略を立てず、補給がなくとも大和魂で戦えと、多くの兵士を餓死、玉砕させた帝国陸軍最高のエリートの無責任と、その責任を問うことばを持たない民の姿である。

「玉音放送は向こうで聞いた。アメリカに負けてアメリカの自由になるんぢゃと思うた」と、竹治翁が「敗戦」の意味を端的に語った[37]。

・列島の自然とともに生きることばの力

　戦後の米価は高く百姓の暮らしはよかった。三男さんは、世の中が落ち着いたら百姓が絞られてきて、とうとう減反となったと言う。それは、米作りがアメリカ農業の邪魔になるからだとする。郵政民営化に始まり、ＴＰＰ、集団的自衛権、辺野古移設などアメリカの戦略に沿う大きな流れがある。それらを、三男さんは「アメリカの露払い」ととらえた。ところが、アメリカ第一を叫ぶトランプ大統領の登場は、TPP離脱のごとく従来のアメリカの世界戦略からの大きな方向転換も予想される。丸山真男はすでに一九七九年、冷戦終結により「アメリカの世界支配が崩れて」いると指摘している（「古層」の問題）。日米同盟に頼る日本はいかなる自立戦略を構築できるのか。投資の手土産を持参したソフトバンク孫正義社長のトランプ大統領との握手の後、安倍首相は大統領と抱擁して日米蜜月を演出し、トランプ外交の露払いを果たす。日米同盟の深化は、安倍政権返り咲き時の自民党公約「日本を、取り戻す」路線、すなわち丸山真男の言う「対米従属ナショナリズム」の一環となる。自衛隊と米軍の一体化も進み、米空母の護衛に自衛艦が当たる。「共謀罪」も名を変えて成立した。「道徳」が教科となり、教育勅語の教育も否定されない。

ビルマ（ミャンマー）を転戦したじっこくおさむさんは、「いま日本人は何をしたらいいか？　一口で言えば『自分の頭で考え自分の足で立て』ということになろうか」と記した。そのためには、「人まねをして集団暴走のブームを起こす日本人の最悪のクセを繰り返し反省して直す必要がある。そうしないと欧米と日本の短所だけをとり入れ長所を逃すというサカサ日本人ができてしまう」（『ミャンマー物語』）と、二〇世紀末に指摘している。丸山真男は、それを「主体的決断の問題」ととらえた（『古層』）。

メルケル首相に倣えば、より主体的に歴史に責任を持って近隣国、アジア諸国と多角的に向き合い、世界の歴史をともに歩む道を模索しなければならない。アメリカの枠組みから、「枠組みを構築する」思考を若い人々を巻き込んで議論して自立しなければ、アメリカの露払いとしての自衛隊の「自立」に終わる。

トランプ大統領誕生は、王様誕生劇のようだ。選挙戦中に自分の敗北は認めないと言い放ち、選挙後はクリントン候補の得票総数の多さを不正投票と言い切る。もし、アメリカが世界秩序を支える意欲と知性とを失えば、吉本隆明が直線的に進歩をする「文明史」とそうではない「精神史」を分けたように、トランプ王、皇帝プーチン、中国の「核心」習近平国家主席、そして金王朝の間で繰り広げられる前時代的「精神史」となるのであろうか。

山折哲雄さんは、明治官僚として農民自立を目指した柳田国男を評価する。[38] 自然と深くかかわる、列島文化の一つの源流である水田稲作は、いかにして生き延びられるのか。農業ははたして自立の道を目指せるのか。[39] そして、TPP成立いかんにかかわらず大規模化してゆく日本農業は、農家、農村の存在意義まで問いかねない。三男さんは小規模農家が多種多様な作物を作ってきた「ものづくり」の伝統文化を失えば、日本人の人間らしい感情も失われかねないと心配する。かつての民俗社会は、地域の自然に合わせて多種多様な食材を生かす暮らしをし、そうした暮らしの上に地域のことばと文化を育んでいた。三男さんの危惧は、農業後継者がいなくなり、大規模化する農業と輸入農産物の増大が暮らしとことばの文化を一様化させる予感に立つ。かつてアメリカ農業が先住民の暮らしとことばを奪ったように。

坪井洋文さんは、柳田の稲への執着の目的を「日本人の神＝稲魂《いなだま》の発見に置かれ、その神が死なぬ限りは日本人の創造的活力は維持できるとみたのではないか」と考察し、「稲作が果たした役割を問いかえすことは、現在の文化的状況のなかで、自己を発見することであり、そこからすべては出発できるように思えてならない」と結んでいる。[40]

背が高く色白でほっそりとした若者の顔立ちは、かつての駐留米軍の渡米二世、三世の日系アメリカ人に似てきたと年配者が話す。テレビ、ラジオには横文字ことばが多用され、子ども番組にも英語があふれる。三男さんの地元の年寄りたちが「テレビのことばがわからん。やがて、日本人が日本語を話さんようになりはせんろーか、叫びよる」と危機感を語る。筆者もテレビのことばがわからないことが多々ある。

「NEWSWATCH9」で始まるNHKのニュース番組や、キッズと呼ばれる子どもたちの「えいごであそぼ」番組など、英語圏入りの予告編のようだ。テレビには専門用語を英単語で話す、日本語翻訳能力に欠けた識者が次々登場し、英語交じりの日本語が急速に増えている。ある番組で、識者が「エビデンス」ということばを多用し、最後に出演者のデーブ・スペクターさんが「今日はエビデンス（のことばの意味）を知った」と発言して、字幕に「エビデンス（証拠）」と出た。視聴者への配慮を外国人がしているのである。先人たちが築いてきた翻訳能力の劣化は、日本語の劣化に直結する。

かつて飢えた敗戦国民は、アメリカの食糧援助で命をつないだ。政府がGHQに都市部の欠食児童対策の「パン食・脱脂粉乳を使ったミルク給食」の全国の小学校への普及を提案すると、パン食・脱脂粉乳を使った「完全給食」推進の条件で許可された。世界のパン籠であるアメリカは、ヨーロッパ復興が軌道に乗り、朝鮮戦争が終結して余剰農産物の処理に迫られ、一九五五年PL480法（通称、余剰農産物処理法）を成立させる。日本もその余剰農産物を国内販売し、代金の七割を戦後の復興、在日米軍基地と自衛隊の充実に当てたという。

日本は一九五五年、粉食奨励全国キャンペーン、キッチンカー（料理講習車）製作、学校給食の普及拡大、製パン技術者講習などの事業を計画、実施した。筆者の伯父が製パン業を始めたのもその影響下にあったのだろう。昭和四十年ごろ、高校家庭科で唱えていた生活改善「フライパン運動（油炒め）」は、粉食（パン食）・畜産物・油脂奨励の「栄養改善運動三本柱」の一つであり、それは小麦・トウモロコシ・大豆の九割を輸入に頼ることでもあった。その背後に、日本食を米から麦へというアメリカの一大プロジェクトの存在など思いもしなかった。いまパン食が米食を超えた。日本人は洗脳されやすいのだろうか。

日本語教師じっこくおさむさんが、「戦後半世紀経ってまだ米軍の駐留するニホンの国で、アメリカ語に似たニッポンを喜び、姓名を名姓と逆立ちさせ、ニホン語のローマ字表記を自国語の音韻よりもアメリカ語音韻に適合するヘボン式綴りをアホみたいに使いつづけてやめられない」（『ミャンマー物語』）と批判して二十年。英語が氾濫し、日本語の発声にも英語口調が入りこみ、欧米人のような身振り、身のこなしや服装が浸透する。

文部科学省は、国民的議論を喚起することもなく小学校での英語教育を導入し、二〇二〇年度から五、六年生で「教科」にする。敗戦後「アメリカの自由になるんぢゃ」と竹治翁が語った通り、列島弧は地政学的にも枢要な、先端技術を持つ大国である。戦後のアメリカ戦略の深部には日本語の英語化もあったかもしれない。

かつて、自由な発想を育み国際社会で通用する真の学力形成を目指した「ゆとり教育」の成果を検討した上での英語教育なら、小なりとも成果があろう。だが、財界と政府が組んで推し進める小学校の「英語」科や大学での「英語授業化」は、英語でなければ高等教育を受けられない諸国の後追いであり、それら諸国にも追いつけない。言語（母語）が子どもの脳に刻み込むことばと文化のありようへの洞察なき知性から生み出されるものは、自由な議論のない戦前回帰とアメリカ追随ナショナリズムのサンドイッチで、じっこくおさむさんの言う「欧米と日本の短所だけをとり入れ長所を逃すというサカサ日本人ができてしまう」。

じっこくおさむさんの「自分の頭で考え自分の足で立て」とは、「日本語で考える」ことを根本に据える。小学生の「英語」や「道徳」の教科化は、超多忙な先生に、教科内容と評価方法の研究という重い負担をかけ、多忙な教師と子どもたちから「自分の頭で考える力」を奪う。片言の英語を話す子どもや若者たちに、「自分の頭で考え自分の足で立つ」翁や米子さん、三男さんたち列島人の生きたことばをつなげることができるだろうか。

世界で戦える人材育成を目指すという小学三年生からの英語教育は、母親の目をさらに早期教育に向ける。しかし、赤ちゃんから始まる幼児期の言語環境は、日本語による「脳の言語能力開発[41]」という重大な使命を帯びている。幼児の絵本から始まる読書も語彙獲得の大切な機会であり、思考や感性の芽を育て磨く大切な時間である。母国語での深い思考回路が根付いた後での、自ら求めた徹底した外国語習得が、世界の多様性に目を開き、自らの言語や文化を相対化し、自らの言語能力を高める道であろう。富士正晴さんも「言葉は考え方とつながるものだから、どのようにして日本語を学んで来たかとは、日本語でどのように考えて来たかというようなものだ」と述べている[42]。

「外国の言語を知らない者は、自国の言語を理解できない」という。かつての日本は、アメリカを深く学ばず、アジアの言語を知らずして戦端を拡大し、彼我の多くの若者を無駄死にさせ、一億総特攻まで国民を追い詰めた。一方、戦時下の米軍は有為の青年たちに集中的に日本語を学ばせ、主要諸都市を焼き尽くす無差別爆撃の目標から重要文化財を外す努力もし、日本民主化の占領政策も万全を期した。その日本語学習者の一人ドナルド・キーンさんは、戦死者の手帳から、十三粒の豆を七人で分けてささやかに祝った記述に深く心を止め、やがて日本文学の伝道師にまでになる[43]。

世界は広く深い。英語だけではグローバル化する世界を生き残れない。外国語を学ぶ意欲ある者には、大学の教養課程で外国語教育に特化する道や、大学の枠を越えて諸外国語を学ぶ道を可能にする。日本は世界三位の経済大国、希望者に一定期間の留学をさせる力もあろう。

わが縁者にアメリカで子育てをした者がいる。彼らは家庭ではあえて日本語のみで生活した。チョムスキーは「言語が人間の存在の根底にある」。「ヒトは誰でも何らかの言語を第一言語（母語）として獲得し、それを自由に用いることができる」と述べている[44]。「ひと」は幼い時代から常に問い続ける存在であり、子どもには絶対的な日本語（母語）の語感が大切である。グローバル化する世界で必要とされるのは、日本語の、この自然と世界をとらえる感性や力であろう。アメリカなら家庭から一歩出れば英語の大海があり、完璧な英語が習得できる。

吉本隆明さんは柳田国男の言う軒端《のきば》に注目した。軒端という境界線の内と外とでは流通することばも子どもの遊びも違うとし、「外では社会的に通用する言葉しか存在しない」と考察する[45]。

野本寛一さんの『軒端の民俗学』は、家の内外の境界を象徴する「軒端」を中心に日本人の空間意識の本質に迫る[46]。かつての民家にはそれぞれの風土に根差した安らぎがあった。現代の機能的な箱型家屋では、軒端の気心の知れた人付き合いも、あがりはな（家の上がり口）や縁側での談笑もなくなる。個室の箱の家に住み、箱の車に乗って疾走すれば、地域の暮らしを表す微妙なことば遣いとも縁遠くなる。

動物行動学者コンラート・ローレンツさんも「言語の放任教育で子どもが豊かな語彙を獲得できず、自分の思いを正確に表現できないことは、内なる可能性に対する束縛だ」と語っている。ひとが育ち、ひとを育てる「ことば」について黒川伊保子さんが語る。「その土地で根付き、胎内でその振動にゆられ、生まれてきたその日から語りかけられてきた言語こそが、その脳の感性を創り上げる」[47]と。「授乳しながらアイコンタクトして話しかけるのは、最高の英才教育」なのだ。竹治翁も米子さんも三男さんも、そうした英才教育でその感性とことばの力を獲得したのであろう。

敗戦後の湯川秀樹さんのノーベル物理学賞受賞は国民を勇気づけた。その背後に日本語の論理性と、漢字、漢語、漢文の深い素養に基づくことばの豊かさがあった。そのことは、同じく戦時中に量子力学の研究を深め、後にノーベル物理学賞を受賞した朝永振一郎さんのことばの豊かさと論理性にも共通する。日本人の科学研究の深さの根にも自然とともに生かされてきた伝統文化があるのではなかろうか。

思考も感性も母国語によって鍛えられる。先人が「てにをは」と称した膠着語の助詞・助動詞は日本語の論理性を高め、文学性をも育んだ。「が」と「は」の使い分け一つでもどれほど鍛えられることか。日本人は表意文字である漢字、漢語と漢文によって千数百年にわたたって育まれ、表音文字の欧米語に百数十年にわたたって鍛えられて、和魂漢才・和魂洋才の複眼思考を身につけ、縦書き横書きも自由である。

加藤周一さんたちは、「徳川日本の知的遺産は、漢学における修練―すなわち外国思想を消化する習慣と技術」であり、「この伝統をしっかりと身につけていればいるほど、明治の洋学者は西洋思想を深く把握することができた」と、その例を森鷗外、夏目漱石や中江兆民にみる。[48] 自分の頭で考え自分の足で立った南方熊楠[49]や幸徳秋水たちもその列に加えられよう。

われわれが母国語ですべての高等教育を受けられるのは、先人たちが樹立した翻訳文化によって立つ。その過程の明治期の知識人は、幼い頃から漢文素読に耐え、長じては文明開化の新造翻訳語がわからんと心中で叫んでいたことであろう。柳父章さんは、日本は世界でも稀な「翻訳」国であり、その「翻訳語は、日本語の中に入りこみ、翻訳的な日本語の文体をつくり、遂に翻訳語の受容可能な文体をつくり出した。それを通じて、私たち日本人のものの考え方に、直接・間接影響を及ぼしてきた」と指摘し、「日本思想史は、端的に言えば、外国思想受容史であり、外来思想・外来文物との交渉史」であり、「翻訳」という受容形式、濾過の働き、濾過の過程「それじたいで一つの高度な文化」だと述べる(50)。その翻訳能力を維持すべく若い才能が挑んでほしい。いま盛んに使われるデジタルなどの多種多様なカタカナ語の「新造翻訳語」を生み出せば、日本語の新しい意味や価値の創出につながるにちがいない。

和歌・短歌の伝統があり、多くの人びとが俳句をたしなんで、文字と季語を学び、機智や余白を大切にする文化が育った。花の名にしても、熊谷草《くまがいそう》といえば悲劇の武将熊谷直実《くまがいなおざね》に思いを馳せ、一人静《ひとりしずか》といえば静御前《しずかごぜん》の舞姿を連想する。海老根蘭《えびねらん》は地下茎がエビの腹の形に似ると説明すれば納得する。ことばは歴史の陰影をも、列島の自然の面影をも帯びている。

『渭南のことば』の著者沖本樵児さんを訪ねたら、カラスが部屋へ遊びに来て室内をぴょんぴょん飛び歩き、沖本さんからパン屑を貰っていた。カラス鳴きには不幸の前兆とされるものがある。三男さんに聞くと、数羽のカラスが群れになってワーワー鳴くと年寄りらが「縁起がわりー」と言い、実際に人が死んぢょると。

ホトトギスはテッペンカケタカと鳴き、子どもが「雀の学校」を歌い、おっこー痩せ腕髭善吉爺が山犬の鳴き声を聞き分ける。そのことを、千葉徳爾さんは「日本人が自然を人間あるいは文化と対立したものとみなさず、人間も文化も自然の一部であり自然に含まれると考えやすい」のも、「その一部は自然の音というものが言葉に似た感覚として受けとられ、意味はわからぬが人間に語りかけてくるように感ぜられるため」ではないかと記す。その理由に、角田忠信さんが発見した日本人の脳の特異な構造、「つまりフォルマント構造のうち母音を多く含む『言語』及び『自然音』たとえば水の流れ、風の音、雨の音、虫の声、鳥の声などを言語脳といわれる側に送り込む日本人特有のスイッチ機構の存在」との関係を指摘する。それは、十歳くらいまでの間に母音の多い言語で育つ脳に形成される機構であり、日本人でも欧米や中国などの子音の多い環境に育てば、その機構が発達しないと。

千葉さんは「そのような身体機構が言語という社会的、文化的環境によって形づくられ、それを基礎に自然と一体化するという感覚が成立し、さらにこれによって自然事象に対する親近感あるいは神秘感が養われる。それが自然的存在に対する信仰にまで強められる」という道筋を示している[51]。

吉本隆明さんもこの角田さんの考え方に注目する。日本人以外に、「喋っている言葉のように、自然の音を前言語的な言語として聞いているのはポリネシア人だそうで」、「これは自然観と関係して」いると。そして、アメリカ先住民系の作家が書いた『リトル・トリー』のなかで、祖父が孫に「今、風が吹いて木が揺れただろう。あれはこういうことを言っているのだよという教育の仕方をしているのですが、それは言葉として聞いている」のであり、そうした世界を吉本隆明は、「自然もまた言葉を発する生き生きとした存在として扱っている豊かな世界だ」と思っている。「そういう認知」は、「人間が天然や自然の本性のところまで下りてゆくことができる深層を示」している。日本の「『古事記』や『日本書紀』の初期の自然認識はおなじ質のもの」だと[52]。

アイヌの古老もカラスの鳴き声による分別で「来客、死あるいは死者の通報、（中略）天気の良し悪し、漁（猟）の有無など多くの情報を分別」し、「的中率一〇〇パーセント」（『アイヌの霊の世界』）と。Eテレ「こころの時代・関東で生きるアイヌ」でも、カラスは頭がよくて、遠くの親戚にあったいいこと悪いことを教えてくれるとのこと。

三豊市高瀬町での「よくないカラス鳴き」には、屋敷の側で鳴く、大きな松の木で一羽ガラスが鳴く、たくさんのカラスが来て辛げに鳴くなどがあった。犬がオクレボエする「悪い犬鳴き」も、主人が死ぬ日に牛が涙を流していたこともあった。人の死ぬ前にはその家から宵に人魂《ひとだま》が飛び出すもので、屋根の棟の方からドッジボールより大きい人魂の明かりが低空を一瞬で松の木まで飛んだのを見たと（『高瀬町史　民俗・自然編』）。

ことばの豊かさを吸収できる幼少期に、自然と深くかかわる母国語の畑の畝をまず耕さなければ、地域の伝承知を伝えていくことばの地盤が失われる。それは自然との深い対話を失い、「もの」を自己抑制して自然とともに生きてきた列島の伝承世界の豊かさを見失うことにもなろう。

宮崎昭さんは「今の若い人は、親に勉強しろ、勉強しろと言われて、子どもの時に、自分のふるさとに接することなく生きてきてかわいそうだ」、「自分の目で見、手で触れ、身体全体で感じた体験を記憶したことは、自分の成長の肥やしになりますから、生涯忘れません」と、幸福な子ども時代を語る（『水俣の海辺に「いのちの森」を』）。筆者も少年時代、夏休みには川えび獲りに明け暮れた。えびの背の光沢、手のひらで跳ねる感触、ゆでた赤い皮の下のぷりぷりした身などいつまでも忘れがたい。いまの子どもたちがネット体験に生き、身体感覚や人間関係を希薄化させるのはもったいない。

相田みつをさんの書「自然がいい　自然がいい[53]」には、自然との一体感や自然への親近感があふれている。ふるさとの自然の中で友だちと遊ぶことのできる子どもたちの「いま」は、宝ものである。

米子さんは子どもの頃、父親にねだって買ってもらったポンポン下駄を連れて寝た喜びを、生涯忘れることがなかった。ルソーは子どもを不幸にするには、「いつでもなんでも手に入れられるようにしてやること」と語る[54]。小さな「もの」に愛情を味わう子どもたちは幸せである。それは、自己を肯定する人生を歩んでいるのだから。

子どもたちの家庭での役割も重要である。三男少年のように、母親の言いつけをさぼって道草を食うというおまけまである。ゴールデンエイジと呼ばれる小学校後半の頭脳も身体能力も著しく成長する時代に、考えながら体を動かす、頭と体を同時に温める運動や作業が大切になる[55]。米子さんは弟妹を引き連れて学校へ通い、授業中に家事の段取りを考え、帰宅すれば早速さまざまな仕事を手と肩の作業で片付けたのだった。

教育実践家ペスタロッチは「教育は、頭、胸、手の調和のとれた発達にある」、つまり「頭＝考える力、胸＝人を思いやる心、手＝物をつくる技術力の調和ある発達をめざす」とした[56]。ガンジーも「頭、心、手。いずれの教育も大切だ」と考え、糸車で糸を紡ぐ生涯を送った。その糸車は、インドの手織物工業と村落共同体を破壊した大英帝国（具体的には紡績工業）への非暴力の抵抗ともなった。必要なものを自分の手で作る簡素な暮らしは、今なお輝きを失わない。米子さんはそうした自己教育を主体的に実践し、難儀な人生を切り開き、老いても認知能力を衰えさせなかったのである。

・地域の生きた自然からの学び

自然とともに生き、「ものとる」暮らしをしてきた田辺竹治翁や岡村三男さんは、深い伝承の知恵と技を受け継ぎ、自然について語ることばも、戦後日本について見通す力もあった。三男さんは原発事故の二か月後、止水の凍土壁が喧伝されていた時期に「この事故は収束せん」と言い切り、驚かされた。「原発は大地に背いたもの」と言うのも大自然の力を知るからである。一国でも原発が制御不能に陥れば、たちどころに地球の危機に直結する。かつて、原爆投下の報に接したイギリスの宰相チャーチルは、人類滅亡の可能性を開いたとの発言をしたという。安い電気代のためと称し原発稼動を進める政治と「人の命は銭金にかえられん」とする三男さんたち列島人との間に埋めがたい断絶がある。

坪井洋文さんは昭和の終わりに「山に生きる人々は山という大地そのものとの共生関係、ないしは契約関係において自然を観ているから、自然に対する人為的、恒久的な変更に敏感であり、それに強い抵抗を示すことが多い（この点は海に生きる人々にも当てはまる）。自然は何ものにも替えがたい自己の生命とイコールであるためだ」と記している。[57] 辺野古の海を守ろうとする一老人が、豊かな漁場である珊瑚礁の海を「黄金《くがね》の海」とよんだ。そうした人びととも根を一にした思想である。温暖化や酸性化の進行する時代に、生命の揺りかごともいうべき豊かな生態系の珊瑚礁を守る道はなかなか険しい。丸山真男は「ヨーロッパのどこに、日本ほど自然を平気で破壊する国がありますか」（『古層』）と語っている。

列島には、水田稲作二千三百年に先立つ一万年以上もの狩猟・採集の縄文時代がある。それは、列島の自然の高い生産性とともに、自然を持続的に活用する高い文化を保持していたことを示している。

カトリックの司祭で神学博士だったシャルル・ペロさんは「古代人は、現代のエコロジストと同様、人間を取り巻く宇宙から人間を切り離すことを拒んでいる。人間と宇宙は一体であり、一方に届くものは、もう一方にも達する。それゆえ、聖書の言葉遣いにおいては、イエスの行為は惨めさの中にある人間に届き、また自然の諸要素にも達する」と記す[58]。人類の文化は根で深くつながっている。

▲カンタローミミズ。長く伸びると30センチにもなる

二〇一四年の冬の当初の長期予報は暖冬傾向だった。ところが、三男さんによると、米子さんの出里の手洗川の古老が、カンタロー（青い大ミミズ。シーボルトミミズ）が十一月に「よーけ這い出したけん今冬はひやさが来るかもしれん」と予想して的中したと。「カンタローとは寒太郎」の謂《い》いだと。その数の多さに、地中に何ぞ音でも揺れでもして、カンタローがたまげて（びっくりして）出るのではないかと心配する古老もいるとのこと。南海地震への危惧もあるのかもしれない。

生き物の世界は深遠である。多くの動植物が次の季節の寒暖や降雨、降雪量を予知しているかのように見える。蜂が低いところに巣をすると大風があるという。拙宅の壁の凹みのプロパンガスボンベに蜂が巣をした二〇一六年は、確かに強風の吹く一年だった。一枚の葉っぱの美しさにもどれほどの生命の神秘が詰まっていることか。その根源の力を、山中伸弥さんがテレビ番組で「細胞は経験を刻む」と語っていた。生命の進化の長い歴史に根差すものである。

三男さんは生きた自然の暦を知って、銀木犀の花一、二輪がかすかに匂い始めると、かたこ（片腹）に子（卵）を持つ産卵前の鮎が集結する瀬で鮎漁をしてきた。銀木犀の一年の暦と、鮎の一生の暦とが重なる一瞬の訪れを知っている[59]。そのことを「銀木犀の花に頼っちょった」という。小さな花のささやきを聞くことは、吉本のいう「人間が天然や自然の本性のところまで下りてゆく」ことである。しかし、そうした知恵を育み伝える自然とともに生きる人びとの道は、利便性と安価さを求める都市型消費文化の前に、いま限りなく狭まっている。いまもし、鮎と銀木犀の暦の一瞬の重なりやカンタローによる天候予測などに先端科学が分け入り、大自然の懐の深さが次々と解明されれば、近代科学によって断ち切られた自然知、伝承知を再評価する一歩となるかもしれない。

自然は細部にいたるまで精緻で巧妙で美しい。ファーブルは自然界では小さな昆虫にいたるまでが尊い使命を持って生きていると記した。すべての生命がつながっていて、ミミズは大地を耕し、路傍の草花は咲く一瞬に昆虫を呼び寄せ受粉する。枝に止まれば枯れ葉そっくりなコノハチョウのように、生物は環境に合わせて形を変えていく。この星の自然の自動調節システムには、この星を生命で満たすという秘められた戦略があるかのようだ[60]。

ノーベル生理学・医学賞を受賞した大村智さんは、「私自身がものを作ったり、難しいことをしたりしたのではない。全部微生物の仕事を利用したもの」と語った。若者たちが生涯をかけて、この無限に連鎖する生命宇宙を息長く探求できる国であってほしい。

それこそ、米子さんが一週間も焼いた猿の頭の黒焼きや、三男さんがたらふく食べて視力がよくなり、空気銃でトンボの目玉を撃てたというクワンモモ（桑の実）なども、薬効があるのかもしれない。

山折哲雄さんは「二宮尊徳の思想」を深くとらえ、柳田国男が「民族社会の核に横たわっているものを求めて、新しい学問、『民俗学』の世界に入っていったのも、そのような西洋直輸入の学問をどのようにのりこえるかという思いに駆られてのことだった」と述べる。アングロサクソンのいう普遍的価値にたいして、「八百万教」の視点、「多神教的な神々の『見えざる手』の感触が必要になってくる」ことを説く[61]。

▲人海戦術の昔の鮎地引網［四万十市立教育委員会蔵］

三男さんは、「昔の暮らしは人海戦術ぢゃったが、人間味があった」と話す。「暮らしは仕事」であり、ものづくりを大切にする総中流とまで称された社会から、資産価値を追求する富裕層の一方で非正規の人びとの増大する格差社会に変わりつつある。民藝活動を起こした柳宗悦さんの書「ナドテユタケシ　貧シサナクバ」は、真の豊かさとはともに簡素な生活をすることであるとし、富の再配分と社会的な公正を呼びかけている。社会の中間層こそがものごとを倫理的に考え、社会を安定させる力となる。三男さんも、昔の暮らしを人間味があるとし、「文化があんまり進み過ぎてもようないぜ。もう（ここらへんで）えーわえ」（一五五頁）と、慎ましく助け合う仕合わせを説く。米子さんも「今の子らあんきな（安楽な）もの」と言う。米子さんにとって軍手片方がどんなに貴重だったか知れば、現代がいかに恵まれた豊かな社会か実感できよう。

白川静さんは梅原猛さんとの対談で「秦・漢時代となると地域的なものは滅びます。日本はそういう意味では神代がそのまま残っている」と語っている。[62] その地域多元的な民俗文化が、高度経済成長によってローラーを掛けて均される。そして、さらなる利便性と効率性を追求するグローバル化の前に、列島の隅々までコンビニチェーン店や大型スーパーが次々と進出し、地方の商店街はシャッター街と化す。地域的なものが衰退し、地方の人びとの閉塞感は強まる。それでも明治の廃藩置県までは多くの小藩が存立しえたのであり、列島には多様な自然とともになる暮らしの基盤があって、それぞれの地域が自立する潜在力を持っている。

地域に人と暮らしの賑わいを取り戻すには、一人ひとりが参加し責任を負う人びとの絆と誇りが大切になる。地域の人生を支えるのは、お互いの顔の見えるつながりあった力であろう。地域の暮らしにこだわり、老いも若きも多様につながり、創意工夫しつつ日々の暮らしを続けてきた、地域の人と自然の豊かな可能性を信じている。

利益を求めて終わりなき戦争に乗り出した戦前の歴史に立って未来を洞察すれば、譲り合い分かち合って暮らす文化を深める道しかない。ペスタロッチは家庭的な温かさを与える教育、パンを分かち合う家庭的な人間関係を体験させることを重視した。社会改良事業家二宮尊徳の「報徳」は、「他者から与えられる恩恵（もしくは利益）を最大限の感謝の気持をもって受け入れる」態度であり、それは「自己が手にする利益は最小限にとどめておこうとの配慮」だという。[63]「ナドテユタケシ　貧シサナクバ」である。じっこくおさむも「自分の頭で考え自分の足で立つ」ことの最後の到達点を、「『金を欲しがらぬこと』、この欲望自制が戦争を避け人類を自滅から救う唯一の道であることをはっきり教えてくれたのは、ぼくの好きなビルマの民衆だった」と記し、三男さんも「平和に暮らせたらえー。金に執着せん方がえー。無理しよったらろくなことない」（一八六頁）と話している。

・姑と嫁の深い仲

核家族化でその比重が小さくなったとはいえ、嫁と姑との葛藤は永遠の課題であろう。
戦後日本が落ち着きを取り戻した頃、創価学会の折伏《しゃくぶく》が熱かった。米子さんの心が傾いたのは、古い家の多くの神仏の日々の祭祀に倦み、また翁が家の祭祀や先祖の祭りにかかわらなかったこともあろうが、その背後には姑との葛藤もあったのであろう。ところが、真言宗の姑は米子さんの日蓮正宗入信を勧めた。そもそも姑は嫁に温かい眼差しをも向けていたのである。

野本寛一さんは、姑と嫁との関係を「褻《け》の衣・食・住の部分に膨大な伝承があり、その大部分が姑から嫁へと伝えられ」、「その伝承をぬきにしては日々の暮らしも、イエの継続」も成り立たない。だから「姑は伝えなければならないという使命感」を、「嫁は習わなければ前へ進めないという緊張感と謙虚さ」を持たざるをえなかった。「葛藤はあろうがそれを越える連帯が求められていた」と記す(64)。

米子さんは嫁いでから機織りを始めた。もちろん姑から手ほどきを受けたのであろう。村一番の蚕を飼って繭を出荷していた（『四万十川Ⅲ』）のだから、出荷できないくず繭からも糸取りをし、糸繰り、機織り、裁縫という仕事は当たり前だった。精緻な技のいる絣《かすり》の機織りや、子どもたちの衣類の機織りに没頭し夢中になれるのは楽しいひとときだったことであろう。

家族の季節ごとの普段着と仕事着の用意、さらに儀礼の衣服の用意と管理には、姑の指示を受けつつ細かく心配りしたにちがいない。

米子さんは膨大な仕事量もさまざまな技の伝承も当然視していた。水汲みの難儀が口をつくのは、日々の水汲みがそれほど過酷であり、その必要のない嫁ぎ先もあったからであろう。他家より三倍も高いわが家まで、炎天下であろうが凍てつく寒さの中でも汲みまろーだ（水汲みに忙殺された）のだから。「こんな所にはおれん、これでは死ぬる」とまで思い詰めたこともあった。

石牟礼道子さんは、肥桶を担って山の畑まで運ぶと天秤棒が肩に喰い込んで痛かったこと、坂道の角度が急だからズルズルっと後ろの方にずり落ちて下肥まみれになった経験を語っている（『水俣の海辺に「命の森」を』）。米子さんにその苦労話がなかったのは、日々の水汲みの比でなかったのであろう。

・老いを死者とともに生きる―この世とあの世

田辺翁は二〇〇七年末「わしは死んだら神になる」と告げた。翌年五月「わしは目をつぶる」と言って静かに眠りにつき、八月に百二歳で永眠した。筆者がお悔やみに訪れた時の米子さん九十九歳の問わず語りが、翁の霊魂のありかを教えてくれる。三男さんは古老から、死んで間もない霊はしばらくの間、家の棟にとどまるものだと聞いたという。

アイヌのイトさんは小さい時「近所の人が亡くなると、その夜は霊がうろついているかもしれんから、むやみに外に出るもんじゃない」と言われた。死んで間もない霊は、「生前の世界への未練も大きく、その記憶を呼び戻すことが霊にとってもこの世に残った人びとにとっても良くないことだから」かかわりをもたない（『火の神の懐にて』）。藤村久和さんも、体は「霊や魂の宿る容器」で、死ぬと同時に「飛びだした魂は、一度天井の梁のところにすわり、そこからどこかへ行く」。失神も夢も魂の一時的遊離だ（『アイヌの霊の世界』）と。

三豊市高瀬町でも、四十九日の間は死者の魂や霊が成仏できずに家の棟や屋根にとどまるので、戸を閉めず家を留守にしない。ぶく（死の忌）がかかっているので外出や仕事を慎み神様には参らず、家の神様にもご飯を上げない。魂や霊が棟の辻でお勤めを聞いているので、四十九日の間はお勤めを聞かせてやらんといかん。四十九日で忌が明け死者との縁が切れるのをぶくあけという所も、「百日《ひゃっか》」で縁が切れるという所もある。

同町平池の真言宗の家では、本尊・十三仏・お大師の掛け軸に鏡餅二重ねを三宝に載せ、四十九個の白餅をお盆に載せて供え、後で供え物とともに親戚に配った。松山市三津濱では「四十九の餅は大きな声で数えよ。魂はこの日屋棟を離れるのでそれに知らせるためであるなど、日本各地に「四十九日」[65]がある。

ヒトはどこかで聖なる七を獲得し、釈迦の悟りに立つ仏教が諸国の文化・習俗を経ながらも、満中陰七七忌というように「魂と四十九日」の関係をこの列島に伝えたのであろう。

じっこくさんは、「ビルマ人は『墓』などだれも造らない。（中略）死者の体は地中深く埋めて忘れ去り、死後四十九日で魂は転生を終えたはずだから、法要などのムダな行事は一切やらない。ただパゴダを建立して無心に仏陀を拝むだけ」と「四十九日」の意味と、「過去」をぬいで「永遠」とむき合う信仰の姿を記す。それは「釈尊の教えに最も近い上部仏教が今生きているビルマへの賛歌（傍点じっこく)」だと、列島の先祖崇拝との違いを語る。

ＮＨＫ放映「チベット仏教の聖地・天空の〝宗教都市〟」などによると、ラルンガル・ゴンパには魂の輪廻転生を待つ敬老院がある。遺体安置所では尼僧たちが極楽浄土への仏の加護を祈る真言を唱え、肉体から出た魂がこの世をさ迷う四十九日でよき生まれ変わりになるよう祈る。魂の抜けた亡骸は鳥葬に付され、空行母《くうぼ》(ハゲタカ)が魂を天界に運ぶ。血と肉はこの世での最後の功徳となり、骨の一部が形見となる。

オバマ大統領はボストンマラソン爆弾テロに際し、テロに屈せず「また、走ろう」と呼びかけ、その最後を「自分に定められている競争を忍耐強く走り抜こう。私たちが失った者たちを神が抱き寄せてくれますように」と結んだ。米子さんもまた自分に定められている人生を忍耐強く走り抜いた。そのように生ききってこの世を去る者たちを抱き寄せるように温かく迎えるのは、故郷の山から見守り、海上他界からやって来る先祖たちではなかろうか。アイヌ古老の語りを記した松居友さんも、「死はこの世からあの世に向かうこと、そして霊が神または先祖の愛に迎え入れられること」(『火の神の懐にて』)と記す。

三國連太郎さんは亡くなる二日前に「港に行かなくちゃ。船が出てしまう」と口走っていたと新聞記事にあった。筆者の父方の伯母の姑も死の二、三か月前、寝室の三畳の壁に向かって「船頭さん、船頭さん」と叫ぶ。尋ねると「銭がなくて船頭さんが舟に乗せてくれん」と言う。孫の嫁が「大丈夫。お義《か》母《あ》さん(筆者の伯母)が払うから」と言っても、また「船頭さん」と叫ぶ。近所に住む筆者の母親が、「間違いなく渡し賃を払う」と話すと、安心して夜の眠りについたという。

三男さんたちのお盆も、先祖たちを迎え火によって家に招じ入れ、ひとときをともに過ごしてまた送り火で見送る。この地の人びとは、お盆には先祖の霊があの世からやって来ると信じていた[66]。

かつての中村（市街地）のお盆には、各家の座敷に一メートル四方で高さが一・五メートルほどの盆棚を先祖伝来の四本柱で組み立て、柱には竹や照葉樹の小枝を結びつけ、しつらえた棚の上に位牌を祭

▲島の宮の迎え火。放射状に立てた7本竹に丸石を置いて肥松を焚く

▲四万十市街地の迎え火。油石の上で割った肥松を焚く。自転車後輪の傍にも隣家の油石が見える

って果物や色鮮やかに着色した砂糖菓子を供えた。盆の十三日、十四日の夕刻には油石（黒い川原石）の上で小さく割った肥松《こえまつ》で迎え火を焚き、十五日の日が山に隠れるころには送り火を焚いた。その間は地獄の釜の蓋が開くと言うので、子どもたちはどんなに暑くても川へ泳ぎに行くのを我慢した。

十六日早朝、線香の煙の漂う川岸から、お供え物を竹や照葉樹の小枝とともに流して先祖たちを見送

▲仏壇を盆棚として祭っている家。棚ともせがけ（施餓鬼）棚ともいう

▲四万十川支流後川で先祖を見送る

った。三男さんたちは、お供えもんを積んだ先祖の乗るワラブネを流すのは早いほどえー、地獄の釜の蓋が開かんうちに、とー（未明）から、暗いうちに流した。筆者の母方は神道の家だが、やはり迎え火、送り火を焚き、十六日早朝には祭り手のない霊のためにお供え物を川に流した。

アイヌの人びとの先祖供養でも、「先祖に向かってイナウ（削りかけ）を立てお酒を捧げ」、また「無縁物となった霊たち、すなわち供養してくれる家族のいない霊たち」、先祖供養を「うらやましくみている仏さんにもお団子でもお酒でも投げてあげる」と「喜んで受けとっていく」。

中村でも迎え火、送り火は今に続く。アイヌの人びとは「お盆の祭りも死んだ先祖の霊を迎え、霊とともに飲んだり食べたりし、ちょうどイヨマンテ[67]（熊祭・熊送り）同様にともに踊って楽しんで、供物とともに霊を送り返す。霊を送り迎えするのは送り火迎え火といって火の神様である」と。「人間は火の神様の暖かいふところに抱かれることがなければ、生きていくことができない」「煮炊きすることさえできない」「人間の祈りや思いを神々のところへ伝えてくださるたいへん重要な神様」だと。縄文以来の列島人の火の神だと教えてくれる。

ロシア民話には純朴愚直なイワンがしばしば登場する。その中に『魔法の馬』の話がある。死に際の父親が三人息子に、自分の死後、真夜中に一人ずつ墓にパンを持って来るように告げる。長男も次男もその役をイワンに押し付ける。イワンは三晩、真夜中に地面が割れ墓の中から起き上がる父親にパンを食べさせ、三晩めに父親から渡された馬の轡《くつわ》の力で幸せをつかむ。ロシアでもこの世とあの世は近かった[68]。

吉本隆明さんは「アイヌでも、死者の世界と生きている人の世界はまったくの相似形です。洞穴でも、海を隔てた向こうでも良いのですが、そこを通って、あの世に行くとこの世と同じで、相似形の生活をしている」と、伊邪那岐《いざなぎ》・伊邪那美《み》神話を引き合いに、日本神話の初期段階の世界観を説明している[69]。

宮本常一さんの聞書きでも、堕胎間引きした母親が「あとの子はあの世へもどすほかなかった。いまも家の床の下に、あの子らを埋めた上にのせた小石が残っている。わたしは毎晩その上に寝ている。もどした子がかわゆうないことがあろうか。わたしはどうせ死んでも地獄よりほかへはいかぬと思っておる。もどした子どもらも、そこで暮らしていると思う。死んだらそこへいって少しでももどした子らを守ってやりたい」と、現世と相似形のあの世を語っている[70]。

アイヌ文化の伝承者も、赤ちゃんが流産、死産すると「また戻ってくるようにって神様におねがいしてお葬式した」。「こんどじょうぶな赤ちゃんになってくるようにって祈る」。

死んだ赤ちゃんはかんたんに送る。「昔の人は家のなかにうめたりするんだって」。「家の角っこのように」。火の神様にまた戻ってくるようとお願いする。時には、しばらくその家にとどまってまたすぐもとの胎内に宿ったり、親戚や別の人の胎内に宿ったりもする（『火の神の懐にて』）。

漢民族も、陰暦七月十五日の中元節には祖先を家に迎える。そして、地下のあの世の祖先に燃やして送る紙銭や紙の車などを買ってくる。また、弔われずに苦しむ霊のために、玄関先に少しの食物を供える農家もあるという。中国は、対日戦争で犠牲になった数多くの無縁仏のさ迷う国でもある。

祖先崇拝を実践している人びとについて、佐々木孝次さんは「人々の死に対する心の動揺をしずめ、なだめながら、それぞれがみずからの死をうけいれて、なおかつ日常の世界にとどまるように促している」と考察し、それは「心をもつ人間の生きた身体と、祖霊と呼ばれるような、身体をはなれた（すなわち、死後の）霊魂という二つの実態を認めた二元論の立場にたつ、基本的な世界観」の表明だと記す[71]。

連れ合いの竹治翁は「ばあ（家内）がおらんようになったら祭り手はないわ。わしゃ自分にも祭ってもらうによばん（必要がない）けん」と、霊魂の行方に言及しない。その百二歳の寿命を燃焼し尽くし、自然とともに生き、その自然に帰る。猪をはじめとする鳥獣を解体処理し、大自然のなかへ帰る生き物の真の姿を知っていて、心残りのない人生だった。あるいは、宮古島での対戦車自爆攻撃で跡形なくむなしく飛び散った戦友たちへの深い思いもあったかもしれない[72]。

「神になる」とは、若き日に修行した石鎚山信仰が根を下ろしていたのであろうか。山折さんは「死者の魂が山を媒介にして、生者の世界と死者の世界を循環していたといっていいだろう。（中略）死んだヒトは、内身を脱してタマになり、山にのぼってカミになるという信念体系である」と記し、「日本人は、死んだ人の霊は山の頂に鎮まっていると考えていた。そこへ仏教が入ってきて、浄土は山の頂にあると読みかえたとき、人が死んで『仏』になるのは山の頂で『神』になることと同じことだと考えるようになったわけである[73]」と考察している。

・敗戦と終戦、鎮魂と先祖崇拝

八月十五日の玉音放送の「終戦」の日に月遅れのお盆が重なる。この日は、天皇陛下の臨席する「戦没者を追悼し平和を祈念する日」、死者を静かに悼む日となった。佐々木さんは「もちろんそれらの儀礼や習俗は、集団の用意した装置である。これによって、個人の死は破壊的な力を中和され、集団のなかに収束される。そうやって、集団は個人の死にもかかわらず、日常的な生の秩序を合理化し、それを維持し続ける」と考察する。八月十五日は、敗戦の歴史を検証し、その責任のありかを追及し、反省する「死をめぐる対立」の日ではなくなった。しかしながら、人間世界のなかの本当の対立とは、「一人ひとりの個人と、この世の人間的な秩序との対立」であるとの指摘を忘れない。[74]

山折さんはさらに、「戦後日本人における『敗戦意識』=『終戦意識』は、いずれの場合においても、国際法上の枠組みをあえて踏み破り、そこに亀裂を入れることを通して、『死せる先祖』たちとの一体感を回復しようとする新たな『記念日』を受容する方向へとしだいに変貌をとげていった」と洞察する。[75]かくして、ポツダム宣言受諾の八月十四日と降伏文書調印の九月二日の「敗戦」を直視しない歴史認識「終戦」が共有されることとなる。兵士たちは残酷な戦場を語れず、多くの国民が戦争の加害者としての自覚に欠けた道を歩むこととなった。

アイヌのお産ばあちゃんは「赤ちゃんは喜びながら生まれてくる」と語る。[76]この世に生まれることは僥倖だ。その泣き声がどれほど人の心を喜びに満たすことか。老いた米子さんは「はよーいきゃ(逝けば)えー」と、あの世にいきたいと話すようになる。

舅が階段から転び落ちた時、姑は「死んだちかまんが、今おら酒がみてちょる」と言い、三男さんが「命がみてたか、ちょうど酒もみてちょる。命も惜しいとは思わん。えー往生ぢゃ」(二〇五頁)と解説した。

「みてる」[77]とは肉体から霊魂が離れること。死者に安らかな死に顔が多いのは、この世に生まれる僥倖をえて、たとえ短くとも人の世を満ち潮(行き着けるところ)まで生きられたからであろう。そして霊魂はあの世に向かう。藤村久和さんは、そのアイヌ語「エカシオマンル、フチオマンル、そこへ行くべき道、その幅広い道の上をあなたは杖をついてあの世へ向かう。（中略）これは言葉の後ろにひそんでいる奥行きも幅もあるような感じが集約されている言葉」で、日本の「行く」の背後に含んでいる意味も同じだとし、「アイヌ文化そのものが原日本文化だといっていいと思う」と語る（『アイヌの霊の世界』）。

米子さんの話は死者たちとともに生きていることで終わる。亡くなった人たちが笑顔で語りかける。それを、山折さんは「生者と死者のあいだに、何らかの形で心の交流がおこなわれている」ととらえる。かけがえのない「同伴者が、死という壁を通し親しく先祖として蘇っている。それを可能にしているのが、仏壇を前にした対話であり、位牌を通しておこなわれる目に見えない心の交流」であって、その背後に「不死の思想」、すなわち「この世で人生を終えた後、人間は別の世界に移行するという思想」、生死一体の死生観を共有してきたのであり、その両世界をつなぐ霊的存在が先祖の存在だと記す[78]。

この思想は死にゆく者の希望でもあった。先の大戦で海外で戦没した二百四十万人もの多くが餓死、病死し、その過半は遺骨も帰らない。やなせたかしさんは「骨身にしみて感じたのは、食べ物がないことがどんなに辛くて情けないことか」、「いろいろ辛いことはあっても、空腹ほど辛いことはありません」と記している[79]。NHK番組で一通の遺書が紹介された。自分は甘いものに飢え、遺骨も帰れないが、霊前に甘いものを供えてほしいと。それは、家族の思いに生きたいとの願いでもある。黒柳徹子さんがテレビに生出演し、戦時下の食糧難の時代、日に豆十五粒を母親から与えられ、何粒かずつ食べては水を飲む生活をしたと語った[80]。キーンさんの語った、十三粒の豆を七人で分けて祝った兵同様、国内でも飢えていたのである。

広大な戦場での餓死、病死、戦死。そして空襲と原爆の犠牲者。その魂は故郷の山野に帰ることができたのか。山折さんは柳田国男の『先祖の話』は鎮魂の書であり、「かれらの魂がやがて先祖の道をたどってこの祖国の山野に鎮まることを願わずにはいられなかったのだと思う」と記す[81]。

米子さんのかつての熱い信仰も先祖崇拝に立ち返る。そして、ご本尊様も痛みをとり安らぎを与えてくれるお守りとなる。日本人の神仏信仰の底には先祖への信仰がある。山折さんも「先祖崇拝は、かたときも民衆のかたわらから離れることはなかった」と記している[82]。

ＮＨＫ番組「ＳＷＩＴＣＨインタビュー達人達」で、山中伸弥さんと渡辺謙さんとの対談があり、一挿話が語られた。山中さんが三十六、七歳の時、自身の方向転換を考えていた。するとある夜、亡父が母親の夢枕に立ってそれを押しとどめたという。その祖霊を取り次いだのは老いた女性（母親）だった。祖霊の生きている国の話である[83]。

・時代を画する昭和三十年代

「露涼し草木匂ふ星に住み[84]」

米子さんはかつて夏の焼けた道を裸足で歩くに草の上を歩いた。石牟礼道子さんが語っている。「わたしたちのところでは、水俣病があるとはいえ、辛うじて草の道がありますね。朝は草の露がきらきら光って、子どもたちが通る。草葉の陰になったとか、草の露になったと死んだ人のことを言いますね。草というものが現世とつないでいる。あの世の人も草の露となって会いにくる。そういうふうに大地は呼吸している[85]」と。

幡多各地に、お盆には先祖の霊が虫となって帰ってくるとの伝承がある。草の露、草陰の虫を知る世界である。地域のことばと生物種・生態系の命運とは深くつながっている。四万十川ほとりの四万十市具同に「トンボ王国」(四万十川学遊館・トンボ自然公園)が生まれたのも偶然ではない。生きものの多様性を守り、その世界の深さに触れる学びの場として大いに発展していってほしい。

先に引用したハリソンさんは、多くの生物種が滅び生態系が崩れ、それらについて伝統的な知の体系を持つ少数言語の人びとが消えてゆくことは共時的で、両者には深い関わりがあるとした。三男さんが「ものを指してことばは出る」と言うように、言語は自然環境に合わせて形を変えるのであり、生物多様性のある地域では多くの言語が生まれたのであった。列島の自然とともに生きる人びとの地域のことばと、その土地に住む固有種の生物・生態系との間にも、同様の深い関わりがあるのであろう。

ユネスコが消滅の危機にあるとした諸言語のなかに、アイヌ語と沖縄地方の五方言と奄美、八丈島の方言がある。辺野古埋め立てに反対にする人びとの根にも沖縄地方のことばと歴史―「琉球処分」に始まり、本土防衛の「捨石」として甚大な被害を被った痛ましい歴史―と美しい自然があるのであろう。

三男さんは、昭和三十年代末に日本狼のほとんど最後の鳴き声を聞いた。それも、おっこー痩せ腕髭善吉爺の「おかぼえ」と「おのおらび」との吠え声を聞き分ける幡多ことばがあったればこそである。その時、間もなく消えさる獺《カワウソ》の川に飛び込む音を聞いていたのである。もし、保護の声を上げていたら、幡多はカワウソの聖地となりえたのであった。それでも、日本狼が最期の鳴き声を上げた烏山の尾根と、その声を聞き分けた「おっこーやせ腕髭善吉爺」の名とは語り継ぐに値しよう。

吉本隆明さんは「名づけるということが人類にとって最初にやってくる」と、人類の発生と言語の関

▲カワウソ（オス）。四万十川支流中筋川で捕捉［四万十市教育委員会蔵］

わりを語り、「感覚、とくに視覚的な形態に意味を結びつけることから名づけが発生するようにみえる。いいかえれば形態を意味として感覚できるようになったときがそのはじめになる」と説き、波打ち際に建てた産屋の屋根を葺くのが間に合わぬうちに生まれた命《みこと》、ヒコナギサタケウガヤフキアエズノミコト（日子波限建鵜草葺不合命）を挙げ、「何か特徴があれば、それを仇名にして、その人を呼ぶという風俗習慣が、現在のアフリカにも残っていますが、アフリカ的段階ではそういうことがある」とし、その造語法を「接頭語・接尾語も含めて、もし、ある言葉を作りたい時には、それをどんどん続けていけば、できてしまうという言い方があったのではないか」。「今ではアイヌ語にしか残っていないのですけれども、例えばある大きな場所を支配している人を示す時、その単語を次々と並べて、つなげていけばできてしまうという語法があり、それは旧日本語では特徴的なことであったと言える」と述べる。[86]「おっこー・やせ腕・髭・善吉爺」と同じ命名法といえよう。

三男さんは語る。善吉爺はなんとなく人とは違う姿で、人気は人気ぢゃったのう。こんな目立つ人はもうおらん。あのおんちゃん（小父さん）に限って注目した。話しよい人で、なんとなく面白かった。

おっこーな（大仰な、剽軽な）話をする、何でもかさをかけて（大袈裟に）ふといこと（たくさん）話した。朝鮮で巡査しよって捕まえた泥棒がもの凄い大男で、これはいかん思うて「法律の本調べてくるけん待ちよれ（待っておれ）」言うて、もんて（戻って）来たらおらざったと。

そんな面白い、背の高い横にも張った太いおんちゃんぢゃったが、えっころ（よほど）年取って痩せて、骨みたいになっちょっと。それで「痩せ腕」いうが（のよ）。年は八十八、九ぐらいか。九十にはなっちょざった。おのればえの髭（無精髭）が二、三センチ伸びちょった。江戸時代の人かのう。小母さん（女房）は眉毛を剃ってお歯黒で歯を染めちょった。結婚しちょるしるしなが（なのだ）と。わしらわかいし（若い衆）時分はそんな人らもおった。満州事変の昭和十四、五年ごろからそういう人がだんだん（次第に）見えんようになって、昭和二十四、五年ごろまで一人だけ残っちょった。

なかなかはなした（ものに譬えてうまく話した）もん（もの）ぢゃったぜ。モーズ（モズ）をとるに、おとりのモーズの目を縫うてこばん（小鳥籠）に入れて他のモーズの縄張りに置いちょく（置いておく）。その縄張りのモーズがおごって（腹を立てて）来て、目が開いちょらんけんあっちこっち逃げまーれんモーズをこばんの外からくわえる。人が来てもわからんばー、おごって食いついちょるけんとれるわけよ。モーズを何羽もとって、鳴き声のえーが（の）をよって（選んで）飼いよった。メジロ、ホオジロらも飼うて鳴き声を楽しみよった。ホオジロは「一筆啓上　火の用心　おせん泣かすな　馬肥やせ」と鳴きよる言うた。

いま海の向こうにうんと目立つ人が現れた。三男さんも「いきなり天皇陛下ぢゃけんのう。えーろーか（大丈夫かな）」と。吉本隆明の「その人物が何かの理由で目立ったり、王族であったりする場合につけられる仇名はいつも即時的であり、即物的な特徴が鮮やかにとらえられていた」との言にならって、「おっこー・一言・アメリカファースト・トランプ金髪爺」とでも付けておこう。さらに、「ロシア隠蔽・銭まみれ」などと付け加えていける。

トランプ爺の一言で世界が右往左往するが、ピケティの「米国ではとりわけ不平等のスパイラルが広がって」「それも階級的な超不平等」だから、「資本主義のポジティブな力は、公共の利益にすべき[87]」との指摘に応える洞察力と熟慮、断行力を発揮できなければ、じっこくさんの言う「我欲」王で終わる。

金髪で大胆な発信力のトランプ爺に対し、海のこちらには「後で丁寧に説明」と繰り返す「おっこー・お友達忖度・改憲・黒髪晋三」が「戦後レジームからの脱却」を目指す。三男さんは「とりつくひまもない（一つのことに一生懸命になって余裕がない）」と。

話を戻すと、瀬戸内海の香川県伊吹島には、ウガヤフキアエズ神話を彷彿させる出部屋（産屋）があって、産後の一定期間そこに母子で籠もって、姑に何の気兼ねもない母子密着の生活をした[88]。それは母親からの刷り込みの強い文化だといえよう。

また、三男さんの語る四万十川の漁師たちは、貧乏でも陽気で、「一杯飲んだらみんな輪になって手拍子叩いて、おなごの人ら踊るねえ。沖縄の人らも一緒ぢゃね」。「夫婦喧嘩は外へ飛び出してやりようとうえ」（『川は生きちょる』）と、沖縄などの南の古層文化とのつながりを思わせる。

吉本隆明は、イサベラ・バードが『日本奥地紀行』でアイヌの人々の高床式家屋をポリネシア人の家屋に似るとしたことを、「アイヌの南方起源を暗示」ととらえ、「日本列島人は、アジアの沿海部をつたわる経路と、遠くオセアニアの島々をつたわる経路と、古アジアの内陸から海岸に出てきた別の種族の経路とがあるに違いない[89]」とする。「自然の音を前言語的な言語として聞いているのはポリネシア人だ」とも重なる。

筆者もかつて伊豆半島民からアイヌ先住説を聞いたし、高知県でもアイヌとの関わりの文章を読んだことがある。「四万十」の地名起源の一つにアイヌ語の「シ」(はなはだ)、マムタ(美しい)説もある[90]。吉本の言う「形態を意味として感覚できる」ことからの名づけだろうか。

バードは中国文化の影響を受け開化、混血した日本人に比し、アイヌの人びとを「顔形といい、表情といい、これほど美しい顔を見たことがない」と記す。吉本はそれを「アイヌの未開性の原型的な美質」とする。

梅原猛さんは、多くの専門畑の違う学者たちの研究で出た共通の結果が、「アイヌはモンゴロイドだ、モンゴロイドのうちでも旧モンゴロイドだ」と述べる。「縄文人の骨」は「アイヌ人にいちばん近い。縄文人が小進化していまのアイヌになった。ところがその縄文人が、弥生の時代に外からやってきた渡来人と混血してそれが小進化していまの日本人になった」。だから、「日本人の中でも東北人はアイヌに近く、近畿地方の人は朝鮮の人に近いのだそうです[91]」と。四万十川流域には縄文の遺跡もある。筆者が「列島人」ととらえる人びとは、縄文人の血を多く受け継いでいるのであろう。

三男さんが来客訪問前にその人物がわかって家内が驚くと話すのを聞き流していた。ところが、アイヌにはノイポロイクシというものがあって「自分の家に来客がある前兆として突然頭が痛む」と。一人のおばあさんは脳の右側か左側かを頭痛が走るので「五分以内の来客」がわかり、もう一人のおばあさんは一時間前か三〇分前かの頭痛で男女、訪問理由の概略、年齢までわかると。「多くの古老は直感による人の分別が共通して得手で、ある古老などは、玄関の戸を開けただけで、その人との対応の有無を判定してしまう」（『アイヌの霊の世界』）とのこと。三男さんも来客、特に身近な友だちが木戸前に来ると、自分の身に染みる、何かしらん身に感じて、その姿を見なくても誰かがわかる。武士たるものが体で感じ取った力ではないかと話す。列島人の感性なのだろうか。

また、アイヌは「神道の御幣に甚だ類似した」白木の削りかけを立てて祈願し神々に祈りを届けてもらう。吉本は「イナウ（御幣）が象徴的神体」とし、「まだ宗教になっていない自然の宗教性」が的確に描かれていると述べる。正月十六日に採り物を手にとって家々を訪れるカイツリともつながるのであろう。梅原猛も「日本の古代神道とアイヌの神道とがぴったり合う。基本用語も「カムイはカミ、タマはタマ、ヒトはヒト、イノッはイノチ」と重なると述べる（『アイヌの霊の世界』）。

いま、鰻が絶滅への道をたどり始めている。竹治翁の時代には、鰻は石の数ほどおった（いた）。三男さんの時代も、川岸を遡上する鰻の稚魚の黒い帯が絶えることなく、瀬の肩（瀬の始まり）の砂利のいたるところから鰻が首を出していた。経済成長とともに鰻の蒲焼を日常的に食べるようになって、養鰻のために稚魚を大量にとりだすと、その鰻がたちまち急減する。グルメが始まった昭和三十七、八年ごろには、その姿を瀬肩《せがた》から消し、その鰻を餌にしているカワウソもいなくなった。ヒトが豊かに生き、生物界を自由な利益追求の対象とすることは、それら固有種の存在を脅かし、地球環境の激変の小さな引き金を引くことになると自覚せざるをえない。いま四万十川で鮎も鯉も少なくなっている。三男さんは、釣具屋のブラックバス放流を許したことが失敗だったと。ブラックバスが、鯉の産卵時にその下流で卵を食べている。他にも川を汚すものがないか心配する。

米子さんたちの暮らした旧大川筋村の祭りの太刀踊りが姿を消したのも、虫供養が廃れたのも昭和三十年代で、勝間集落の虫供養が終わったのは昭和三十二、三年という。

香川県三豊市高瀬町上高瀬でも、小野健一さんが昭和三十七年に大学を卒業して教員として帰ってくると、地元の獅子や太鼓がなくなり、たくさんあったムラ（集落）の祭りがなくなっていた。さらに、古代の南海道の峠道にある大日堂で真言、法華、一向の三宗派が合同して行ってきた稚児行列や護摩焚きも、同じ高度経済成長期になくなる。小野さんは、「昔しよったことはつまらんもんじゃという発想」の流行ではないかと語る。それでもなお、日本には数多くの祭りや伝統芸能があり、各地に俳句や短歌の会があり、俳句甲子園やまんが甲子園まである庶民の文化大国である。その根に、自然とともに生きる地域のことばと暮らしが存在する。

山折さんは、西行が出家しても和歌を詠み、芭蕉が僧形で俳句を詠んだように、美と信仰とは背中合わせであり、その伝統は万物にいのちを認める縄文以来の万物生命観に発すると語っている。仲間とともにつくる俳諧の力で芭蕉は奥の細道を歩き、俳諧は俗のなかに美を見つける庶民のものとなって地方でも盛んになる。庶民が文字と季語を学んで自然美を発見し、機智を磨き、沈黙を重んじて余白の美を知る契機ともなった。

昭和三十年の自由化で安い木材が入って山林業者が潰れ、手入れの必要な人工林が荒れ始める。かつての高瀬町上高瀬では松葉も下枝も燃料として活用し、「昔の山の中は箒で掃いたみたいにきれい」だった。山中の水路も手入れして少々の大雨にも山崩れしなかった。ところが、手を入れないで放置しておくようになると、山崩れが起こるようになる。

三男さんも、「テーラーとかこんまい機械が入って田をすいたりかいたりしていたらいつともなしに地元に牛がおらんようになって、昭和三十二年ごろにはもうおらざった」と言う。そして、昭和四十年代の区長が「祭りは迷信ぢゃ。必要ない」と言い、そういうもんが途絶えたと話す。区長は、戦前の青年学校で軍事教練や農業を教え、戦後は小学校の校長にまでなった方という。

昭和三十一年の経済白書の結び「もはや戦後ではない」は流行語にもなる。昭和三十九年には新幹線が開業し、東京オリンピックが開催された。やがて、地道に働くものづくりから金儲けへと舵が切られ、人びとの生きる価値観が深いところで変わり、バブル経済へと突入していった。バブルがはじけた後も、グローバル化の旗印のもと、情報技術革命が進み、企業の利益優先が定着し、即戦力と成果主義の合言葉のもとで企業の人材育成もないがしろにされ、派遣や請負という非正規雇用が定着し、総中流とまで語られた中間層が痩せ細る。仕事のコツや熟練、ものごとの間合いなども、マニュアル化の前に影が薄くなり、「暮らしは仕事」の昭和が遠くなる。

▲一般的な農家に残る鍬や道具の数々

三男さんは「今は天国ぜ」と言う。米子さんは「よときが変わった」、「昔しよったことで今しよることはなんちゃない」と語る。「ものつくる」多くの仕事が、昭和とともに終わる。先祖代々営々として拓き耕してきた山田。そのための石垣、溜め池、水路。多くの農耕具。多種多様な作物栽培のさまざまな伝承知。農作業を手伝う人びととの絆。牛馬の世話やその使役法。薪炭のための雑木林。建築材を育てる山林。野の獣や虫たちとの攻防。「ものつくる」道具・「ものはこぶ」道具の数々、それらを作り、鍛え直す鍛冶屋。糸を繰り、機を織り、裁縫し繕う手仕事。手と体を労する質素、勤勉な豊かな暮らし。それら列島人の文化が静かに姿を消してゆく。

柳田国男監修・民俗学研究所編『改訂綜合日本民俗語彙』（第一巻〜第三巻）の初版が刊行されたのが昭和三十年。その柳田が『故郷七十年』で「その間の故郷は、今際限もなく変わってゆこうとしている」と記したその「今」が、まさに昭和三十年代であった。

柳田国男は大正末すでに、「ともかく互いに打ちくつろいで、静かに一同が養はれて居るのである。古い物のはらはらと壊れて行くのも、其代価としてならば致し方が無い」という考えに、「自分などもそれでいいのだと実は思つて居る」（『妹の力』）と記している。

しかしながら、野本さんの言を繰り返せば、「一つの生業要素の消滅・変容は、多大な関連民俗の消滅であり、かかる語彙の消滅は、この国に生きていた言葉の消滅でもある」と。米子さんのように「どうしても自分がやらにゃいかん」と働きぬいた女性たちの膨大な「体験」と「伝承」が水泡のように消えさってしまってもよいものかと問いかける。

坪井さんは「山の民があらゆる作物を少しずつ栽培して『タナツギ（種子継ぎ）』として、いつでも自給自足の生活にもどれるように心がけ」つつも、自分がいなくなれば「屋敷地も畑地も山になってしまうだろうと、さみしげに笑っていた」昭和の山の民の姿を記している。[92]米子さんもまた、かつての山田に杉を植えて山に戻していくのを、後を継ぐ者たちのためには仕方ないことと話す。

ところで、日本の高層ビル建設現場で使われる膨大な合板の調達先などを考える人は少ないだろう。パプアニューギニアの一男性が来日し、「森は命の源」と住民の生命線の熱帯の森が奪われる実態を訴えかけた。資源消費大国日本は、自国の山と森のみならず、地球の自然を守る使命を自ら背負う覚悟を持たなければならない。それでは、日本の山と森を守り育てるのは誰か。香川県では「NPO法人フォレスターズかがわ」などが、「木は森のおくりもの。森は未来からの預かりもの」と、森を守り、創り、活かす地道な活動を続けている。そうした労を惜しまない人びとが日本各地にいる。

・山里と奥山の恵み

「そら豆の色は地球の色なりし[93]」

温暖湿潤な気候、肥沃な土壌。列島の山林は多様かつ豊富で再生能力も高く、山林で働く人びとの意欲も技術も高かった。

野本さんは「山の母源力」が稲作、畑作の水、肥草、木の実、山菜、キノコ、渓流魚、動物、樹皮、屋根萱など、生業、生活に必要な実に様々なものを生み出し、また桶、樽、曲げ物などの容器と様々な木製品の道具類がプラスチック以前の暮らしを支えてきたと記す。それはまさに、山行き（狩猟）、川行き（川漁）した竹治翁の世界であり、桶や樽を使って日々の暮らしを生きた米子さんの世界である。

「南海の小島の磯のヤドカリは流れ着きたるプラごみ負えり[94]」。海岸の砂浜には色とりどりのプラスチック片が混じる。小さな島の入り江には漂着したごみとプラスチックの山もできる。深刻なのは、日々廃棄されて太平洋のゴミベルトを漂う無限ともいうべきプラスチック浮遊物とその海底沈殿物の存在である。どんなに微細に砕かれても自然界で分解されず、有害物質が付着しやすいマイクロプラスチックと微生物世界との接触は、生態系に深刻な影響を惹き起こす恐れがあるという。色素や耐熱性などさまざまな化学物質を含む微細なマイクロプラスチックに種々の菌や微生物が付着し、それを魚が食べ、それを人間が食べる。汚染への注意深い科学の目と生活のあり方への反省が必要となる。手入れのいる木製品やガラス瓶を手放し、使い捨て文明にどっぷりつかっていることへの、自然界からの警告である。プラスチック汚染対策を徹底させ、物を大切にしていた時代の文化の、木の肌触りを子どもたちに手渡したいものだ。

木という山の恵みは、常緑広葉樹林、落葉広葉樹林のみならず、針葉樹林からも伐り出されてきた。松、杉、檜などは暮らしにも信仰にも深くかかわっている。古里の鎮守の森を守ってきた人びとが彼方の奥山、深山にも関心を払っていたことは、桃太郎や瓜子姫が上流から流れくる昔話にもよくあらわれている。(95)

日本は世界でも有数な木と森の国である。かつての杉、檜の植林地が放置されて山が荒廃し、中山間地農業の衰退で農山村が縮む。「身近な自然との交流の場、将来にわたって人と自然が共にする場」であり、「山の母源力が人と接する最先端の場」の里山から人の姿が消え、そこに鳥獣が進出する。竹治翁のような猟師のいなくなった里山に猪鹿が跳梁《ちょうりょう》する。人と山とがどんどん疎遠になり、山を削り谷を埋めて宅地や団地が造成され、そこに自然知、伝承知のない人びとが移り住む。それでも、農山村の人びとは里山を守ろうとする。

山村の生き残りという大きな課題がある。野本さんは、現在、未来の生業複合として「複層林」を提案する。年代の異なる杉林を植えて必要に応じて伐採すれば、高木がまばらとなり光が入る。光が入れば灌木も下草も復活して虫も鳥も帰ってくる。さらに、杉植林を複層化して欅《けやき》なども植えてそれをオーナー制にし、一方で民宿も営むなどと生き延びる道を模索、提案する。(96)

宮脇昭さんは日本の「潜在自然植生」の重要性を説く。「シイ、タブノキ、カシ類が、いわばいのちを守る防災環境保全林の三役」。「こういう木を植えれば、森のシステムで個体の交替を行いながら、次の氷河期までの九千年間保」つと。そして、「共生できる樹種の密植、混植」をすれば、「生物社会は競争しながら少しがまんして共生」する。さらに、「下層の低木や下草が上層の森を支えて」おり、「動物・植物・微生物群と共生できるいのちの環境をつくるお手伝いをしたい」と抱負を語る。

石牟礼さんはこの列島を「生類《しょうるい》が生きてきた」、「そういう列島に戻さなければならない」と。「根が呼吸しているのに、日本列島をコンクリートで被い、息ができないようにしている」。「私が生きているうちに、再生する水俣の方向性を出したい」と、「いのちの森」の抱負を語る（『水俣の海辺に「いのちの森」を』）。持続的な林業の再生は環境保全上も人口分散上からも効果があろう。日本は山と森の国、脱原発の一翼ともなる木質バイオマス発電などをも成功させてほしい。新しく開発された、板を十字に重ねて接着剤で圧着した直交集成材（CLT）での高層木材建築は、断熱効果も使い勝手もよく、コンクリートに匹敵する強度を持つという。さらに、植物繊維をナノサイズまで細かくほぐすことで得られるセルロースナノファイバー（CNF）は、鉄よりも軽くて強い。これらの国内木材の活用は、環境負荷が少なく大量に安定供給できる。これらの廃材をバイオマス発電と組み合わせれば、輸入材に押されてきた林業の起死回生策ともなろう。

さらに、自伐型林業の普及を目指すNPO法人も活動している。農業や観光の副業として、山の所有者から間伐や搬出作業道づくりを請け負い、チェーンソーや小型ショベルカーを使って木を少しずつ伐り出す。そうすれば植え直しもいらない。新たな林業の担い手が生まれ、小なりとも住民定着の道も開かれ、森が動き出す。

坪井さんはかつて、徳島県の祖谷《いや》地方で自宅近くに代々墓をつくって、共同墓地から先祖の霊を呼び戻している現象から、「ムラの生活風景は、生き生きとした生産の場としての意味を喪いながら、死者の霊魂だけが集まる他界的風景へと静かな移ろいを開始し」、「異次元の空間としての故郷になりつつあるという認識」に立って、「ムラを完全に棄て切れないで離郷した人びとのやるせない想い」に寄り添い、この列島に進行中の文化の在り方に深い問いを投げかけた(97)。

・川岸の藪、谷川の手草

地方でも都市型消費文化の流れが加速し、東京へ一極集中する極点社会が進行する(98)。それは究極の顧客化であり、かつ低い出生率に見られるように真の豊かさとはほど遠い。

身を粉にして働く人びとに支えられてきた地方が衰退していく。人びとがいなくなれば村祭りも、葬式もできなくなる。それでも、地域の自然と、地域のことばを守って自立して生き残る手立てはきっとある。伊能忠敬は第二の人生で日本の海岸線四万キロを踏破し、日本地図を完成させた。年金生活者という隠居にも、その恩恵にこたえて働く余地はあるはずだ。「フォレスターズかがわ」などもその一例であろう。

四万十川も時に猛威を振るう。旧居の高い屋敷の柱に舟をつなぎ止めた大洪水もあった。大水の中をせんばで帰るには、川岸の藪を命がけで手繰って帰ってきた。山田の田植え時、激流の谷を苗籠を担いで渡るには、谷川の手草が命綱だった。

かく生き、走りぬいた米子さんのことばが、便利さの中で軽々と漂流を始めた人びとの心を自然につなぎ止める川岸の藪、谷川の一束の手草となってほしい。

「ものつくり、ものとる」人びとへの自然の手助けは数多い。鮎の集結を知らせる四万十川畔の銀木犀の開花。布地を真っ白にしたり、柄を鮮やかに浮き立たせる雪国の雪さらし。巨大な和太鼓に生まれ変わる白山の大木。輪島漆塗りに不可欠な根《ね》朱《じ》筆の穂先になった鼠の背の立ち毛。労を惜しまず働く人びとに差し伸べられる四季折々の自然の恵みのなんと数多いことか。まして同じ列島の民として、自然とともに生きる人びとに温かい手を差し伸べてほしい。それは列島の岩盤文化を守ることともなる。

▲苗籠とオーク［高松市内民家蔵］

・母の悲歌

竹治翁を訪ねて半世紀。翁からは山猟、川漁、鳥の猟、ムラの暮らしと、それこそ煮立つ鍋に入れた繭から糸を引き出すように、次々と仕事や暮らしの伝承知を手繰ることができた。その際、米子さんが話のきっかけを投げかけたり、翁の記憶を補ってくれたりもした。

翁が留守のある日、米子さん八十八歳の問わず語りに強く心惹かれ、折々の語りに耳を傾けてきた。米子さんは女性の世界をまざまざと語ってくれた。地域の自給自足の暮らしは、こまごまとした仕事を次々とこなしていく女性の力なしには成り立たなかった。

その問わず語り十年、蚕が語りの糸を吐きつつ白い繭になるのを見守っていた感がある。その、語りことばのままでは米子さんの人生や暮らし模様を織り上げることはできない。その繭を煮立つ鍋に入れて糸を引き出し、その糸に縒《よ》りをかけて巻き取る綛《かせ》が、米子さんの人生の核心を言い表すことばが、必要だった。それが「ぬしが難儀にゃ仕様ない」の一言だった。

ともに暮らし、ともに船に乗り、ともに重い脱穀機を前後ろで担いで山田に上がっても、男と女の暮らしやその人生には大きな違いがある。子どもたちのことよりも猪のことがよくわかると話す翁もまた、米子さんの暮らしとその人生に深く心を向けていたとは言いがたい。

ところが、歳の離れたいとこの三男さんが米子ねーの生き方に深く共感し、その語ることばの意味するところを説いてくれた。岡村三男翁聞書『川は生きちょる』をまとめるさまざまな場面で、米子さんの語ったことばの意味するところを少しずつ尋ねてはその理解を深めることができたのだった。

その三男さんが、二〇一一年のワールドカップ女子サッカー優勝戦について語ったことばは、日本女性の戦う姿をよく読み取っている。「おなごは十人が十人楽な人生を送ってない」と。そして、「おなごの立場を忘れず」、しかも「いつまでも悲惨なことにこだわってない」。アメリカ女子選手のように男性と対等なまでの突破力や先見性はなくとも、「自分の身を犠牲にしてでも勝たにゃいかんという執念がある」と。

その姿勢は、「ぬしが難儀にゃ仕様ない」の覚悟と通底する。わが子のためにすべてを引き受け、「切羽詰まったところを切り抜けていく力のあった」母親たちの人生と重なる。

三男さんは語る。「一日の生活のために女性が裏側でどれだけ骨を折っちょるか」。「あれがすんだらこれ、これがすんだら何」と、その多忙さは「勤勉」ということばからあふれ出る。相田みつをさんの書「生きているうち　はたらけるうち　日のくれぬうち」は、そうした女性の一生をすくい取る[99]。

森進一さんが『女坂』で「湯上り子供ら寝かせる声で　やっとその日が終ったような」と母親の人生を歌う。米子さんにはまだ夜なべ仕事が待っている。「耐えることしかない母」の「強くかよわく　やさしい背な」の越えていく、いくつもの「行く坂　はるかな女坂」。なんと忍耐強くやさしい母よ（『女坂』作詞：有馬三恵子　作曲：猪俣公章）。「ぬしが難儀にゃ仕様ない」とは、母親たちの覚悟を歌う。

時には山田への長坂を重い荷物を背なに越え、苗籠を肩に担って激流を渡る。一日として欠かせない水汲み。ある時は、大水の中を命がけで船を引き上げて子の元へ帰る。なんと強靱でやさしい母よ。

その母から子を、妻から夫を奪う戦争《いくさ》があった。シベリアに抑留されたわが子を想う広田のおばあ（老女）のつぶやき「風がもの言《ゆ》やー　言伝するに[100]」は、万葉の防人歌と通い合う。

古代知識人のあいだに、「旅」（異郷）にある者が「家」（故郷）を思いつめる抒情の方式は、人間の真実を伝える尊い姿だとする思考があった。伊藤博さんは、「家郷の魂を附着させて行くことが安全な旅、故郷への恙なき帰還につながるという古代羇旅信仰に由来する」[101]と記す。この信仰はまた、広田おばあ（家族・母）が旅（異郷・シベリア）にあるわが子を想うことにも通じよう。

わが子のため難儀に耐えて働きぬいた米子さんと広田のおばあのことばを重ねると、一首の歌となる。

「山川もぬしが難儀にゃ仕様ない　風がもの言《ゆ》や一言伝する
に」

▲餓死戦没者の冥福を祈る碑（足摺岬金剛福寺）

山田や水汲みの難儀も子のため。吹く風よ、お前がものを言うことができれば、わが子に命永らえて帰って来てほしいと伝えておくれ。おばあの想いは春の南風となってシベリアに届いたことだろう。エアコン生活以前の人びとは風のささやきを知っていた。草木を芽吹かせ、帆をはらませ、雨雲を運ぶ風は、いのちある「もの言う」自然だった。寅さんが甥っ子に「風に向かっておれの名を呼べ。いつでも飛んできてやる」（『男はつらいよ』シリーズ第四十三作）と言ってもなんの不思議もなかった。風来坊のフーテンの寅さんは、風のことばを聞く人でもあった。渥美清に「赤とんぼじっとしたまま明日どうする」の句がある。[102] 石牟礼道子の母親は、草に「お前たちは太うなったね」と語りかけた。吉本隆明が、わたしたちは「西欧近代と深く異質の仕方で自然物や人間を沁みとおるように理解し、自然もまた言葉を発する生き生きとした存在として扱っている豊かな世界だ」と述べた、「人間が天然や自然の本性のところまで下りてゆくことができる深層」の世界である。

どんなに過酷な生活でも、手と体を労する労苦は生きるためのもの。明治以降昭和二十年の敗戦までうち続いた戦争の七十年と、戦後七十年の平和な暮らしとの断絶のなんと深いことか。

・嵐の日には嵐の中を

道元の「正法眼蔵」を学んだ相田みつをさんは、その禅の思想を「いま、ここ」ととらえ、「いまが大事」と説く。「自己が自己のいのちを本心で生きる、本音で生きる―その時、もっとも自己のいのちが充実する。いま、ここ、を充実したいのちを生きる―それが仏法」と記す。そして、自ら創作した詩の核心部分を「雨の日には雨の中を　風の日には風の中を」と記す[103]。米子さんは雨の日も風の日も本心、本音で力いっぱいに生き、嵐の日には嵐の中を命がけで生きた。その研ぎ澄まされたいのちを生きる姿は、陶芸家河井寛次郎の書「何といふ今だ　今こそ永遠」とのことばに重なる。

米子さんの懸命に生きぬく力。姑の、男勝りの力仕事もすれば、「でき役者」と呼ばれる商才をも発揮した力。里の母親の鋭い感受性。聖徳太子をはじめとする仏教の先覚者が女性たちの力をよく認識して、いち早く女人往生思想が生まれたのではなかろうか。その根底に、柳田が説く女性を精霊としていた長い列島の歴史がある[104]。

禅とは異なる信仰者もまた「いま、ここ」を生きる。滝沢克己さんは「いま私のいるここに、私に先立ってこの人がいるということ」、それこそが「イエス・キリストの福音」だと記す。滝沢さんは「自己本位」を経て「則天去私」にいたる漱石のたましいの歴史を概観する。「自己本位」とは、「自己の内部の・他人と自己とのあいだの・日本社会の・東洋と西洋とのあいだの・さらにはまた歴史的生命ないし人間世界それ自体の・矛盾対立を真実に解決する道は、自分自身がいま現に置かれているこの時この処を離れて、けっして見いだされることも切り開かれることもできない、という発見だ」と述べ、漱石一生の歩みに、すべてを「いま、ここ」に投げ入れ、現代の日本と世界のために苦しんだひとりの預言者を見る[105]。丸山真男もまた、キリスト教の歴史哲学を「瞬間のなかに永遠が宿る」ととらえる（『古層』）。

坪井洋文さんの辞世の句ともいうべき「幾代をも咲き継ぎ　此の世の彼岸花[106]」が鮮やかに示すように、「いま、ここ」に咲く彼岸花の時空にはあらんかぎりの過去が注ぎ込まれ、未来のすべての可能性がはらまれている。お互いが「いま、ここ」をいのちをかけてともに生きることは、個を深く尊重し合うことにつながり、時代の力に屈することなく、戦争の嵐から人びとを守ることにも連なろう。

ヒンズー教徒は、聖なるヒマラヤ山脈から流れ来るガンジス川での沐浴は穢れを祓い、その水で口すすぐことは、たとえ遺灰の混じる流れでも、解脱に連なる聖なる行為だという。島国日本でも水の浄化の力を信じ、禊《みそぎ》し水垢離《みずごり》をとる。その背後に、いのちの水を生み出す奥山、深山への信仰がある。それは、山の神を聖なる女性とする母源思想とも重なろう。

米子さんたちは死者たちが夢に現れれば聖なる水を供える。人びととの心に流れつづける、死者たちとともに生きる死生観といえよう[107]。いのちの水を大切にし、自然への深い敬意を払う生き方は、平和な世界へのささげものとなろう。「いま、ここ」を生きるわたしたちも、列島の豊かな山と川と海の自然と平和な時代に感謝を込めて一杯の水をささげよう。

【注】

（1）米子さんのこの女の意地は、男の意地に通じる強さがある。
　映画『アラビアのロレンス』では、英軍人ロレンスはアラブ人の反乱を支援すべく砂漠を夜間行軍中、ラクダの上で居眠りして鞭で叩き起こされる。以後どんな過酷な状況にも耐えた。中野好夫『アラビアのロレンス』岩波新書（一九六三年）では、ラクダの上で二度ほど失神したと記されている。いずれにせよ、米子さんもロレンスも、三男さんが語る「おなごも男も他人をあてにしちょらん。切羽詰まったところを切り抜けていく力」のある人間だ。かれらは「勝手知った自分がやらにゃいかん。他人にさし（させ）たら、時間がかかってはどっていかん」と思ったのである。

（2）・方言を遣うと廊下へ立たされた
　方言がないようになってしまいだした。わしらだけはまあまあ出るけんどね。方言を書かんと生きたものにならんぜ。「おんし（おぬし。お前）」と言うと、今の人ら腹を立てる人があるがね。

　戦前の小学校では「日本は統一してものを言え」と。「標準語は東京にある」と。こりゃえらいことになると思うた。それから、じわじわじわじわ標準語をなろーて話さにゃいかんようになった。先生から（もすでに）標準語ぢゃけん。わしら方言を遣うと廊下へ立たされとー。

　なぜかというと、軍隊に入って伝令をやらんといかん。敵は何時何分のところへ何百人おると。それがここへ攻めて来る気配があると伝えにゃいかん。ここらは、めっそ（あまり）通じんようなことばは遣わざったけんど、それが九州から東北の弁ではお互いわからんぢゃーか。それで、たかんで（なんと）標準語を遣わにゃいかんとうんと習わされとのう。今では全国が標準語ぢゃけんど、近頃方言がもんて（戻って）来だしたのは、タレントの影響があるね。
わしが文化庁へ行た時、「まあリラックスしてください」言われた。リラックスは食うたことも見たこともないもんぢゃけん、何やらわかるものか。テレビら―でもぢきに英語を言う。なし（なぜ）ぢゃろ。
・三男さんに米子さんのことばの意味を尋ねていると「いろんなことばがあるもんぢゃのう」と感心し、「もう皆、古いことば知らんねえ」と話す。米子さんのことばには活字に記される最後のことばもあるかもしれない。

（3）K・デイヴィッド・ハリソン著、川崎満重子訳『亡びゆく言語を話す最後の人』原書房（二〇一三年）
この本には、ジョン・グーレの次の一篇の詩が記されている。

死にゆく言葉はそっと崩れ落ちる
あの村でもこの村でも
静かに倒れていく―叫ぶこともなく　泣きわめくこともない
さらりと、ふいにいなくなる
鋭い目を持たなければ
その静かな破滅に気づかない
そしてつつましく、決意に満ちたこころがなければ
それを止めることはできない

（4）野本寛一『自然と共に生きる作法　水窪からの発信』静岡新聞社（二〇一二年）
（一つの宇宙についての記述）

複合すべき個々の生業の技術大系、それにかかわる周辺の多様な技術と知識、山に生きて生業複合を完遂してきた人びとは、一人一人が超人的な体験知、伝承知を持ち、それを生かしながら身を粉にして働いてきたのである。私は、山の生業複合によって暮らしを支えてきた人びとからその体験や伝承を学ぶ時、その底知れぬ伝承知の深さ、自然観察の深さと守備範囲の広さにいつも圧倒されてきた。個々の技術や伝承を身につけるには相応の努力も、労力をも伴うものだった。苦労はあるものの個々の生業要素は自己完結的であったし、その総体は一つの宇宙を形成していたと言っても過言ではなかろう。

(5) ○西田正規「遊動社会と定住社会　逃げられる社会と逃げられない社会」『atプラス18思想と活動』(特集) 柳田国男と遊動性　太田出版 (二〇一三年)

(6) 河合雅雄『子どもと自然』岩波新書 (一九九〇年)

(7) ○印東道子編『人類移動誌』臨川書店 (二〇一三年) 小長谷有紀担当部分

(8) ポーラ・アンダーウッド著、星川淳訳『一万年の旅路　ネイティブアメリカンの口承史』翔泳社 (一九九八年)

(9) ○「想い　脇林むつ子」『島に生きて―ハンセン病療養所入所者が語る―』下巻　香川県 (二〇〇三年)

「差別偏見をなくすためにはどうすれば良いと思いますか」との問いに、脇林さんは、

「差別を全面的になくすというんだったら、人間改造しないといけないんじゃないかという気がするの。(中略) 皆意識しなくても、自分本位に生きているんですよ、それの延長線で差別とか生まれるんだけど、差別しないように皆が思うようになるには、やっぱり社会に余裕がなかったらいけないですよね。経済的に苦しかったらだめですよね。人の事どころでないもの。自分が必死で働いていると外が見えないわ。側にどんな人がいるか分からないですよね。やっぱりバリアフリーにならないと、世間が。目が不自由な人

達とかそういうふうな人達を中心にしたような町でもつくればね、まぁ皆がやさしい心にもなるでしょうけど。今は自動車がびゅんびゅん、あんなスピードも、私達にはついて行けない。スピードと経済的にギスギスしたような人間ばかりでは、社会ではそら差別なんか無くなるはずないわ。そうなんですよ。（中略）

皆が余裕のある社会になる事。それしか望みようがない。お金がなかったら生きていけないような、そういう所じゃ平和が危うくなる、第一それですよ。とにかく平和でなければ弱いものは生きていけない、（後略）」

（10）野本寛一『自然と共に生きる作法　水窪からの発信』静岡新聞社（二〇一二年）

（大樹についての記述）

幼少期から、豊かな自然や膨大な伝承知を持つ大人たちと暮らし、長じて家族やムラの先輩・仲間からおのおのの生業要素の技術伝承を継承して技術を身につける。そんな人びとは山に根ざして生きる広葉樹のような根張りを持つ。手入れをしない植林の木の根のように浅いものではない。山のムラで生きるには当然のことながら相応の努力とくふう、時にいくらかの我慢も忍耐も必要である。それらなしに、自然の美しさ、四季折々の恵みだけを、享受すること、おいしいところだけをとろうとすることは許されるはずもない。

（11）『岡村三男翁聞書　川は生きちょる』（大河書房）　Ⅱ章　二　石割・石つき・鍛冶屋

この長馬のついた石がけ（石垣）は、ヌノヅキいうて正方形の石を亀の甲についちょる。石をなかなかようとっちょるのう。石の組み方と石を削る角度をうまいことやっちょる。石がけつく（積み重ねる）技術を持っちょるけんうまいこと石を切っちょる。（後略）

(12)野本寛一『自然と共に生きる作法　水窪からの発信』静岡新聞社（二〇一二年）
(13)吉本隆明⇕山本哲士・高橋順一「母型論と大洋論」『全南島論』作品社（二〇一六年）
(14)クロード・レヴィ＝ストロース著、渡辺公三監訳、福田素子・泉克典訳「序言」『大山猫の物語』みすず書房（二〇一六年）
(15)○ピエール・クラストル著、伊藤晃他訳「沈黙と対話の間に」『レヴィ＝ストロースの世界』みすず書房（一九六八年）
クラストルは最後に「未開の思考との対話の開始として、民族学はわれわれ自身の文化を新たな思考へと導く」と記す。
(16)○じっこくおさむ『ミャンマー物語　人はなぜ戦争をするのか』三省堂（一九九五年）。以下（『ミャンマー物語』）と略記。
「我《が》と和《わ》と。欲望バクハツと欲望自制と。そして戦争と平和と。断崖にのぞむヒトの群れよ！

おまえのＤＮＡはどうなっとるの？」
(17)○松井友著、小田イト語り『火の神の懐にて』洋泉社（一九九九年）
(18)石牟礼道子『蘇生した魂をのせて』河出書房新社（二〇一三年）
(19)山折哲雄『これを語りて日本人を戦慄せしめよ　柳田国男が言いたかったこと』新潮選書（二〇一四年）
(20)○丸山真男『日本思想史における「古層」の問題』（一九七九年十月、内山秀夫研究会）以下（『古層』）と略記。
(21)野本寛一「大井川流域民俗語彙」近畿大学民俗学研究所紀要『民俗文化』第二六号

民俗語は言葉のみのものではなく、当然のことながら民俗事象・民俗実態を背負うものである。(中略)柳田国男監修・財団法人民俗研究所編著の『綜合日本民俗語彙』が刊行されたのは昭和三〇年(一九五五)のことだった。それは高度経済成長期直前のことである。その後、すなわち(以下本文に続く)

(22) 注8参照。

(23) 夫の出征がいかに大変だったかを語る一証言。

小野健一『母なる木　榎の下で』弘栄社(二〇一五年)「晩年の母・初めて聞く母の哀しみ」

「今まで生きてきて、一番つらかったのは何な《なん》(何か)?」

「そら、決まっとるわ。お父さんが戦争に行って居らんかった時のことや。お父さんが戦争に行った時(昭和十八年十月)。お前は四つになったばかり、芳子(妹)は十ヶ月やった。二週間ほどしたら、おばあさん(祖母・ヤス)が脳溢血で急に死んでしもうた。それからはおじいさん(祖父・品造)とおかあさんは、朝はよから晩おそまで一生懸命にたんぼ(農作業)した。それまで四人でしていたのを二人でせないかん。しかも大黒柱のお父さんが居らんのやき(のだから)そら大変やった。四っつのお前に芳子の子守をさせてのう。お前と芳子がかわいそうで……。見るに見かねて、上の静子はんや下のはんちゃんが、お前と芳子をよう見てくれた。二人にはほんまに世話になった」(中略)

「おかあは、たんぼするのは好きやった。よう働いた。一生懸命しよったら、お父さんが戦争に行って居らんのも忘れているし。この小さな手で、ようたんぼしたもんじゃ。晩になって、お父さんは南洋に行っとるきに(行っているから)もんて来んかも分からんと思うと辛うて。お父さんがもんて来んかったら、お前はこんまいし、この家はどうなるんじゃろうかと思うと、心配で辛うて寝られんかった」

「晩に寝る時、おかあは芳子を抱いて乳を飲ませながら寝ていて、わしはおかあの背中に顔を引っ付けて寝よったのを憶えとるわ」と、私は母をじっと見つめて、四歳の時の記憶を母に話した。
時に母が声を出さないで泣いていると、背中の私も母に知られないように声を出さないで泣いた。（中略）「哀しみに咽ぶ」とは、まさに当時の母の姿であったのだと、今にしてつくづく思う。

(24) 高瀬町編集・発行『高瀬町史　民俗・自然編』（二〇〇三年）第六章　社会生活（筆者担当）　第六節　四婦人会・出征兵士の見送り・玉音放送

(25) 一九一一年に産声を上げた雑誌『青鞜』で、平塚らいてうは「今、女性は月である。他によって生き、他の光によって輝く、病人のやうな青白い顔の月である」と記した。

(26) スチュアート・ヘンリ編『「野生」の誕生　未開イメージの歴史』世界思想社（二〇〇三年）

○大村敬一「野生の思考の可能性―イヌイトの他者表象にみるブリコラージュの秩序」

「西洋」と「東洋」をはじめ、「文明」と「未開」など、近代社会に特有の自他二元論的な表象のあり方が、じぶんとは異質な者を他者化することによって、他者に対する支配を正当化する装置となっていることが明らかにされてきた。

他者の他者化とは、非合理性や非論理性など、自己の内にありながらも、その存在を認めることができない抑圧された自己の否定的な部分を、自己とは異質な者にすべて押しつけ、そうした不純な部分のない透明で一貫した主体としての自己のアイデンティティを確立することである。

(27) 保坂正康ほか『世界から見た20世紀の日本』山川出版社（二〇一六年）

○保坂正康「戦争の時代、天皇と日本人は海外からどう見られていたのか」

(28) ミソギで過去を洗い流せば、「いま」から新しく出発できる。しかも、それは「伝統」にリファーできる。大化の改新の時もそうですし、明治維新の時もそうです（丸山真男『日本思想史における「古層」の問題』)。

(29)柳田国男『妹の力』妹の力・神と家の盛衰・民族心理の課題(一九二五年十月)

もし彼女たちが出でて働こうとする男子に、屢々欠けて居る精緻なる感受性を以て、最も周到に生存の理法を省察し、更に家門と肉親の愛情に由って、親切な助言を与えようとするならば、惑ひは去り勇気は新たに生じて、其幸福はただに個々の小さい家庭を恵に止まらぬであらう。それには先ず女性自身の、数千年来の地位を学び知る必要がある。

(30)『日本人は何を考えてきたのか―大正編』NHK出版(二〇一二年)

新渡戸稲造はその死の直前『編集余録』に記している。

全人類が兄弟となり、戦争が人類を引き裂くことなく、戦争の噂が女性の心に恐れを抱かせることもない未来の夢を私は夢みる。私の夢のことで私を嘲らないでほしい。夢こそ来たるべき時代のさきがけだから

(31)『四万十川 Ⅱ川行き』1 四万十川畔のくらし 六 戦争の時代 ・玉部隊衛生兵・玉砕の覚悟・アメリカの自由になるんぢゃ

(32)熊谷徹『日本とドイツ ふたつの「戦後」』集英社新書(二〇一五年)

(33)やなせたかし『ぼくは戦争は大きらい』小学館(二〇一三年)

(34)五木寛之・佐藤優『異端の人間学』幻冬舎新書(二〇一五年)

(35)注32参照。

(36)注33参照。

(37)注31参照。

(38)注19参照。

(39) 減反政策が日本の農業のいかに大きな曲がり角であったかを示す農民からの一証言

○小野健一「定年雑感」『桐の葉』（茗渓会香川支部会報・二〇〇〇年七月三日）

祖父も父も「学校の勉強したら百姓の跡取りにはなれん」が口癖だった。願書を出す頃になって私は父に、「行かしてくれんでもよいから受けにだけ行かしてくれ」と頼んだ。〔合格したら〕「卒業したら家へもんてくるとみんなの前で約束せい（せよ）。そんなら行ってもええ」やっとのことで許しが出た。〔大学三年の夏休みに帰省すると〕

親父に「折角教育大学へ行っておるんじゃから、三十歳まで先生をせいや。それから農業をするのも一法ぞ」と言われる。〔八年したら辞めるつもりで日々完全燃焼していた〕

八年目になり、親父に「約束通り辞めるかのお」と言うと、「来年から米の減反が本格的に始まるそうじゃ、米を作れん時代が来るとはのお、先が見えん。辞めるのはちょっと待て」と、待ったがかかった。（中略）以来定年まで自家の一町三反の水田を兼業で耕作しながら、農業の持つ教育力を信じて農業教育に取り組んできた。（傍点筆者）

(40) 坪井洋文『民俗再考　多元的世界への視点』日本エディタースクール出版部（一九八六年）

(41)『思想の科学』一九六八年二月号（通巻一五二号）「特集　私はどのようにして日本語を学んだか」から引用する。

・森村桂「とてつもなくむずかしい仕事を、私はたかがもの心つくまでに完全にマスターしたのである」。

・秋山清「私の中の、どこかふかい底の方に、子供のときしみ込んだ北九州の言葉のリズムと音がひそんでいて、（中略）今もそいつが生々と棲息してる、といった思いがする」。

・鶴見和子「父は赤ん坊の私に、北原白秋の『祭の笛』を、独特のふしをつけて、毎日よんでくれました。

その日本語のリズムは、今でも私の中にのこっています」。
・小田実「帰国したあと、私の話す日本語は、旅行出発前よりもっと大阪弁的なものになった。（中略）異国のことばの世界にもまれているうちに、私がそれまでに獲得した日本語のなかでいちばん年数の多いもの、根ずい《ママ》たものだけが残ったのかもしれない」。
・富永一朗「オツム柔らかき幼少の頃から日本語の基礎はミッチリ仕込むべきである」。
（42）注41参照。
（43）ＮＨＫスペシャル「私が愛する日本人へ～ドナルド・キーン　文豪との七〇年～」（二〇一五年十月十日放送）
（44）ノーム・チョムスキー著、成田広樹訳『言語の科学　ことば・心・人間本性』岩波書店（二〇一六年）
（45）注13参照。
（46）野本寛一『軒端の民俗学』白水社（一九八九年）
（47）黒川伊保子「日本語は脳に効く―潜在脳を牛耳ることばの秘密」『れいろう』モラロジー研究所（二〇一二年）「特集　ことばのちから　日本語と心のゆたかさ」
（48）○加藤周一・M．ライシュ・R．J．リフトン著、矢島翠訳『日本人の死生観』上　岩波新書（一九七七年）
江戸の文化遺産が思想の西洋化と両立しないとみるのは、わたしには全くの誤りのように思える。実際には、前者はしばしば後者を助けたのである。（加藤周一・おぼえがき）
（49）○中沢新一『熊楠の星の時間』講談社選書メチエ（二〇一六年）
熊楠の時代には日本の伝統文化の中に、まだ東洋の学問が生きていました。漢文の素読から始まって、地誌、博物から体系的な哲学思想までを、理解し体得していくための教育システムが生きていましたから、とりわけ学問好きの熊楠のような人の体内には、東洋の学問が完全に咀嚼されて、生きた知性として働いていました。

（50）柳父章『翻訳語の論理　言語に見る日本文化の構造』法政大学出版局（一九七二年）
引用部分は「あとがき」による。

（51）千葉徳爾『女房と山の神』堺屋図書（一九八三年）
フォルマントとは、「音響的にある音の音色を特徴づけ、音色の異なる他の音から区別させる周波数成分、またその集まり」（ブリタニカ国際大百科事典　小項目版）

（52）注13参照。

（53）相田みつを『にんげんだもの』文化出版局（二〇〇〇年四月一三日　一四八刷）
以下の引用も同書。ただし、「雨の日には雨の中を……」は別書。

（54）ルソー著、今野一雄訳『エミール〈上〉』岩波文庫（一九六二年）
さらに、河合雅雄さんは『子どもと自然』で子どもの成長について、「動物はすべて、自らの力で生きていこうという内的な力を持っている。それをうまく自然な形で発揮させていくのが、親の役目というものだ。過保護の母親は、子どもの生命力の芽が出るたびに摘んでいるようなものではないか」と述べる。同時に放任を否定する。「行動発達が学習に強く依存している人間の場合は、運動機能の獲得にも、幼児からのしつけが重要である」と、箸やペンの握り方を取り上げて論じている。

（55）ＮＨＫ番組「奇跡のレッスン」
世界的なサッカーコーチ・ミゲルさんは小学生たちに、考えながら体を動かすこと、頭と体を同時に温めることを一人ひとりに繰り返し求め、失敗を恐れずハートで戦えと説いた。小学生の米子さんが帰宅後の自分の働く姿をイメージできていたのは、優れたスポーツ選手のものであろう。

(56) 教育学者清水一彦さんと考える日本の教育《最終回》「教育とは人間の可能性を引き出す営みである」『茗渓』一般社団法人茗渓会（二〇一五年　no. 一〇八六）

(57) 坪井洋文『民俗再考　多元的世界への視点』日本エディタースクール出版部（一九八六年）

(58) シャルル・ペロ著、支倉崇晴・堤安紀訳『イエス』（文庫クセジュ）白水社（二〇一五年）
引用文に引き続き、「パウロが『ローマの信徒への手紙』八章二二～二三節で宣言しているように、人間の救いは、宇宙全体の解放を伴っている」と記している。

(59)『岡村三男翁聞書　川は生きちょる―四万十川に暮らす―』

2　自然の摂理に従う

ホゼ（曼珠沙華）の花が咲きはじめたら、鮎はかたこ（片腹）をさしちょる（卵を孕んでいる）。腹の片方に卵を持つ。それも左からさしてくる。かたこをさしたら縄張りを外れて、瀬へ集まる。（中略）花がうんと分かる。木犀の匂いがし始めたかなと、かすかに匂いだしたら鮎の一番付《づ》きが始まる。ちょこちょこ小さい群れがすがっちょる（瀬に付いている）、そこへ留まっちょる。「付く」も「すがる」も同じ意味ぢゃね。瀬にすがって産卵する。その時にサビキを構えにゃいかん。

木犀これはね、「うむっ（あれっ）匂い始めたかな」と、ほんまにかすかに匂い始めつろうかと疑うような匂いよのう。「おいおい、おばあ。木犀の匂いがしよらせんか（してないか）」と家内に言うたら、「まこと、そう言わあ」つう（という）調子よ。金も銀もないが、だいたい銀が早いね。本当の漁師のところには銀木犀があるぜ。木犀の花がかすかに匂いだしたかなという時、一晩泊まりで試すわけ。一番付きいうて瀬付きを始める。おんが先頭に立って、めんは後ろに付いちょる。めんが子を出そうとしたら、おんが集まって白子を掛ける。そこが気に入ったら本付きになる。（中略）二、三日して木犀の花がぽんと（ことごとく）香り始め、きつうに匂い始めたら誰にでも分かる。その頃に一晩泊まりの大群れがダッとすがる。ドッとその瀬へ付く。

（60）○吉本隆明『アフリカ的段階について（史観の拡張）』には、「フォレスト・カーター著、和田穹男訳『ジェロニモ』めるくまーる」からの次の引用がある。

ここでは、草や木たちが一つの共同社会をきづいている。百万年の昔、植物たちは南方から出発し北上するにつれて環境への適応を深めてきた。水分を求めて根を伸ばし、蒸散をより少なくするために葉の茂りを抑制し、生きのびるために知覚力を高めてきた。（所収）

○石牟礼道子「大廻りの塘」の再生―最後の希望―

「東北の地震の後も、身内を失った人たちは、亡き人を偲ぶのに、その人だと思って家の周りに木を植えていく。木を植えると、木と交流ができます」（『水俣の水辺に「命の森」を』）

（61）注19参照。

（62）白川静・梅原猛対談『呪の思想―神と人との間』平凡社（二〇〇八年）第二章　殷と日本

（63）注19参照。

（64）野本寛一『民俗誌・女の一生―母性の力』文春文庫（二〇〇六年）

（65）『改訂綜合日本民俗語彙』第二巻　平凡社（一九五五年初版）

○四十九餅（四十九日餅）・葬送の日あるいは中陰明けのクイワカレ行事・一臼で四十九の小餅をとる。別に一つ大餅を作る・大曲市などでは、餅を枡の底または鍋の蓋にのせて切るか二人で引っ張り合って分けて焼いて食う・壱岐では、四十九餅は寺へ送るが、ヒザノモチ、ヒジノモチ、シリノモチなどと死者の體になぞらえた名称をつけている。・岡山市付近では初七日に一升の糯米からやや大きめの三つ餅（両臑と頭）を作り、残りで四十九の小餅を作る。死人の節々としてその釘※を抜くのだと、三つ餅を参會者に食べてもらう。・松山市三津濵では、四十九の餅は大きな聲で数えよという。魂はこの日屋根を離れるのでそれに知らせるためであろう。

※「釘」にかかわる習俗。・釘念仏（佐渡小比叡で出棺後村人が唱える和讃が釘念仏で、梵字を書いた塔形版の周囲に釘を打つ。また、高知縣東豊永村で死後七日、三十五日、四十九日に行う念仏のこと）・釘餅（佐賀地方の四十九日の仕上げの餅。阿彌陀に二つ重ねの大餅、新仏に四十九の小餅を供え、後に砕いた大餅に小餅二つを添えて親族に配る。この法事を「四十九日の釘抜さん」という）

○四十九團子・壱岐では、葬後四十九日間毎日の墓参に小さい團子を四十九ずつ紙に包んで持参する。死者が途中で魔につかれた折に、この團子を投げ与える。四十九餅は別に寺へあげる。

（66）福田アジオ『寺・墓・先祖の民俗学』大河書房（二〇〇四年）

柳田国男は日本人の先祖の霊は「死後極楽浄土のような遥かな遠くまで行ってしまうことはない。魂は自分が暮らし、そして子孫が生活している場所の近くに止まっている。故郷の近くの山の上にいって、そこに永く留まっている。したがって、子孫の生活を見守れる所に先祖の霊はいる」と考えていた。

・三男さんの卵塔さんでの盆の迎え火

土佐中村三万石の家老加用家の先祖祭りをずーっとしてきちょった。その祭りを、二月の十八日に「卵《らん》塔《とう》さん」いうてする。親族縁者一族郎党みな集まる。

七月の十三日の迎え火は、午後三時か四時ごろ早めに焚いた。屋庄《やしょう》（庄屋。漁の先達）ぢゃった親父が

「おーい、火をともすぞー」としゃけってまーって（大声で叫んで）、みんなを呼んだ。土人みたいぢゃのう。「先祖がふなと（船着き場）へ舟に乗って来ちょるけん火をともさんといかん」言うて、卵塔《らんとう》さんに水をまつって火をともした。その周りでそれぞれ花柴を立てて水を掛け、お米を撒いて線香を立て、高台で松明を燃やした。二本のホンダケを立てたそばに七本のメンダケを丸く放射状に立て、その半ほどに丸石を置いてその上で松を焚いた。最近は適当なくらみあい（薄暮）になったら焚きよる。十五日はおそうに焚いた。

十六日の朝はよーに、他人に朝露を踏まさんようにおーぶなと（ふなとも同じ）の辺りに行って、「来年も来っしゃれよ」と言うて藁《こ》の舟で先祖さんを送った。中には、無事に帰れるように気を使うて、舟を出して澪に流す人もあった。

(67) アイヌの人びとは「小熊が神として死んだあと、復活を喜びながら神の血を飲み肉を食べる」。「神は喜んで自らの生命を人びとにささげ、人は神々の肉を食べ血を飲むことによって生かされていることを感謝して復活の神の霊を送る」。「こうした霊送りの祭りは、狩猟採集文化の時代」には、「世界中の民族に共通したかたち」で、現代の祭りや文化や宗教のなかにも生き続ける。キリスト教のミサや礼拝で行われる儀式。「その核心は、神の子キリストの死と復活を祝うこと」。キリストは最後の晩餐で、「弟子たちに自らの死と復活を告げ、パンと葡萄酒を差し出し自分の身体としてパンを食べ血として葡萄酒を飲むようにすすめる」。それは「人間はすべて神の肉を食べ血を飲むことによってのみ生かされていること」を象徴的に教える。「人のために喜んで生命をも差し出す」ことを神自身が教え、人びとはそれを「神の愛」と呼んだ。（『火の神の懐にて』）（神が人間を愛する理由は次を参照）

○柄谷行人＋赤坂憲雄「柳田国男の現代性遊動性と山人」『atプラス18思想と活動』太田出版（二〇一四

年）

柄谷行人「普遍宗教の特徴の一つは、神が人間を愛するという考えにあります。この考えは、先祖崇拝に根ざしている。（中略）では、どうしてそのような神が人を愛するのか。また、人が神を無条件に信頼するのか。そのような神は、先祖信仰に起源があるのです。（中略）普遍宗教は家族体験に根ざしているというのと同じです。（中略）普遍宗教は先祖信仰を高次元で回復したものだというべきですが、しかし柳田がいう固有信仰はきわめて普遍宗教に近いように見えます。（以下略）」

(68) 内田莉莎子編・訳、タチヤーナ・A・マブリア絵『ロシアの昔ばなし』（一九八九年）

(69) 注13参照。

(70) 宮本常一『忘れられた子どもたち』八坂書房（二〇一五年）

(71) 佐々木孝次『祖霊という装置』青土社（一九九二年）

(72) 二〇一六年五月、特攻艇震洋の元隊員の遺骨を家族が土佐清水の海へ散骨したとの新聞記事があった。震洋艇はベニヤ板製の船体に二五〇キロ爆弾を搭載し、闇夜に紛れて敵船に体当たりするものであった。死ぬために生きる日々を土佐清水で送った元隊員は生前、家族に「墓は要らない。思い出深い土佐清水の海に骨をまいてほしい」と語っていたという。生き残った者のその深い負い目は、今日では容易に想像することも難しい。

(73) 山折哲雄『日本人の「宗教」はどこへいくのか』角川選書（二〇一一年）

(74) 佐々木孝次『祖霊という装置』青土社（一九九二年）

(75) 注73参照。

(76) 青木愛子述・長井博記録『アイヌお産ばあちゃんのウパシクマ』樹心社（一九九八年新版）

(77)『高知県方言辞典』の「みてる」には、「(1)終わる。果てる。無くなる。(2)寿命が尽きる。死ぬ。(3)(幡多アクセント)満潮になる。(注)『みてる』は『満てる』か。(1)(2)は『満つれば欠く』の発想が適用されたものであろう」とある。

(78)注73参照。

(79)注33参照。

(80)瀬戸内海放送「スクランブル　黒柳徹子が語る戦争」(二〇一六年八月九日放送)

(81)注19参照。

(82)注73参照。

(83)NHK番組「SWITCHインタビュー達人達」(二〇一六年四月一六日放送)

(84)朝日俳壇二〇一四年七月二八日　大串章選(姫路市)西村正子

(85)朝日新聞西部本社編『対話集　原田正純の遺言』岩波書店(二〇一三年)での石牟礼道子さんの発言「道という道、八つぁん熊さんが住んでいそうな路地もコンクリートで塗り固めたでしょう? 小学校の運動場も、中学校の運動場も。あの巨大都市の地面をコンクリートでずっと。大地が呼吸していません。そして、あんな巨大なビルをぎっしり建ててね。最初に東京に行ったとき、近代の卒塔婆だと思いました。いまの文明というのか、近代の進め方は、人間性を壊すほうに向いているような気がしてならないんです。弱者は滅ぼされるんじゃないかと思って」以下、本文に続く。

(86)注13参照。

(87)○『21世紀の資本論』著者トマ・ピケティ独占インタビュー「格差の現実を直視せよ」『週刊東洋経済』二〇一四年七月二六日号

重要な三つの指摘①経済成長よりも資本収益率が高くなり、資本を持つ者にさらに資本が蓄積する傾向②この不平等は世襲を通じて拡大③この不平等を是正するには世界規模で資産への課税強化が必要

すでに副島隆彦『税務官僚から逃がせ隠せ個人資産』幻冬舎（二〇一三年）が富裕層に財産の海外逃避を呼びかけている。

（88）出部屋・『改訂綜合日本民俗語彙』第三巻　平凡社（一九五五年初版）

香川縣伊吹島では、産屋のことを出部屋という。島の北部の人通りの少ないところに設けてある。現在あるところのものは六室あって、産科病院のようだという。神佛をまつり、附添があって、二十日から三十日くらいここにいる。産前から入るとは限らぬ。家に帰る前には海に下って清めをする。（後略）

○谷原博信「（1）デベヤ生活と出産」・『香川県観音寺市伊吹島町　伊吹島の民俗』香川民俗学会―特集号―の「産育」（平成三年）（要点抜粋）

この別屋のことをデェベヤとかベッチャと呼ぶ。家のナンドで出産し、翌日の午前中、親が赤子を抱いて連れて行く。後産はベッチャの横の穴におさめた。

鍋釜、米、薪、布団など親戚や近所の人が運ぶ。デェベヤは土間で、筵を何枚も敷いて布団を敷いた。六部屋あって、島中の産婦が寄ってのんびり暮らし、主に縫い物などした。ここでできた友達をベッチャ友達といった。ここには夫たりとも男性は入れない。

十五日目にデベヤ飯を炊いて重箱に入れ、家族が親戚の年寄りに配った。三十日間おって日の良い日に帰る。クマウジ（旅立ちなどするに、日によって凶とされる方向）は避けた。三十三日に宮参りし、祖母が連れて嫁が後からついて行った。

（89）○吉本隆明『アフリカ的段階について（史観の拡張）』春秋社（一九九八年）

(90)○田中全『わがふるさと中村』せいぶ印刷工房（二〇〇八年）

(91)○《鼎談》アイヌ―日本文化の基層・梅原猛／成田得平／藤村久和（藤村久和『アイヌの霊の世界』所収）

(92)注57参照。

(93)朝日俳壇二〇一四年六月二日　長谷川櫂選（川崎市）池田功

(94)朝日歌壇二〇一七年六月二六日　高野公彦選（八尾市）水野一也

(95)野本寛一・三国信一『人と樹木の民俗世界―呪用と実用への視覚―』大河書房（二〇一四年）

(96)注95参照。

(97)永澤正好『坪井洋文と祖谷山採集紀行　此の世の彼岸花から』『季刊東北学　第十八号　特集坪井洋文・再考』（二〇〇九年冬）

(98)『中央公論』（二〇一三年一二月号）「特集・壊死する地方都市」

増田寛也・人口減少問題研究会「戦慄のシミュレーション　二〇四〇年、地方消滅。『極点社会』が到来する」

高齢化する東京圏の老人介護に地方の若い人びとが吸収されることが予想される。だが、安給料では結婚も子育ても困難。それで、「広域の地域ブロックごとに、人口減少を防ぐとともにそれぞれの地域が自らの多様な力を振り絞って独自の再生産構造を創る『防衛・反転線』」の構築を提案している。地方がそれぞれ踏ん張る拠点を設ける。まず、「止血政策」として若者流出を防ぐ対策。やがては広域ブロック単位で「地方司令塔」の組織設置を提案している。

(99)注53参照。

（100）第Ⅰ部第1章注29参照。

（101）伊藤博『万葉のいのち』塙書房（一九八三年）より要点引用

三「家」と「旅」Ⅱ　防人歌の抒情

・防人の指名は急で、出発までのゆとりに乏しかったらしい。

・任期は任地（筑紫、壱岐、対馬）までの往復を除いて三年。難波津までの食糧は自弁。古代東国の農民兵士たちの、当代律令国家の端から端まで移動する不安と絶望に満ちた旅。歌は望郷の悲痛な抒情に集中する。

・征く人も辛いが、残される人も切ない。家族の悲別歌は大部分妻の歌で、哀切の感に富む。

・大君の絶対的な命令ゆえやむをえないとの呼吸を一様に貫く。「家」と「旅」のあいだに広がる距離を、歌うことによって埋める以外に武器はなかった。

・旅の歌は、「家」と「旅」との対比方式によってその距離を精神的に消滅させることにおいてのみ真に旅の歌なのだ、という不文律が、古代人全般に固く内在していた。

（102）○森英介『風天　渥美清のうた』文春文庫（二〇一〇年）

渥美清は同じ生きものとして、ちょうちょうやかっこうや蟹などを沁みとおるように理解し思いやる。吉本隆明のいうアフリカ的段階に近い生を生き、それがことばと演技を深いところで支えていたのではないのか。

○草に語りかける石牟礼道子の母が病気になった時、近所のおばあさんたちが畑に行く際に、「草にようしゅう言うてくださいませ」と頼んだ。宮崎は「それが本当の農業、自然とのつきあいですね。みんな生きものですからね」と語る。華厳経で説く、生命の実相は無限の関係性から成り立つことを言い表す（『水俣の水辺に「命の森」を』)。

(103) 相田みつを『雨の日は雨の中を風の日には風の中を』角川文庫(二〇〇九年)

(104) 柳田国男『妹の力』

・祭祀祈禱の宗教上の行為は、もと肝要なる部分が悉く婦人の管轄であった。

・最初此任務が、特に婦人に適すと考へられた理由は、その感動し易い習性が、事件ある毎に群集の中に於いて、いち早く異常心理の作用を示し、不思議語を語り得た点に在るのであらう。

・ある種のまじなひには女を頼まねばならぬものがあつた。(最も著しいものは田植)一方には又おみき、おなほと云う類の老女の、神と交通したと云う話が実事として数限りなく語り伝へられる。実際其不思議には数千年の根底がある(中略)世界的の宗教は大規模に持ち込まれたけれども、我々の生活の不安定、未来に対する疑惑と杞憂とは、仏教と基督教とでは処理尽くすことが出来なかつた。(中略)其欠陥を充たすべき任務は、大古以来同胞の婦女に属して居たのである。

(105) 滝沢克己『夏目漱石の思想』新教出版社(一九六八年)

(106) 注97参照。

(107)『アフリカ的段階について(史観の拡張)』には、アメリカの先住民フォレスト・カーターの自伝的要素の小説『リトル・トリー』から引用されたかれの祖母の話がある。

人はからだの心(意識できる心の動き)とは別に、霊の心をもつ。「人間は一度死んでも、またかならず生まれ変わるんだ」と。吉本隆明は「反復して生と死のあいだをつないでゆく霊の心をもつとかんがえるのは、この原型的(アフリカ的)な段階では当然だったにちがいない」と記す。

それは佐々木孝次の「心をもつ人間の生きた身体と、祖霊と呼ばれるような、身体を離れた霊魂という二つの実態を認めた二元論の立場にたつ、基本的な世界観」(三三〇―三三一頁)である。

あとがき――いまに生きる伝承の力

『岡村三男翁聞書　川は生きちょる』の出版先を探しているさなか、東日本大震災の大津波が北上川を五十キロ遡った。同書には大津波が四万十川を三十キロ遡り、その大波の力で板が百メートルの山の鞍部を越えた「板越《いたごえ》」の地名の由来を記していたので、あらためて伝承の力を思い知ることとなった。

たとえ出版できていても、北上川の人びとに「大津波は川をさかのぼる」と伝えることはできなかっただろう。わたしたちは、それぞれの土地に残された先人たちの伝承のかすかな声に耳を澄まし、その思いや知恵を汲み取らなければならない。そのわずかな遺跡の痕跡に目を凝らさなければならない。災害も戦争もその記憶はいつしか忘れ去られる。東日本大震災でビルに乗り上げた大型船さえたちまち撤去された。かろうじて、残された原爆ドームがいかに雄弁に物語ることか。

明治当初の人口は多く見積もって三千二百万人、敗戦時に七千二百六十万人、今の豊かな時代の一億二千六百万人。その減少も自然の流れであろう(1)。経済成長路線から持続可能な成熟した社会へと転換を成し遂げて未来世代に痛みが広がらないようにし、同世代の仲間も守り、地域の生き延びる道をも見いださなければならない。第Ⅱ部でふれたポーラ・アンダーウッドさんは「われらの中にじゅうぶん知恵のある者がいないときは、多くの者が心を一つにすれば、確かな道を見いだせるかもしれない」と記す。

ロシアの民話『イワンのばか』に登場する悪魔は、「手で働くより、頭を使って働けば楽して儲けることができる」と人びとに説く。司馬遼太郎さんは、高度経済成長期に土地投機に走り、バブル経済に

▲岡村さんの三里の絵巻物。昔栄えていた三里の対岸の朝日神社と板が飛び越えた板越。深木はイチイの大木の地。烏山は狼の最期の地

▲岡村さんの絵巻物。板越近くを流れる大津波の激しい引き波

傾斜する時代を、地本主義だと批判し続けた。その憂いに満ちた白髪の相貌が忘れられない。ところが、現代ではさらに、グローバル化経済と情報技術の進展により実体経済をはるかに超えた巨大な投資マネーの渦巻きを通して、人びとの働いた価値が吸い取られていく。英国のEU離脱の背景の一つに大英帝国への郷愁とともに、そうした富めるものへの反発もあったという。またアメリカでトランプ大統領がアメリカ第一を取り戻すと咆哮し勝利したのも同じ背景があるという。トランプ大統領の登場は、多様性尊重と国際協調に心を砕いたオバマの治世を一瞬に吹き飛ばす。その「他者化」の思想は、分断と差別を呼び覚ます。

第二次安倍政権登場時の自民党政権公約「日本を、取り戻す」には、「まず復興。ふるさとを取り戻す」の枕詞に続き、「経済」「教育」「外交」「安心」を取り戻し「新しい日本を」とある。アメリカ第一を取り戻す先駆けともいえよう。トランプ大統領と安倍首相の抱擁が両者の共鳴を示した。「日本を、取り戻す」ポスターは色あせても、安保法制を通過させ、共謀罪も名を変え成立する。取り戻す教育では、首相が「素晴らしい教育と聞いている」森友学園では園児が教育勅語を暗唱。閣議決定により、教育勅語を教材として用いることも可能となる。小学校への「英語」と「道徳」の教科入りが、多忙さに疲弊する教育現場への考慮もなくすんなり決まる。「異論と議論のない」日本を取り戻す道を歩んでいる。

米国務省の「人権報告書」は、高市総務大臣が、政治的公平性を欠く放送と判断した場合の放送免許取り消しの可能性の国会答弁などを、「政府によるメディアへの圧力の高まり」と懸念し、「報道の独立性は重大な脅威に直面」と指摘したという。報道の自由度も七十二位とか。当時、政権は政治的意見表明には反対意見の併記という報道の「公平性」を求めた。籾井NHK元会長の「政府が右と言うことを左と言えない」発言がその真意を表している。

国や大阪府が森友学園に手を差し伸べた国有地の格安払い下げ、小学校設置基準の緩和。そして学園の二重の校舎建築費の申請。メディアが報道を控えたための疑惑の拡大かもしれない。引き続き、首相の友人のかかわる加計学園への巨大な忖度も登場して、国会やメディアを騒がせている。

これらの根元には、先の大戦で「実験済み」の「集団所属主義」・「日本株式会社思想」の問題があると丸山真男が指摘している。その「翼賛体制」は「上への献上」が本義であり、「サーヴィスを上級者にするのが政治」だった（『古層』）。野党の質問や加計学園文書の証言者への、政権側からの叱責に近い批判は、「治者と被治者が同じ上の方を向いている」、「取り戻すべき日本」の姿への批判ととらえるからであろう。丸山の言うように「民主主義の理念によって民主主義の現実を変えて行く発想が弱い」から、その政策を後日検討するための資料も隠蔽されたり廃棄されたりする。敗戦後一斉に膨大な資料を焼却した時代と変わりがない。

現代の諸課題を提起したNHK「クローズアップ現代」の時間帯には、「鶴瓶の家族に乾杯」「ブラタモリ」など、人気者が各地の家族や土地柄に出会う番組や、有名人の家系をたどる「ファミリーヒストリー」を引き続く「日本人のおなまえっ！」などが放送されるようになった。個人や家族に特化し、互いにわかり合い共鳴し合う世界で、視聴率も高い。丸山真男の〝みんなでやっていこう〟と「治者と被治者が同じ上の方を向いている」テレビ版であろう。丸山は「リーダーシップ志向というものが『日本の原型』のなかからは出てこない」。集団的な「上昇奉仕型」の低音は強いと、「主体的な決断の問題」

を提起している。

二〇一三年、オリンピック誘致時に、安倍首相は福島原発がアンダーコントロールされている（管理下に置いている）と力強く宣言し、日本メディアは沈黙した。三男さんが「この事故は収束せん」と言い切ったことは、特筆すべきことであろう。三男さんが大地に背いたやりかたとする原発や地球温暖化を乗り越え、竹治翁や米子さんが自然とともに「いま、ここ」を全力で生きたような、充実した人生を生きる道はないものか。

福島原発事故を契機に、メルケル首相はドイツの平和的な核エネルギーの時代は終わるとした。それが可能だったのはドイツ人の森への愛があるという。農民にとって森は生存に不可欠な生活空間だった。近代林学にとって森は資源供給の場で、造るものだった。グリム童話では森は誰もが運命を変えることができる場所、ドイツ語を話す人々の精神的故郷だった。酸性雨による「森の死」への危惧が人びとに衝撃を与え環境保護に火が付く。ローマクラブが一九七二年に世に問うた『成長の限界』の衝撃、工場廃棄物による河川汚染に対し「自然・環境保護」運動が起こっていた。それらがライン川の原子力発電所反対運動にまとまる。チェルノブイリ原発事故の被害を経て、核エネルギー利用反対運動として先鋭化した。森涼子さんは「伝統的『森への愛』は新しい価値観『エコロジー』の推進力となった」と記す(2)。

ドイツは都市機能の分散をも果たし、インフレへの警戒感を緩めず(3)、緊縮財政を堅持する。その背後に、決まりを守り無駄遣いをしないという基本的な生活態度があるという。ドイツは歴史の曲がり角の少し先を歩んでいる。さらに、EUの主要国としてギリシャ経済危機に腐心し、膨大な難民流入に苦悩しつつも、寛容で開かれた社会を保とうとの姿勢である。米英の分断のベクトルに対してもEU統合の松明を灯し続けることだろう。

　欧州大戦を引き起こした歴史の重荷を背負い続けるドイツ軍は、たとえ命令であっても自己の良心に従うことを個々の兵士に求める倫理観を確立しているという。歴史から学ぶ者の姿である。それも、ドイツ自らナチズムを犯罪として裁き、一九六〇年前後の学生運動・若者の反乱が戦争責任を提起したところなどにあろう。「一身独立して一国独立す」とは、福沢諭吉の至言である。

　自己主張するドイツ人と、長いものには巻かれ、波風立てない生き方をしがちな日本人について、ネルケ無方《むほう》さんの一文がある(4)。

　九十九回譲って一回だけちょっと言うのが日本人で、そのため政権交代もあまり起きない。各政党もマニフェストよりも、「みんなの声を聞いている」とアピールする。三男さんがアメリカの「露払い」をさせられると危惧する集団的自衛権の行使容認についても、総理は「後で丁寧に説明する」と繰り返して終わりにした。無方さんは多くの日本人の考え方を、「みんなが良ければいい」と理解する。

　日本では芸能人のグルメや旅番組が盛んだが、ドイツでは討論番組が盛んで、激論を交わし合っているのを見ると無方さんもワクワクする。何よりも大事なことは自分の意見をガンガン言うこと。議論が始まるといつまでたっても結論は出ない。ある時点で「これ以上話し合っても決まらない」と多数決で決める。負けた方は、民主主義でいこうと決めたのだから仕方ない、次回こそはと新しい策を練る。敗者が挫折に学んで他日を期すところに、民主主義の妙味がある。よき敗者がいて政治は再生能力を持つ。

　日独では民主主義の根底が大きく違う。子どもに合わせて生活する日本の親と、子どもには子どもの頭、子どもの世界観があり、親が口を挟む権利はないとするドイツの親との違いである。学校教育も、丁寧に指導しすぐ成果を出そうとする日本に対し、ドイツでは「みんなを統一させるためではなく、各自が自分の頭で考えて、自分の主張をして、自分にしかできないような主張を引き出すためにある」ので、小学生同士でも激しく意見を言い合い、自分の考え方のオリジナリティをアピールする。

無方さんは僧侶だから、仏教的に考えれば「自分の意見」も「縁起の中の話であって幻」と自覚しつつも、多くの日本人のように「自分を投げ出し過ぎると、まったく主体性がない状態で、まわりに影響されて生きることになる」と。

フランスでも子どもの「個育て」をする。「フランスでは子供を型にはめようとはせず、一人の個と認め、そのかわり自分で責任を持たせる。日本は面倒見が良すぎて個が育たない」[5]と。

ドイツ国民にはいわば弁証法的な思考法がある。多様な異論を議論で闘わせる社会にして初めて、原発停止も可能だったと理解できよう。熊谷さんはドイツでの「脱原子力・再生エネルギー拡大」の国民的合意は、「人類がリスクを計測できず、制御できないテクノロジーは負の遺産であり、子どもたちにそのようなものを引き継がない」という倫理的、文明論的視点があると指摘する。専門家以外の意見が尊重され、公共性や倫理が優先され、富の再配分が法律で義務付けられていると[6]。日独は東西の戦略的な位置を占める経済大国であり、世界の平和と安定のために両国の対話が求められる。それは、日本が自立戦略を考える重要な契機ともなろう。宮脇昭さんとドイツの中学生との会話（『水俣の海辺に「いのちの森」を』）からも学ぶことが多い。

宮脇さんの滞在した町の中学校の女の子が二、三人、リンゴを食べながら、ぷっぷと吐いているから、何をしているのか聞くと、「虫を吐いてる」と。彼はつい「ドイツは野蛮だね。日本はドイツからリンゴの原種を入れたけれど、日本のリンゴは虫なんか一匹もいない」と言うと、「ドクター、あなたは生物学者でしょう、なぜそういうことを言われますか。虫が入っていたら吐き出せばいい、虫が一匹もいないのは、いかに農薬が入っているかということです」と言い返される。「中学校の一年生と三年生の女の子が、町でたった一人の日本人で、町長と同じくらいに有名な植物学者、ドクター・ミヤワキに堂々と反論」した。彼は「そのような教育を、どこで誰がやったのか」と驚くが、むしろ教育以前の「個育て」の問題、丸山真男の説く「他者を他者の側から認識する目」の問題であろう。その時、相手が中学生でも「どうして虫がいるリンゴを食べているのか」と尋ねることのできる、他者への「根本的な好奇心」が大切になる。

現今のテレビ番組は、有名人がこぞって国内外のぶらり旅をして感銘を受け、感動し、共感し合う姿を放映する。「日本人はとかく自分の像を相手に投影してしまう」（『古層』）と丸山が指摘したように、そこには異質な他者がいない。したがって他者を他者の目で見る力がない。三男さんが今では珍しいことは一切なくなってしまうと危惧するように、青少年にとって世界は既視感にまみれ、「他者」との新鮮な出会いを奪われることになる。

アメリカ先住民には「大地は未来の子どもたちが貸してくれたもの」との伝承を持つ部族がいるという。三男さんの「原発は大地に背いたもの」と同根の思想であろう。日本では市民の反対の多い原発が選挙で争点化せず、専門家の判断で原発が再稼働に向かう。政治の中枢でも決断するのではなく、それが流れの中で決まってしまう。だから、失敗の責任者もいない。

原発事故の莫大なコストや放射能漏れの後代への影響、原発の廃棄物の長きにわたる保管、管理を考えれば、再生エネルギーに掛ける費用は巨額であっても未来への架け橋となるのではないか。

山折さんは、柳田にとっての『遠野物語』は、民俗社会に語り伝えられてきた物深い物語世界であり、その物語の核心を象徴する表現が「人間苦」、それも「偉大なる人間苦」という主題だとし、「人間が昔から運命的に背負わなければならなかったものをいったのではないだろうか。人類の生存に課せられた業のような重荷といってもいい」と記す。(7) 米子さんはその重荷を担いきった。

その『遠野物語』から離れて人類の生存に課せられた業のような重荷といえば、まず戦争があげられよう。その戦争を防ぐには、犠牲者の声に耳を澄まし、その遺跡に目を凝らさなければならない。天皇・皇后両陛下の追悼、慰霊の旅のお姿に、祈ることは心静かに耳を傾けることが示されている。二〇一七年のベトナムへの旅では、両陛下のご希望で日本兵残留家族に面会し、その長きにわたる労苦に耳を傾け、いたわりのことばをおかけになられた。二〇一六年歌会始の天皇陛下御製「戦ひにあまたの人の失せしとふ島緑にて海に横たふ」。戦争の傷跡は広く深い。

さらに、列島の人びとが背負うものに自然災害がある。一九四六年の昭和南海地震では、中村町のわが家も小学校も倒壊し、町の誇る赤鉄橋も崩落した。そのほぼ百年前の一八五四年には安政地震があった。さらにその百五十年ほど前、一七〇七年の宝永地震は東海、東南海地震と連動し、大津波の激甚な被害をこうむり、三男さんがその大津波を絵巻物に仕立てている。

二十一世紀に入り地震学者たちが警告する。三十年から五十年以内に南海地震が起こる確率が高く、東南海と連動すれば高知県沿岸の一部には最大で三十四メートルもの大津波の可能性があると。東海地震と東南海・南海地震の連動した宝永地震から三百年余、昭和南海地震から七十年、「自然は侮れない」、

▲落ちた赤鉄橋［四万十市立図書館蔵］

「南海地震は目の前ぞ」と三男さんは語る。六歳で南海地震に襲われて余震に怯えた筆者にも、この大地はいつか激震に襲われるとの感覚がある。

戦時下、一九四三年九月の鳥取大震災、一九四四年一二月の昭和東南海地震、一九四五年一月の三河地震とうち続いた地震被害はほとんど報道もされず、正確な記録も残されなかった。政治の貧困には自然災害が追い打ちをかける。校庭にサツマイモを植えても国民は飢え、敗戦後の諸外国からの支援物資で一息ついた。やがて中村小学校が再建される際には、小学生たちも拳大のくり石を四万十川から運んだ。新校舎で始まった給食では支援物資のスキムミルクをアルミカップで飲んだ記憶がある。

「二〇一一年の東北地方の太平洋沿岸を襲った巨大地震は列島のプレートも火山のマグマも大きく揺さぶり、列島は地震と火山の活動期に入ったのではないか」と記した原稿送付後に熊本地震が起き、想定外の激しい余震が続いた。南海・東南海地震、首都直下型地震への備えを欠かせない。各地で自主防災組織がつくられ活動を始めている。いつ何時、どんな事態にも即時対応できる国家的、国民的な検討、議論、訓練が必要だ。

二〇二〇年東京オリンピックスタジアム建設の当初計画が工期、工費とも目いっぱいだったのは、オリンピック終了までは大地震などを想定外としていたのであろう。スタジアム再検討の前提は、建築途中でも大きな自然災害に対応でき、かつ将来世代が活用できる自然と伝統を生かすものであってほしい。もちろん、オリンピックに来日する選手、賓客、応援団をも守る、いざという時の万全の備えも欠かせない。列島は山と川と海に恵まれ、世界に冠たる千年の都の国である。未来もまた、自然を生かし、豊かな伝統を汲み上げるところにあろう。

東京直下型地震に備える首都機能分散構想は、幾度となく浮上しては常に立ち消えとなり、近年ではそれを口にする識者もいなくなった。それほどに東京圏に政治と経済の権力が集中している。新幹線網延伸も、リニアカーも、東京オリンピックも一極集中をさらに加速させる。しかし、日本のためにも、地方のためにも、東京にあるこの国の重心を東西に分散させて、首都機能を代替できる都市機能を用意しなければならない。その前提として、まず「首都機能」の本質的考察がいる。次にその代替機能とは何か、それをどこにどのように移すのかの綿密な検討が必要となる。かつての提案には、そうした点についての関係者や国民の喧々諤々の議論がないまま、立ち消えていった。

東京圏に比肩しうるのは、結集された西日本の力であろう。そのためには、千年の都「京都」と「商都」大阪との連携を核とし、両都の西日本各地との広く深い歴史的文化的ネットワークを縦横に生かすべく、多くの大学、研究機関が足並みを揃え、深い学的地盤に立つ学際組織「首都機能研究会」を立ち上げられないものか。しかも事は急を要する。その研究の一部として、西日本各地で、その地の人びとともに「地域再発見会議」を開き、地域の暮らしと伝承の知恵を汲み取るシンポジウムを積み重ねる。それぞれの地域の山・川・海・人の豊かさが再発見され、首都と地域間の広くて深い連携の生み出す力もあらためて再認識されよう。各地域の自然とともなる日常の暮らしこそ日本の底力ではないか。地域なくして中央はない。

今の日本には、各分野での真摯な議論の積み重ねがほしい[8]。現代の課題に切り込み、激論を闘わせる力ある人びとが育ってほしい。異論は多様性のあらわれである。

増加し続ける人類が経済的な豊かさを求めるこのグローバル化経済の時代こそ、地球温暖化を押しとどめ、自然と調和した持続可能な文化、文明の確立が喫緊の課題である。人類が大自然への深い敬意を取り戻し、節度をもって生きるために、日本がノーベル賞に匹敵する「自然賞」を創設できないものか。地球の、深い連鎖をもって進化してきた壮大かつ精緻な自然の研究成果とともに、土地の自然と見事に調和して生きる人びとの暮らしをも「ナドテユタケシ　貧シサナクバ」の姿として、人類の文化遺産として広く発信する。縄文以来の自然知を基底に持ち、庶民がお接待など布施の心と、他者を他在として肯定できる心を持ち、しかも山中伸弥さんや大村智さんなどを輩出する高度な生命科学文化を持つ日本にしてできる貢献であろう。それはまた、日本人が地球の多様な環境に生きるさまざまな文化を深く学び、自らの文化を律し高める道でもあろう。

京都御所において天皇陛下が授賞式に臨まれれば、儀礼の国日本の面目躍如たるものがあろう。それは、日本の統一と近代化のために東京へと遷都なさった天皇家が、その軸足を東西の二都にかける首都機能分散のお力にもなることともなろう。それはまた、政治権力と一線をお引きになってきた長い文化的伝統の道でもあろう。

東西二都の並立は、さらに列島にいくつもの文化的核を持つ地方を再生させる契機ともなろう。近世江戸時代に諸藩が鋭意工夫努力した力が今の地方の力の源となっている。再び、地域自らがそれぞれの自然に立つ文化の再構築、次世代が踏ん張る拠点づくり、真の地方創生に向かう力を発揮できよう。

お盆前に、竹治翁と米子さんの位牌の並ぶ仏壇にお参りさせていただいた。娘さんが山田の行き帰りに聞かされた母親の苦労話をしてくれた。風邪を引いてもとても家では寝ておれないので、遠い山田の小屋の藁の中で寝た話など身につまされる。おへや（隠居屋）への膳ごしらえも、玉子焼きの角まで立てて、きれいにきれいに盛りつけて差し出していたと。すると、舅の長馬がその最期に「日本一の嫁ぢゃ」と褒めたと。心行くまで尽くしてくれたことへの満足と感謝の気持ちであろう。そのことを他人の筆者に語らなかったところに米子さんの矜持を強く感じる。何と誇り高い人生であることか。

その問わず語りが期せずして、少女期から九十九歳までの女の一生を語っていることにも驚く。その難儀な一生は、柳田の「同胞国民の多数者の数千年間の行為と感想と経験」の一つ、自然とともなる女性の強靱な精神史たりえているのではないのか。

その「クラシハシゴト」(9)の語りは百年の時を駆けてもことばの輝きを失わないことだろう。坪井洋文さんはかつて、十五年周期で焼畑を耕やす老婆に出会い、「土地が人間を養ってくれ、人間が生きていく限りは土地を耕さなければならぬ」ことにはじめて気づき、自然と人間との循環に思いをいたし、山の民の時間が水田稲作民の一年単位の時間に一元化され、その一年をさらに短縮していくことが世の中の進歩、諸価値の基準となっていくと考察した。(10)三男さんは、米子さんの父親が持ち山を炭焼きする周期は十年から十三年だったろうと推測している。この列島には出雲や伊勢の二十年に一度、京都下賀茂神社の二十一年に一度の式年遷宮や七年に一度の諏訪大社の御柱祭《おんばしらさい》など、長い時間の「年」が各地にある。その間、人を育て道具や技を伝え、何百年も先に使う木と森を守り育てて、列島の古層文化を伝えているのである。

その昭和の時間が、平成のグローバル化経済のさらなる時間短縮で日々疾走する生活となる。現代人の「いま、ここ」は一瞬に過ぎ去る時空となった。散在する山田を耕し、水汲みにいのちを掛けた「いま、ここ」は深く、重い。その土地に根ざしたことばは堅く、古びない。ガンジーは「よいものはカタツムリのように進む」と語り、スピードが持ちがちな独断や思い上がりを諭した。お互い、顔を見合わせる隣人たちとつながり合ってゆっくりと生きていこう。

「ぬしが難儀にゃ仕様ない」とは、誰しもまず諦念と受け取ることだろう。地元の縁者の女性に聞くと、「難儀な」とは、「づつない（苦しい、切ない、術ない、辛い）」時のことばだと。ほかに手だてがなく、簡単なことではないが、生きるためにやらざるをえない時、「難儀な、難儀な」と発すると。

まさに、米子さんの一生の「難儀」は、どんなに苦しくとも子どもたちのためにこの道を歩むとの決心であり、その背後に、勝手のわかっている自分がやらにゃいかんとの強い思いがある。重荷を背なに担うのは期待に応えることであり、使命であり、森進一さんが『女坂』で歌うように、愛することである。「ぬしが難儀にゃ仕様ない」とは、女性の絶唱である。

長い一生には曲折がある。三男さんが読み解いた若い夫の夜の外出へのひそかな嫉妬心。翁がとった獲物を産後の妙薬にすべく一週間も精魂込めて焼く話。翁の仕掛けた猪鋏から間一髪免れえた時の紅蓮の怒り。何と言っても、大水の中を命懸けで藪をつかんで一寸刻みに船を引き上げた強い絆の同志。一体どれほど「ぢーちゃん」「ぢーちゃん」と語っていることか。最後に、あの世の翁と語らう安らかさ。

それらは、翁との長い人生の豊かな日々をものがたる。

その重荷を背負いきる心を育てたのは、少女時代を彩る母親、米子さんを慕ったきょうだいたち、ポンポン下駄を買い与えた父親、そして日々草鞋を編み、頭痛に菖蒲を巻いてくれ、延光寺のお接待にも連れて行ってくれた祖父の存在などがあったのであろう。なにげない日々のことばや思いが子どもたちのやわらかい脳を開発し強い心を育てる。

水もおんなもいのちの源。その豊かなことばを語り聞かせてくれた米子さんとその生きた自然に、一杯の水をささげよう。いのちの限り「いま、ここ」を生きたことばは、コンクリートで固められた大都会の大地にも、いのちの水としてひそやかに流れゆくことだろう。それぞれの土地のことばこそ、ひとが自然と人との機微をとらえ、豊かな文化を育む内なる泉であろう。


大学一年生の夏、故千葉徳爾先生について愛媛県宇和地帯(11)の猪猟調査に歩いた。数年後、卒論に取り上げた『敷地軍記(12)』に登場する武将、勝間兵庫の地を訪ね、四万十川のほとりに悠然と座す猪猟師田辺竹治翁に出会う。翁が八十歳過ぎてからは年に二、三度訪れて山猟と川漁の広大な世界を聞書きする。自分は山の主ぢゃと語る翁には、日本一の猪猟師との賛辞がささげられていた。

退職後、翁の語る川漁の写真を撮るべく歩き、三里の杉の木陰で網を繕う川漁師岡村三男さんに出会う。その人生から、「暮らしは仕事」だと教えられる。

ある日、翁の連れ合いにして三男さんのいとこ、米子さんの苦労話に耳を傾ける。日々の仕事に追い立てられていた筆者のような人間が野の花の輝きの何たるかを知るには、遥かなる回り道と長い時間が必要だった。

米子さんは生涯かけておんなの仕事を果たす。九十二歳にして、寝ている部屋の天井が砂子の畑となって、そこで鍬を引くわが姿が浮かんで消えない。米子さんのように働きぬいた列島の女性たちに、「この仕事は、いかなる注目も、あらゆる援助もうけずに、なしとげられてゆくのだ」との賛辞[13]を捧げよう。柳田国男はさらに「過去の精神文化のあらゆる部面にわたって、日本の女性は実によく働いている」と絶賛のことばを捧げている（『妹の力・序』）。

四万十川のほとりの部屋で、生前のように米子さんに笑いかける翁と妹にそれぞれ供えられた一杯の水。それは柳田国男の記したように、自分の見た夢を「現実に化する」仕掛けにして、「忘れかけていた精神生活の変遷が、ここに幽かなる銀色の筋を引いて、遠い昔の世まで我々を回顧せしめる[14]」こととなる。一杯の水に銀の輝きを感じる人あれば、幡多の人と同じ列島人の末裔なのであろう。もし、そのことばとその自然のたたずまいに心惹かれる人あれば、山と川と海と人のことばに恵まれた幡多の地を旅し、その自然とことばのはらむ美しさを受け取っていただきたい。長い時代をともにしてきた幡多の人びとの自然との暮らしは列島の岩盤文化であり、さまざまに「未来[15]」の可能性をはらんでいる。

山川海に恵まれた列島の人びとは、未来の人間である。竹治翁も米子さんも三男さんも、四万十川で水を飲み、洗い、泳ぎ、漁をし、舟に乗って自由に生きてきた。板垣退助の「自由は土佐の山間に出づ」とは、自然に抱かれて心のおもむくままに生きる「個人的自由」のなかにこそ列島の自由の源があると語ったのであろう。

四万十川は、山々の間を屈曲して数多くの支流を擁し、山々からの養分を太平洋に手渡して海を豊かにし、無数の魚が産卵に遡る母なる大川である。その地の人びとには、その豊かな川とともに生きる自由が手渡されている。幸運なことに幡多地域の至るところに山、川、海の自由がある。それは高知県各地の、さらには列島の至るところの山や川や海に恵まれて自由に生きる人びとの暮らしにもある。その自由こそ列島人の未来である。自然を守り、ひとを守り、ことばを守り、平和に暮らす思想である。

この世のありようを考え、もの言う若い人に期待したい。世間体や周囲から浮くことを怖れることはない。中村支藩三万石がお取り潰しになっていた幡多からは幕末に活躍する人物が少なかった。だが、土佐清水市中浜のジョン万次郎、四万十市の幸徳秋水やその書生坂本清馬、同市のハンセン病違憲国家賠償訴訟全国原告団協議会会長曽我野一美、実父が宿毛市出身で高知県から国会議員となった吉田茂など、時代と格闘し、鮮やか相貌を湛えた人びとがいる。竹治翁や三男さんたちも列島の文化を受け継ぎ、もの言う力を持つ。三男さんは竹治翁を、「度胸があると、人の話に動じずに冷静に聞き取ることができて理解できる。ほんで、相手に対してずばりものも言える。そんで人の仲介にも入れ、人から信頼される」と述べる。若い人びとに受けついでほしい力である。

今般、八千代出版株式会社社長森口恵美子様には幡多ことばでの出版をお引き受けいただき、御堂真志様には細部に至るまで綿密で適切なご助言をいただいた。深く感謝申し上げたい。

【注】

（1）三男さんは戦中、戦後の急激な人口増加は、戦前の産めや増やせよ政策のせいだったと話す。

大川筋小学校の生徒数は、わしら昭和六年生まれの組は十五人ばーぢゃった。それへもってきて、昭和七年生まれはどっと増えて四十人おったけんのう。それからはみな、四十人から五十人の生徒がおった。あました（あきれた）ことをしたもんぜ。戦争の道具にした。子は少ない家で五、六人、種の着きやすい嫁を持っちょったら、ぢき（すぐ）に次の子が腹におって一ダースばーになりよった。

子を下ろし（堕胎し）たらしまい（たいへん。容易ならない出来事などに言う）よ。腰にサーベルを吊った特高が来て頭の髪を捕まえて、ひこずって（引きずって）でも中村の警察署へ連れて行たけんねえ。えらいこと（たいへんなこと。すごい見幕で乗り込む場面）をしたもんぜ。わしら、それを見とーえ。おとろし（恐ろし）かった。

特高が近くの村にもおった。切り口上でものを言《ゆ》わーえ。べらべら、べらべら相手にものを言わさんように話をした。まこと、あましたことをしたもんぜ。

丸山真男は「国体に反するということが何を意味したかというと、たたき殺していいことなんです。『非国民』であるということは、そういうものだったわけです」と、「正当性」の御旗を持つ特高警察の意識について述べた（『古層』）。

（2）○森涼子『グリム童話と森―ドイツ環境意識を育んだ「森は私たちのもの」の伝統』築地書館（二〇一六年）

（3）三好範英『ドイツリスク　夢見る政治が引き起こす混乱』光文社新書（二〇一五年）

（4）安泰寺第九代住職　ネルケ無方「日本の家庭と学校文化―ドイツとの比較を通して」月刊『日本教育』（二〇一六年六月号No．四五六）

（5）下重暁子「子育てと個育て」月刊『日本教育』「新春特集・日本の将来を語る」（二〇一七年一月号No．四六三）

フランスの子育ては「個育て」という。下重暁子さんのフランス語の先生が「日本は子供っぽい」と言う。日本はいつまでも面倒見が良く、家庭での躾を経て学校にゆくようになっても、先生方が手を取り足を取って教えないと父兄が不満を言う。いつまでたっても個として自立できない。

フランスでは、五、六歳までは家庭で厳しく社会に出て困らぬように躾ける。学校に行くようになったら本人次第。できる子はどんどん伸びるし、駄目な子は落ちこぼれる。その中で自分に気付いて這い上がらねばならない。自分次第なのだ。その中から考え方ができ、子どもたちの個が育ってくる。教育とは個育てなのだ。

（6）熊谷徹『日本とドイツ　ふたつの「戦後」』集英社新書（二〇一五年）

（7）山折哲雄『これを語りて日本人を戦慄せしめよ　柳田国男が言いたかったこと』新潮選書（二〇一四年）

（8）○トマ・ピケティ独占インタビュー「『21世紀の資本論』が問う中間層への警告」『週刊東洋経済』二〇一四年七月二六日号

歴史から学ぶことはたくさんある。たとえば政府債務の危機は過去にもあり、GDPの二〇〇パーセントの水準になったこともある。今の日本がそうだが、英国では一九世紀に、ドイツやフランスでは第二次世界大戦の時期にこの状態があった。

大事なのはどうやって危機を乗り越えたかだ。歴史を見れば今日の問題を幅広い視点でとらえ直せる。

（中略）

この本がいろいろな反応を引き起こしてくれたことに満足している。本の目的は議論を巻き起こすことだったから（傍点筆者）。

（9）棟方志功の書。「クラシハシゴト」と大きく横書きし、その後に「河合寛次郎大師匠ノ言葉ヲソノ弟子シコー記」と縦書きしている（愛媛県砥部町梅山窯の古陶博物館蔵）。
（10）坪井洋文『民俗再考多元的世界への視点』日本エディタースクール出版部（一九八六年）
（11）和歌森太郎編『宇和地帯の民俗』吉川弘文館（一九六一年）
（12）直江広治・永澤正好「敷地軍記（一）・（二）」『伝承文学研究』第八号（昭和四一年）・第九号（昭和四二年）
（13）アルフレート・アンデルシュがユダヤの詩人ネリ・ザックスの訳業を記念したことば。エンツェンスベルガー「自由の石」『現代の詩と政治』所収（小寺昭次郎訳　昭文選書一〇　一九六八年）。
（14）柳田国男「夢と文芸」『口承文芸史考』・柳田国男全集第八巻（一九六二年）
（15）〇リールは「教養ある大都市住民、肥沃な穀物畑を持つ肥った農民、このような人たちは現在の人間」だとし、森に生きる民衆を「未来の人間」だとする。農民にとって森は私たちのものであり、生活空間である。心のおもむくままに、歩き、跳びはね、木登りができる「個人的自由」の場である。「ゲルマンの森の自由の名残が、ドイツでは幸運なことに至るところに残されている」のだ。そして、グリムにとっての「ドイツ人」という集団は「共通の過去を持つ文化的まとまりであり、ゲルマンの森は、ドイツ語を話す人々の精神的故郷であった」（『グリム童話と森―ドイツ環境意識を育んだ「森は私たちのもの」の伝統』）

曽我野一美少年は四万十川口の下田の海で自由に泳ぎ、アワビや伊勢えびをとって焼いて食べていた。その個人的自由が困難な未来を切り開く力になったのだろう。ジョン万次郎もまた同じ力を中浜の海で培ったに違いない。

【著者紹介】

永澤正好（ながさわ　まさよし）

1940年高知県中村町（現四万十市）生まれ。東京教育大学文学部史学科史学方法論（民俗学）卒業。元香川県高等学校教員。高松市在住。

著書・論文に『川は生きちょる―四万十川に暮らす―』（大河書房）、『四万十川Ⅰ　山行き、Ⅱ　川行き、Ⅲ　ムラに生きる』（法政大学出版局）、『四国の歳時習俗』（共著、明玄書房）、「大力の女――土佐のお兼考」（『民話と文学』8・9号）、「椿と小袖――椿の民俗学的研究」（『風俗』79号）、「山男の系譜」（『国立歴史民俗博物館研究報告』第18集）など。

四万十川　水の女
ぬしが難儀にゃ仕様ない

二〇一七年一二月二五日　第一版一刷発行

著　者―永澤正好
発行者―森口恵美子
発行所―八千代出版株式会社
〒一〇一-〇〇六一　東京都千代田区三崎町二-二-一三
TEL　〇三-三二六二-〇四二〇
FAX　〇三-三二三七-〇七二三
振　替　〇〇一九〇-四-一六八〇六〇

印刷所―新灯印刷（株）
製本所―渡邉製本（株）
＊定価はカバーに表示してあります。
＊落丁・乱丁本はお取り替えいたします。

ISBN978-4-8429-1689-7